JN492489

한미50년사

韓美五十年史

탐구히스토리

한미오십년사

문일평 지음 | 이광린 교주

韓美五十年史

文一平

탐구당

해 설

1

널리 알려져 있듯이 본서의 저자인 호암 문일평(1888-1939)씨는 사학가인 동시에 언론인이었다. 그는 여러 중학교에서 역사를 강의하기도 하였지만, 주로 신문사에 재직하면서 많은 논설과 사론史論을 발표하여 계몽기 한국사학계에 지대한 공적을 남겼다.

그의 대표적인 저술을 택하라고 한다면 누구나 서슴지 않고 본서를 고를 것이다. 그와 가까운 사이였던 두계 이병도박사도 『사가로서의 故 호암』(조광 1939년 6월호 所收)이란 글에서, 『이 「대미관계50년사」는 신문지상에 발표한 것인 만큼 통속적으로 되어 학술적 논문으로 하기는 많은 수정을 요하지만 호암의 유고로 이만큼 체계를 세워 쓴 많은 분량의 것은 별로 없다. 그래서 사가로서의 호암을 알자면 이 글에서 더 많이 알 수 있다고 생각한다. 요컨대 호암의 이 유고遺稿는 조선최근외교사상의 일개척一開拓으로 이 방면에 기여한 바가 적지 않으므로 이 유고를 포함한 호암의 유저遺著가 속히 간행되기를 心祝한다.....(중략)』고 하였음은 적절한 설명이라고 생각된다.

본서의 내용은 1850년대에서 1900년대까지 50여 년간에 걸친 한국과 미국과의 관계를 살핀 것이다. 그러니까 구한국시대 양국 간에 교섭이 시작될 때부터 정식 교섭이 끊길 때까지의 얽힌 관계사이다.

지금까지 이 시기를 다룬 저서나 논문은 많다. 그러나 그 대부분이 어떤 특정 문제, 혹은 국한된 시대를 다룬 것이고 본서처럼 50년간 전 시대에 걸쳐 있고, 또 관련된 중요 문제를 모두 거론한 것은 별로 없다. 따라서 구한국시대 한미관계의 실상을 파악하려면 본서는 현재까지에 있어서는 필독의 書라고 할 수 있다.

본서는 원래 신문에 연재한 것을 모은 것이다. 조선일보 특간에 1934년 7

월 16일부터 「대미관계50년사-교섭의 기원과 변천」이란 제목으로 100회 연재한 것을, 1939년 저자가 작고한 뒤 동 신문사 출판부에서 저자의 전집 3권을 펴내면서 제1권 속에 넣어 간행하였던 것이다. 해방 뒤인 1948년 3월에 일성당 서점에서 다시 전기 신문사 출판부의 지형을 이용하여 전집 3권을 그대로 간행한 바 있었다. (이때 본서만은 전집에서 따로 떼어 단행본으로 내기도 하였다.) 그런데 근래에는 위의 두 간본刊本 어느 것이든지 희귀해져 시중에서 좀처럼 구하기 힘든 실정에 있다.

2

호암은 본서를 저술하면서 관계 문헌을 얻으려고 대단한 노력을 경주하였던 것 같다. 세상에 알려져 있지 않고 비장되어 있는 자료를 구하려고 여기저기 탐방하는 한편 직접 관련자와 면담한 것과 같은 것은 그 좋은 예라고 할 수 있다. 전기 이병도박사의 『사가로서의 故 호암』이란 글에서도,

"호암의 전문專門은 물론 조선사이나 조선사에도 특히 어느 부분이 더 전공이라고 말하기 어려울 정도로 다방면으로 손을 대었지만 그가 가장 흥미를 갖고 많이 노력한 것은 최근세사, 특히 외교사였다. 1934년 가을과 겨울 사이 조선일보 지상에 100여회를 연속하여 게재하였던 「대미관계50년사」는 호암 저술중의 백미로 만년 역작이라고 할 수 있는 것이다. 한미교섭의 기원에서 붓을 일으켜 한미조약의 소멸에 이르기까지 양국의 외교관계를 중심으로 하여 국내외의 정세 변천을 종횡무애縱橫無礙하게 서술한 바로 조선 최근세사의 거의 대부분을 망라한 감이 있는 저술이었다. 이 장편의 글을 쓰기에 사료의 수집에 얼마나 많은 고심과 노력을 기울였는지는 우리 교류하던 벗들 사이에 잘 아는 사실이지만, 이 글을 읽어본 독자도 대개 짐작한 바가 있었

을 것이다. 외국 측 사료의 취득도 물론 곤란하거니와 조선 측 사료의 채취採取에 있어서도 여간 어려운 일이 아닌 것은, 아직 출판되지 않은 사본으로 귀중한 사료적 가치를 가지고 있는 것이 이곳저곳에 비밀리에 소장되어 소재도 잘 알지 못하고 빌려 보는 것도 쉽지 않은 까닭이다. 호암의 열성은 간혹이 곤란을 돌파하여 희귀한 사료를 발견함이 많았다……(하략)"고 그 사실을 지적하고 있다.

그가 인용한 사료 중에 오늘날 남아 있지 않은 것도 있으니, 강위姜瑋(호는 秋琴)의 「북유담초北遊談草」, 「의소擬疏」, 「논의論議」 등이 그것이다. 요즈음은 활자화되어 누구나 쉽게 이용하게 되었지만 본서를 저술할 당시에는 일반에게 공개되지 않았던 김윤식金允植(호는 雲養)의 「음청사陰晴史」, 「윤치호일기」, 지금은 원본이 없어졌지만 박정양朴定陽의 「미행기美行記」, 「미속습유美俗拾遺」 등을 발굴하여 이용하였고 , 또 규장각 도서에 소장된 「승정원일기」, 「일성록日省錄」, 「통서일기統署日記」도 참고하였다. 심지어 당시 한국 내에서는 얻어 보기 힘들었던 미국정치학회잡지(Political Science Quarterly)에 들어 있는 논문도 인용하였다.

그 밖에 그가 인용한 국내외 문헌 중에 중요한 것을 열거하여 보면, 「한성순보漢城旬報」, 김옥균金玉均의 「갑신일록甲申日錄」, 민영준閔泳駿(호는 荷汀)의 「종신록從臣錄」, 시노부 준페이信夫淳平의 「한반도」, 「이문충공李鴻章 전서」, 데니O. N. Denny의 「청한론淸韓論(China and Korea)」, 그리피스William E. Griffs의 「隱士의 나라 한국(Corea, the Hermit Nation)」, 샌즈William F. Sands의 「회고록(Undiplomatic Memories)」 등이 있다. 이처럼 국내외 문제를 광범위하게 섭렵하였던 것이므로 내용이 비교적 충실할 수 있었고 또 한미관계의 중요 문제를 모두 거론할 수 있었다. 그런데 호암은 영어에는 별로 능통하지 못하였던 모양으로 영문으로 된 문헌을 얻게 되면 본서 내에서 직접 밝히고 있듯이 가깝게 지내던 몇 분에게 번역을 부탁하여 이용하였다.

3

본서는 그 구성에 있어서 약간의 결함을 갖고 있다. 우선 본문의 상당한 부분이 몇 개의 논문을 대본으로 하여 서술되어 있다는 것을 들 수 있다. 이를테면, 제4장 「수호 직전의 미국태도」와 제5장 「정식 담판과 조약성립」은 미국정치학회 잡지(Political Science Quarterly) 23권 3호(1910년간)에 실린 폴린Charles Oscar Paulin의 「슈펠트 제독에 의한 한국의 개국(The Opening of Korea by Commodore Shufeldt)을 토대로, 제7장 「보빙사절과 양국친선」은 황가아세아학보(Transactions of the Korea Branch of the Royal Asiatic Society) 18호(1929년간)에 실린 노블Horold J. Noble의 「미국에 파견한 한국사절(The Korean Mission to the United States in 1883)」을 토대로, 제 8장 「미국초기의 대한정책」은 전기 미국정치학회 잡지 38권 1호(1923년 간)에 실린 데넷Tyler Dennett의 「미국의 초기 대한정책(Early American Policy in Korea 1883-7, The Services of Lieutenant George C. Foulk)」을 토대로 쓰고 있다. 간혹 다른 내용도 삽입되어 있기는 하지만, 글의 줄거리는 대체로 앞에 기록한 논문을 가지고 쓴 것이다. 그리고 제9장은 박정양의 「죽천집竹泉集」 속에 들어 있는 미행기, 미속습유 등이 토대로 되어 있다. 물론 위의 논문들은 지금에 보아도 잘 된 것이긴 하나 전적으로 그것을 토대로 서술했다는 데 문제가 있다고 생각한다. 이것은 신문지상에 연재하려니까 시간적인 제약 때문에 그렇게 되었을 것이다. 그러나 어떻든 타인의 논문을 이용하여, 하나 둘의 장이 만들어졌다는 것은 흠이 된다고 하지 않을 수 없다.

한편 본서의 후반부, 그러니까 동학란 이후의 부분이 매우 간단하다. 총

12장 중에, 마지막 11장과 12장이 여기에 해당되고 면수도 전체의 6분의 1정도 밖에 되지 않는다. 책을 저술하는 데 체제가 곡 균형이 잡혀야 된다는 법은 없다. 그러나 전반부에 있어서 포크 대리공사의 활동에 대해 한 장을 할당했다면 후반부에 있어서는 알렌Horace N. Allen 공사의 활동에 대해서도 한 장을 할당했어야 했을 것이다. 한미 관계에 있어서 알렌은 포크보다 더 활동범위가 넓었고, 또 그 비중이 컸기 때문이다. 문제는 본서를 저술할 때에 알렌에 관한 연구가 별로 없어서 참고할 수 없었던 탓일 것이다. 따라서 독자 중에 알렌에 관해 좀 더 자세한 지식을 얻으려고 한다면 해링튼Fred Harvey Harrington 박사의 「*God, Mammon and the Japanese-Dr. Horace N. Allen and Korean—American Relations*, 1884-1905」(졸역, ≪개화기의 한미관계≫, 일조각, 1973년 간행)를 읽어볼 것을 권한다.

4

본서의 내용과 관련하여 구한국시대 한미관계의 문제점을 간단히 살펴보는 것이 좋을 것 같다. 양국 간의 조약이 체결되기 전부터 한국인들은 미국에 대해 좋은 인상을 갖고 있었다. 주로 중국인들이 쓴 책의 영향으로 미국은 정의와 인도를 표방하는 나라이며, 타국의 영토도 탐내지 않고 정사에도 간여치 않으며, 또 미국인들이 신봉하는 크리스트교는 천주교와는 다르다고 믿고 있었다. 한편 조약을 체결한 뒤 내한한 공사 푸트, 무관 포크, 선교사요 의사였던 알렌과 같은 미국인들은 한결같이 한국의 개화운동을 적극 도왔고, 한국의 독립을 유지하는 데 힘썼다. 학교교사·군사교관의 초빙을 알선한 것을 비롯하여 청국의 간섭을 뿌리치고 박정양 주미공사의 파견을 가능케 했던 것은 그 좋은 예라고 할 수 있다. 이 때문에 한국인들은 미국에 대해 좋은 감정을 갖게 되었다.

그러나 이들 미국인들은 언제나 본국 정부의 지령에 따라 활동했던 것은 아니었다. 오히려 독자적으로 행동을 하였던 것이다. 미국 정부는 그동안 아세아에 대해 고립주의적 불간섭정책을 견지하고 있었다. 결국 미국의 주된 관심은 상업의 확장에 있었다. 그러므로 1880년에 국무장관 베야드Thomas F. Bayard는 주한공사에게 "한국에 있어서의 미국 정부의 관심은 정치에 있지 않다. 미국 정부는 단지 우리 국민과 상업의 보호를 추구하는 데 그칠 것이고, 이러한 보호가 얻어질 수 있는 이상의 지점까지 갈 생각은 없다"고 언명하였던 것이다. 이러한 미국의 정책은 1880년대뿐만 아니라, 동학란 이후 한국을 둘러싼 국제관계가 복잡하였던 90년대에도 그러하였다.

그런데 불행히도 한국인들은 이 땅에서 활약하고 있는 미국인들의 태도가 미국 정부를 대변하고 있는 것으로 착각하고 있었다. 그러므로 그들에게 계속 의뢰依賴하려고 하여 그들이 요구하면 나라의 중요 권리도 마구 넘겨주었던 것이다. 노다지 광산으로 알려져 있던 운산금광도 그렇게 해서 미국인에게 넘어갔다.

1898년 스페인과의 전쟁을 시작하면서 미국은 제국주의노선을 취하였다. 아세아에 대해서 더 많은 관심을 갖게 되고 이전의 고립·불간섭정책을 버리고 협력·간섭정책을 채택하게 되었다. 다음 해, 즉 1899년에 미국의 국무장관 헤이John Hay는 열강에게 문호개방원칙을 제창하였다. 이것은 미국이 적극적으로 아세아에 진출하겠다는 것이었고, 그렇기 때문에 중국에 있어서의 기회균등을 요구하였던 것이다.

1900년 중국에서 의화단사건이 일어나자 러시아는 만주에 출병하여 점거할 기세를 보였다. 미국은 이러한 러시아의 정략을 문호개방원칙에 도전하는 것으로 보았다. 당시 러시아의 남진을 저지하는 데 사투하고 있던 나라는 영국이었다. 그리고 영국과 일본은 동맹관계에 있었으므로 미국은 영국뿐만 아니라 일본을 지원하게 되었다. 1904년에 이르러 러일전쟁이 일어나자 한국은 엄정 중립을 선언하여 주권과 영토를 보전하려 하였으나, 일본은 한국에 무단 상륙하고 강제로 동맹국으로 만들어 주권을 침범하였다. 당시 미국의 로우즈벨트 대통령은 러일전쟁을 가리켜 "일본은 우리들을 위해 싸우고 있다." 고 말할 정도로 노골적인 친일정책을 표방하고 있었다.

1905년 3월 미국 정부는 친한반일親韓反日적인 태도를 취하고 있던 알렌을 물러나게 하고 모간Edwin V. Morgan을 공사로 임명하였다. 그리고 그 해 7월에는 육군장관 태프트William H. Taft와 일본수상 가쓰라 다로桂太郎사이에 비밀각서를 교환케 함으로써 미국은 일본의 한국 지배를 허용하니, 미국은 그 결정보다 2개월 전에 이미 각서를 교환한 셈이었다. 결국 미국은 열국에 앞서서 일본의 한국 지배를 승인하였던 것이다. 그해 12월 18일 한일 간에 보호조약이 체결되고 한국의 외교권이 박탈되자, 미국 정부는 기다렸다는 듯이 또 다시 열국에 앞서 28일에 주한공사관을 철수하고 한국과의 국교를 단절하고 말았다.

미국의 이러한 태도는 오랫동안 미국에 대해 좋은 인상을 갖고 있던 한국측에서 보면 배신적인 행위라고 생각되지 않을 수 없었다. 더욱이 한미조약 제1조에 「타국(제3국)이 만약에 공정하지 않고 업신여기는 행동을 취하게 되면 양국은 반드시 서로 도우고 거중알선居中斡旋 함으로써 우의의 돈독함을 나타낸다.」라고 명시되어 있지 않았던가?

그러나 미국인들은 배신은커녕 거중알선의 조항을 잘 이행하였다고 주장하였다. 외교사가 데넷Tyler Denett의 주장은 그 대표적인 것이었다. 즉, 그는 「아세아에 있어서의 미국의 거중알선(American "Good offices" in Asia)」(The American Journal of International Law, 1922년 1월호 所收)이란 논문에서 거중알선의 조항은 절대로 무력간섭을 의미하지 않으며, 러일전쟁은 한국이 전쟁에 가담되어 있지 않기 때문에 미국으로서는 어떻게 할 수 없었고, 당시 적대되는 러시아와 일본에 대해서 거중알선을 하여 포츠머스 조약을 체결케 했다고 주장하였다.

법조목 중에는 이렇게도 해석되고 저렇게도 해석되는 것이 많다. 따라서 자기에게 유리하게 해석하는 경우가 많다. 거중알선의 조항도 한국 측은 한국에 유리하게, 미국은 미국 측에 유리하게 해석했다고 할 수 있다. 단지 한국 측은 오래전부터 미국에 대해 좋은 인상을 갖고 있었기 때문에 그 조항을 좋게 해석하여 미국이 우리를 지원해 줄 것으로 생각하고 있었다.

그러나 당시의 미국인들 중에 한국을 동정하는 인사들이 있었지만 그 수는 적었고, 또 영향력도 없었다. 심지어 로우즈벨트 대통령을 비롯한 미국의 정치가들은 "우리는 한국인을 위해 일본에 대항할 수는 없다. 한국인들은 자신을 방위하는 데 손 하나 까딱하지 않았다."라고 말할 정도로 한국인들을 무시하고 있었다. 이런 처지에 한국인들은 자체의 힘을 기를 생각은 않고, 거중알선의 법조목만을 액면 그대로 믿고 의지하려고 하였으니, 정녕 한심하다 하지 않을 수 없었다.

이처럼 구한국시대의 한미관계는 불행하였다. 그런데 70년 뒤인 오늘 우리 사회에서는 또다시 한미관계가 심각히 논의되고 있다. 물론 구한국시대와 오늘의 상황은 다르다. 그러나 웬일인지 구한국시대의 한미관계를 되새기게 되는 것은 나 혼자만의 생각은 아닐 것이다.

끝으로 본서의 간행을 알선한 이기백 교수, 간행을 직접 담당한 탐구당의 여운학 부사장과 편집부 일동에게 이 자리를 빌려 감사를 드린다.

범례

1. 원서의 내용을 되도록 건드리지 않으려고 하였으나, 분명히 착오로 인정되는 부분은 일부 수정하였다.
2. 원서에는 장의 표시가 없으나 편의상 본서에서는 그것을 표시하였다.
3. 한문의 인용문은 읽기 쉽도록 대부분 번역하여 실었다.
4. 인명·지명 등 외국 고유명사의 발음은 오늘날 우리나라에서 통행되고 있는 표기법을 따라 고쳤다.
5. 서양인 이름은 되도록 씨명(Full name)을 찾아서 넣었다.
6. 독자들의 이해를 돕기 위해 보충적 설명이 필요한 곳에는 교주를 넣었다.

차 례

Ⅰ. 교섭의 기원

한국과 미국의 관계되던 그 유래를 거슬러 올라가 생각하건대 일찍 18세기 중엽에 미국이 아직 영국의 식민지로 있을 때부터 중국 시장에서 우리 고려인삼에 대하여 미주美洲 인삼의 경쟁이 생겼으니 한미관계는 멀리 여기서 유래하였다.[1] 미국이 독립 후 그 국운이 크게 진전하여 널리 시장을 세계에 구할 새 1853년, 페리 제독이 일본에 와서 미·일 통교를 틀 때도 한국에 대한 이야기를 하게 되었다 한다. 그러나 이것은 마치 이웃집 담 너머로 보이지 않는 처녀의 목소리를 그리워하는 셈으로 미국인의 짝사랑에 지나지 못하였다.[2]

미국인이 한국인의 눈에 비친 최초로 말하면 철종 6년 을묘(1855년) 6월 강원도 통천 해안에 표착한 4인인 바 어느 나라 사람인지 모르다가 영송관領送官이 북경에 이르러서야 그들이 미국인임을 알게 되었거니와[3] 그 후 고종 2년 을축(1865) 8월 경상도 연일 해안에 표착한 3명의 미국인이 있으니 이것이 두 번째요, 그러나 이때도 어느 나라 사람인지 모르고 중국에 호송하였다. 3번째는 대원군이 한창 천주교도를 박해하여 일반 인심이 아주 공포에 싸여 있던 고종 3년 병인(1866) 5월 12일(1866년 7월)이었으니 이때 서프라이즈

1 미국 상인들은 뉴잉글랜드 지방에서 생산한 인삼을 광동에 수출하고, 그곳에서 차를 수입하여 이익을 취하고 있었다. 이에 대해서는 William Elliot Griffs, *Corea: The Hermit Nation*, New York, 1889, p. 389 참조.

2 아편전쟁의 결과로 미국이 중국과 조약을 체결한 다음 해인 1845년에 하원의 프랫트Zadoc Pratt의원은 일본 및 한국과 국교를 맺을 사절단을 파견하자고 제의한 바 있었다. 그러나 당시의 미국은 멕시코와의 국경 분쟁 문제에 정신을 쏟고 있는 중이어서 프랫트 의원의 제의는 별반 주목을 받지 못하였다. 앞의 책, p. 390 참조.

3 그들은 본래 투 브라더스Two brothers라는 포경선에 소속되었던 어부였다. 선장의 구박과 불편한 음식에 불만을 품고 일본 북해도 하꼬다데函館항에서 조그만 배를 타고 도망하였다. 그 뒤 동해를 건너 영흥만을 향하려다 태풍을 만나 통천 해안에 표류되었다. 이에 대해서는 Earl Swisher, *The Adventure of Four Americans in Korea and Peking in 1855*, Pacific Historical Review, No. 21, pp. 237-241 참조.

Surprise호라는 미국 배 한척이 황해를 지나다가 불행히 평안도 철산 선사포에서 파선되었는데, 한국 관헌의 호의로 선원 일동이 구조를 받아 의주 국경까지 호송되어 무사히 중국에 돌아갔다.[4] 그러나 이로부터 2개월 만에 평양 대동강에서 또 미국 배 셔먼호의 비극이 발생된 것은 정말 의외의 사건이다.

셔먼호는 제너럴 셔먼General Sherman호로 천진에 있던 미국인 프레스톤이 소유한 범선인바 한국에 무역의 길을 트려했든지 온갖 진귀한 물품을 싣고 그 위에 다시 이상한 무장을 하여 천진을 떠나 황해로 돌아서 평양 대동강에 거슬러 올라와 교역을 청하기는 고종 3년 병인(1866년) 7월 이었다. 그러나 통상은 당시 국법으로 금지되어 있어 그것이 감사 한명이 처단할 바 아니므로 장계狀啓를 띄우고 조정의 명을 기다리는 동안에 시일이 미루어져갔다. 처음에 멋모르고 대동강에 깊이 들어왔던 셔먼호는 강물이 줄어들고 천탄淺灘(강이나 바다의 바닥이 얕거나 폭이 좁아 물살이 세게 흐르는 곳)에 걸려 선체가 움직일 수 없게 되었고, 그러자 양식이 떨어지고 얻을 길이 없어 최후에는 약탈을 행한 일까지 있었다 한다.

그렇지 않아도 통보 없이 연안에 들어와서 틈입闖入(기회를 보아 느닷없이 함부로 들어감)하여 국가의 금법을 어기고, 그 이상 인민에게 폭행을 더함은 그들을 위한 방안이 아니며 더구나 문정問情하는 관리를 배에 가둔 것과 같은 것은 단지 한국인의 감정을 격발시켰을 뿐이다. 평안감사 박규수朴珪壽는 이에 뜻을 결정하고 적시선積柴船을 징발하여 화공火攻의 계를 써서 셔먼호를 불사르고 그 선원을 잡아 죽이니 선중에는 선주 프레스톤과 선장 페이지와 통역 토마스 등 서양인 5명과 중국인 말레이인 등 19명 모두 24명이 있었는

4 서프라이즈호는 산동 반도의 지부芝罘항을 출발하여 유구琉球 방향으로 가려다가 난파되었는데, 한국 관리들로부터 후한 대접을 받은 뒤 의주와 봉천을 경유하여 중국의 우장牛莊 미국 영사관에 호송되었다. Griffis, 前揭, p. 391. 참조.

데 그들이 이같이 모두 이역에서 원귀怨鬼가 된 것은 대동강에 들어온 지 10여일 후인 동7월 24일(서력 9월 3일)이었다. 첫사랑에 할퀴는 셈으로 이 셔먼호의 비극이 결코 조선과 미국과의 장래 친교를 위해서 축복이 되지 못하였다.5

※ 이 배 통역인 영국인 토마스는 당시 중국에 있던 선교사인바 한국말도 조금 알고 그 중국 이름이 최난헌 이므로 「崔蘭軒事件」이라고 한다. 그러나 최난헌은 그 선명船名 제너럴과 가까운 즉 혹은 그때 조선측의 문정問情에 대하여 통역이 말 한 그 선명을 그만 인명으로 잘못 안 것이 아닌가 한다.6

이 셔먼호 사건은 저 천주교도의 박해와 아울러 내일의 험악한 국제적 풍운을 빚어내는 2대 화인禍因을 지었으니 하나는 이로부터 수개월 뒤에 폭발된 프랑스 함대의 내범來犯이요. 또 하나는 이로부터 수개년 뒤에 폭발된 미국 함대의 내습이다.

박제형朴齊炯의 『근세조선정감』에 보면 다음과 같은 내용이 있다. 이때 평안감사 박규수朴珪壽가 불에 타던 미국 함선을 빼앗았으나 운용의 법을 알지 못하여 상부에 주문奏聞하는 동시에 그 파선을 끌어 한강까지 보내었다. 대원군은 기교로 유명한 김기두 등으로 하여금 그 선제를 모방하여 갑철함甲鐵艦 한척을 만들게 한 바 그 운전법은 목탄을 피워 거기서 나오는 증기로써

---

5 셔먼호 사건에 대한 한국 측 조치에 대해서는 일성록 고종3년(병인) 7월 15일, 18, 22, 25, 27, 29일조 참조.

6 제너럴셔먼호 사건을 「최난헌 사건」이라고 한국 측 문서에 기록되어 있는 것을 보고 문일평 씨는 위와 같이 추측을 하고 있다. 그러나 그것은 틀린 추측이다. 최난헌은 토마스의 한자명이고 제너럴과는 아무런 관계가 없다. 토마스 목사의 약력에 대해서는 오문환 씨의 "The Two Visits of the Rev. R. J. Thomas" Transactions of the Korea Branch of the Royal Asiatic Society, Vol. 22 for 1933, pp. 95-123과 백낙준 박사의 『한국개신교사』, 1832~1910, 연세대학교 출판부, 1973년 11월 간행, pp. 44-48 참조.

기륜을 돌아가게 하였다. 그렇지만 선체는 무척 중대하고 기력은 아주 미약하여 불을 아무리 때고 물을 아무리 끓여도 배는 움직이지 않았다. 부득이 그것을 뜯어 다시 지으니 그 비용이 수십 만금이 들고 무고武庫의 동철이 이로해서 온통 없어지고 말았다. 대원군이 몸소 임하여 이번 새로 만든 함대의 진수식을 거행할 새 탄화를 피워 기륜을 움직이게 재촉하였으나, 선행이 매우 더디어 한 시간에 겨우 10여보밖에 더 나가지 못했다 한다.7

7 근세조선정감에 파선을 끌어 한강까지 보냈다는 것은 있을 수 없는 이야기이다. 배는 불에 타 대동강 속에 침몰되었기 때문이다. 그러나 『승정원일기』 고종3년 8월 8일 조에 의하면 박규수는 침몰된 배에서 대포와 기타 철물 등을 건져내어 감영 군기고에 넣어 두고 있다는 장계를 국왕에게 바친 바 있다. 한편 고종 4년(1867년) 대원군은 『해국도지海國圖志』에 들어 있는 그림과 설명을 참고로 하여 전함과 수뢰포를 제작케 하여 그 해 9월 9일에 한강의 노량 북안에서 국왕의 친임하에 전함의 진수식과 수뢰포의 시방試放을 거행하였다고 하는데, (승정원일기 고종 4년 9월 9일조 참조) 본문의 내용은 이것을 잘못 적은 것 같다.

1. 셔먼호 문제

이 포복절도할 대원군의 아이 장난 같은 희극 장면이 미국 파선 셔먼호와 밀접한 관계가 있음을 생각하면 역시 어이없는 일이거니와 셔먼호가 대동강 상류에서 일말의 불탄 잿더미로 사라진 뒤 오랫동안 돌아오지 아니함을 보고 당시 중국에 있던 미국 사람들 사이에 차차 의심이 생겨 여러 가지 억측이 있던 중 마침 강화에서 패해 간 프랑스 수군이 셔먼호가 소각되어 없어졌다는 풍설을 전하니 북경주찰 미국공사는 마침내 청나라 정부를 향하여 그 사실의 유무를 탐문하게 하였다.

청나라 조정은 다시 한국에 물어 가로되,

"……미사美使 위렴사違廉士의 말에 의하면 8월내에 양지외선兩枝桅船 한 척이 고려에서 천탄에 얹히게 된 바 고려가 그 배를 불살라버리고 아울러 선주, 선원 등 24인을 붙잡아갔는데 생사 여하를 알 수 없다……云云"이라[8] 하였음에 대하여 한국에서는 청나라 정부에 회답하되 "본년 7월에 서양 배가 평양부에 내박하여 장변將弁을 구집拘執며 인민을 살해하며 재산을 빼앗고 총포를 난사하다가 천탄에 얹히어 스스로 불에 타 가라앉게 한 자는 곧 자칭 영국사람 최난헌과 청국사람 李八行 및 馬鬼子 등이오 미국의 양지외선 한 척이 천탄에 얹히어 피소된 것이 아니며 선주 등 24인을 잡아간 일도 없다고……云云"[9] 하였다. 이것은 한국 정부의 핑계만으로 볼 수 없고 셔먼호의 통역인 토마스(중국명 崔蘭軒)란 자가 자칭 영국인이라 하였으므로 사실상 이

8 인용문의 위렴사는 주청미국공사관의 일등서기관 윌리엄스Samuel Wells Williams를 가리킴.

9 『일성록』 고종 병인년 12월 25일, 28일조와 『동문휘고원편』 권 61 양박정형洋舶情形에서 인용.

때까지 한국에서는 영국의 선박인줄로 알았던 모양이다. 노골적으로 말하면 그때 정부 당국의 대외 지식이 영국과 미국의 구별조차 하지 못할 정도였으니 미국 배를 영국 배로 인정하는 것도 반드시 책할 바가 아니다.

영국 측에서는 청국 정부에 탐문하는 한편으로 한국에 탐색선을 보내어 셔먼호의 행방에 대하여 알아보기를 노력할 동안 미국 기선이 은일국隱逸國 연해에 자주 출몰함을 보게 되었다.

그리하여 최초에 수색 차 한국에 온 미국 배는 셔먼호 사건이 발생한 바로 그해 겨울이었는데 황해도 연안에서 방황하다가 그대로 돌아가 버리고 말았다.[10] 제2차 탐색선은 이로부터 2년 후 고종 5년 무진(1868년) 봄에 한국에 오게 된 바, 이때는 전보다 한걸음 더 나아가 대동강 입구까지 이르렀으나 정작 그 목적인 셔먼호의 종적에 대해서는 역시 아무런 소득이 없이 그저 돌아가고 말았다.[11]

※ 세간에서 이 셔먼호의 수색선이 대동강 입구에 왔다가 간 것을 곧 셔먼호 그것으로 인정하여 미선 소파燒破사건을 무진년(1868)으로 끌어내림은 잘못이니 미선 소파는 병인(1866)이오 그의 수색선이 대동강 입구에 이르렀던 것은 무진인즉 이들을 혼동함은 불가하다.

---

10 미국 아시아 함대사령관 해군소장 벨Henry Haywood Bell은 휘하의 와츄세츠Wachusett호의 선장 슈펠트Robert W. Shufeldt에게 명하여 조사시켰다. 슈펠트는 1867년(고종 3년) 1월 21일 산동반도의 지부를 떠나 23일 황해도 장연현 오우포에 도착하여 그곳 관리들과 주민들에게 글을 보내, 제너럴셔먼호의 소식을 묻고 생존한 승무원이 있으면 인도해 줄 것을 요구하였다. 장연현감 한치용은 아무것도 모른다는 회답서를 보냈다. 그러나 주민들은 서양 배가 평양 앞바다에서 소침되고 승무원 전원이 살해되었다는 사실을 이야기하였다. 이러한 정보를 얻고 슈펠트는 중국으로 돌아가 사령관에게 보고하였다 한다.

11 아시아 함대사령관 골즈보로J.R. Goldsborough 준장은 군함 쉐난도Shenandoah호의 함장 훼비거John C. Febiger에게 명하여 다시 조사를 시켰다. 훼비거가 1869년(고종 5년) 3월 18일 평안도 황해도 경계 연안에 이르러 조회를 보내 책임관헌의 회답을 요구하였다. 1개월 이상 머무는 중 삼화부사 이기조, 장연현감 박정화 등이 보낸 황해감사 박장휘의 회답서를 교부받았으나 별로 성과를 거두지 못하였다.

2. 무덤 도굴사건과 그 영향

서면호의 수색선이 한창 한국 연해에 왔다 갔다 하는 그때에 있어 기괴한 엽기적 사건이 또 하나 돌발하였으니 그는 이른바 무진 양인洋人의 덕산군 무덤 도굴사건이다.

이 사건이 직접적으로 미국과 관련 있던 일이 아니나 그때의 시국의 영상映像된 하나의 사건으로 말하지 않을 수 없으며, 더구나 그 결과에 있어서 대외 관계에 미치는 영향이 적지 않았은즉 이를 보더라도 말하지 않을 수 없으며, 세상에서 아는 바와 같이 이 무덤 도굴사건의 주모자는 에른스트 오페르트Ernest Oppert라는 유태계의 북독일인인 바 상해에 본거를 두고 일찍 한국 연해에도 수차례 탐항을 거듭하여 지리 사정을 대강 짐작한 탐험가 같기도 하고 투기사 같기도 한 그는, 비밀단에 대한 호기심이 이때 떠들썩한 서면호 문제로 말미암아 종용을 받게 되어 제삼차의 한국 탐항을 꾀할 새 차이나China호라고 하는 미국인 소유의 작은 기선을 타고 무진년(1868) 봄에 상해를 출발하였다.

선원은 수모首謨 오페르트 이하 서양인 8명과 한국 교인 4명과 기타 말레이인 20명과 중국인 100명 내외이었다 하며 상해를 떠난 후 나가사키를 지나 한국 서해로 향하여 항행을 계속한지 며칠 만에 충청도 아산만에 도착한 때가 고종 5년 무진 4월 16일(서력 1868년 5월 10일)이었다.

다음날 아침 선원이 작은 배를 내려 타고 강을 거슬러 올라가서 전원이 모두 늠름하게 무장을 하고 인부에게는 땅 파는 괭이와 가래를 들리고 어두운 밤을 타서 상륙하니 한국인이 길 안내자가 되었으며, 그 중에는 페론Staniras Feron이란 프랑스 선교사도 섞여 있었는데 그는 일찍 한국에 대한 사정을 잘 알아서 자진해서 일행의 앞잡이 겸 통역이 되었다.

그리하여 스스로 러시아 군대라 소리 높여 말하면서 자꾸 행진하여 마침내 덕산에 있는 가동伽洞인 대원군의 부친 남연군南延君 묘소에 이르러 호령하에 그 봉분을 헐기 시작했다. 그러나 어찌 뜻했으랴, 그것이 고귀한 분의 유택이니만큼 광내에 깊이 다진 석회가 아주 견고하여 쉽게 깨칠 수 없었다. 그러자 날이 밝아 흥분한 군중이 모여 들며, 또 썰물 시각이 절박하므로 그들은 황급해서 무덤 도굴의 목적을 이루지 못하고 급히 아산만의 본선에 돌아와 닻줄을 거두어 달아날 새, 영종도로 지나다가 한국 수병에게 사격을 당하여 부질없이 사상자 수명까지 내고 필경 상해로 아주 돌아가고 말았다.

그러면 그들이 무슨 까닭으로 무덤 도굴을 했는가, 혹은 금은보화 같은 부장품에 침을 흘려서 그러했는가, 또는 천주교도를 박해하며 통상을 거절하는 대원군에 대한 일종의 보복 수단으로 그러했는가. 그 동기가 어디 있었던 것은 알기 어렵지만 그때 상해에 있는 미국총영사 시워드George F. Seward의 이 사건 심문에 대하여 그 선주되는 미국인의 공술供述에 의하면 무덤 도굴의 이유는 다른 까닭이 아니다. 미신가 대원군을 굴복시켜 통상과 신교信教의 자유를 트는 동시에 프랑스와 미국인의 피살에 관하여도 양국 정부에 까닭을 밝히며 사과하게 하려는 의사에서 나온 듯하다.

그러나 사실은 그들의 예상과는 정반대의 결과를 일으켜 대원군의 대외경對外硬이 이로해서 한층 더 혹독하여져 교도의 탄압과 통상의 거절을 길이 고집하려 하였다. 그렇지 않아도 서양인을 양이洋夷 보듯 하는 판에 무덤 도굴 같은 파렴치 행동이 있었음은 확실히 대원군 이하 고귀한 집권자에게 좋지 못한 인상을 주어 후에 통교에 방해가 된 것은 유감이라 하지 않을 수 없다.

II. 신미양요와 그 뒤의 교섭

1. 미함내방美艦來訪

미국 함대가 소각된 참사가 있던 같은 해에 강화에서 프랑스 함선의 입구入寇 요동이 생겨 정부 상하가 일대 국난이 온 것처럼 떠들게 되다가 프랑스 함선이 물러간 뒤에는 전술한 셔먼호의 수색선이 한창 출몰할 그때에 덕산에서 분묘 도굴의 괴변이 생겨 부질없이 대원군의 적개심을 잔뜩 격발시켜 절대적 배양주의排洋主義를 가지게 하였다. 그의 협착한 식견의 범위에는 서양인은 이른바 이교도가 아니면 모리배나 무덤 도굴 사건의 적으로 비치게 된 때문이지만 이것이 오해는 오해로되 이 오해로 인해 한미 통교에까지 서로 넘지 못할 담을 쌓았다. 미국이 우정을 가지고 오되 한국은 그들을 적대시하였으니 한미 사이에 조만간 충돌이 생기지 않을 수 없는바 신미양요는 실로 이런 분위기 속에서 발생하게 된 것이다.

처음에 셔먼호의 조난 이래 그 종적이 묘연하여 증거가 될 만한 중요한 단서를 얻지 못하였으나 각 방면으로 들리는 소식을 종합하여 보아 그 참화가 사실임을 긍정함에 미쳐서는 중국에 있던 미국인의 여론이 일변하여 이 셔먼호 사건을 기회로 한미 통교를 고창함에 이르렀을 뿐 아니라 미국 정부의 내명이 있어 셔먼호에 대한 담판 겸 수교의 목적으로 북경에 주재하던 미국공사 로우Fredrick E. Low가 아세아함대사령관 해군소장 로저스John Rodgers와 함께 장차 그 휘하의 함대를 데리고 한국에 나오려 하자 그 뜻을 미리 청국 정부에 통지하였다. 청국 조정은 자문과 함께 그것을 한국에 전치轉致한 것이 고종 8년 신미(1871) 2월 이었다. 그런데 이때 한국에서는 청국자문은 회답하였으되 미국 사신에 대해서만은 회답하지 않았다. 이는 만일 한번 회답을 하게 되면 곧 그들과 통교를 트는 셈이니 일이 부당하다 해서 그리한 것이라 한다.

그 당시의 한국 태도는 프랑스에 대해서와 같이 미국에 대해서도 일종 시의猜疑를 가져 한편으로 해상 경계를 더욱 엄수하고 통교를 굳게 거절하는 의사를 보였다.

그러나 미국공사 로우와 수군제독 로저스는 처음 예정한대로 한국을 방문하게 되었다. 그들은 고종 8년 신미 3월에 기함 콜로라도Colorado이하 5척으로 된 1함대 포85문, 군사 1230명을 거느리고 한국에 오게 되었는데 그들의 목적은 이미 말한 바와 같이 한국과 미국과의 수교를 트는 데 있은 것은 물론이다. 세계 문명사적 의의에서 본다면, 저 서반구에 신흥한 워싱톤, 링컨의 나라가 심규深閨의 처녀와 같이 고요히 숨어 있는 극동 반도의 한국에 대하여 어디까지 친절한 뜻으로 포용하려고 하였다. 당시 미국인의 의기는 실로 장쾌한 바 있었으니 동양에 새로 오게 된 그들이지만, 오히려 일본을 개방시키고 또 청국과도 통상을 하거늘 어찌 홀로 이 양 제국 사이에 끼어있는 한국에 대해서 친교를 트지 못하랴 이렇게 생각한 것이 그들 미국의 공통된 생각으로서 로우 공사와 로저스 제독은 적어도 제2페리로 자임하였으리라.

그러나 한국의 태도가 이 제2페리의 호의를 받아들임에는 너무나 몰이해하였으니 미국인들 또한 어찌하랴. 아아! 이번 미국 함대의 내방은 전번 프랑스 함대의 내범과는 그 성질을 아주 달리하여 미국의 진의가 한국에 대해서 문책보다도 통상에 있었은즉 만일 한국 위정자의 혜안이 있었다면 일찍 일본이 페리제독에게 개방을 허락한 것과 같이 이때 한국이 로저스 제독에게 통상을 약속하였을 것이다.

2. 강화만상 충돌

이제 미국 함대의 행정行程에 대하여 한번 살펴보면 3월말에 처음 상해를 떠나 나가사키를 거쳐 4월 초 10일에는 벌써 5척의 함대가 남양만상에 나타나게 되어 한양 조정에서는 이양선이 어느 나라 배며 무슨 일로 왔는지 그를 탐사하기 위하여 문정역관問情譯官을 파송함에 이르렀다.

미국 함대는 다시 강화 근해 상류로 거슬러 올라가서 이전 프랑스 함대와 같이 제물포 북방인 물유도에 근거를 두고 한편으로 수로의 탐측을 행하며 한편으로 관리와 교섭을 열었다.

미국 함대는 자주 통역을 시켜 알아듣도록 자기들이 온 이유를 말하여 우리의 양해를 구하였지만 그것이 조금이나 귀에 들어갔을 리가 없다. 한양 정부는 미국 함대의 동정에 대하여 감시를 붙여 연방보고를 올리게 하는 한편 이리저리 핑계해서 시일만 끌도록 꾀하였으니, 이는 다른 까닭이 아니라 그러는 동안에 미국 함대의 방공防功에 관한 일체 준비를 하자는 것이다. 경강 수로의 모든 보루에는 무기를 배치하며 창고에는 군량을 쌓아놓고 또 정예 포수를 모집하는 등 전비戰備에 아주 급히 서둘러 실수가 없기를 기약하였던 것이다. 이리하여 강화만 상류의 평화는 날로 위협을 느끼던바 평화를 깨우는 첫소리는 실로 광성진에서 우리 술졸戌卒이 터지는 대포 일발이었다. 이때 손돌목의 험한 지세를 넘어서 광성진 근처에까지 와서 측량하고 탐색하는 미국 함대 2척이 뜻밖의 포탄 세례를 받게 되매 이에 응전하여 서로 맹렬한 사격이 계속되었지만 양군의 손실은 적어 양측 사이에 겨우 1명씩의 사상자를 내었을 뿐이고, 포대만은 마침내 미군에게 빼앗기고 말았다.

한국군에게 사격을 받은 뒤로부터 격분을 품게 된 미군은 두 척의 커다란 함선과 다수의 작은 배를 끌고 다시 강화 수로를 거슬러 올라와 650명의 육전대로써 초지진을 쳐서 우리 술군戌軍의 손에서 빼앗으니 이는 제2차전으로 4월 23일이었다. 이날 밤에 어둠을 이용하여 한국군이 초지진에 노숙하는 미군을 역습하였으나 뜻을 이루지 못하고 말았으며, 이튿날에 가서는 또다시 덕진보가 수비에 실패하여 미군에게 돌아가매 이로부터 의각지세犄角之勢(거세한 소의 뿔과 같은 기세)로 물과 육지에서 진격한 미군은 한국군의 근거인 광성진을 침범하게 되어 거기서 양군 사이에 가장 맹렬한 백병전이 벌어졌다. 승세를 타서 돌진하는 날카로운 적의 칼끝에 대하여 그것을 꺾으려고 과감하게 싸우는 한국군의 무용武勇은 미군으로 하여금 탄복을 자아내게 하였다. 그리하여 한국 측에서는 중군中軍 어재연魚在淵 이하 350명이란 다수의 희생자를 내게 되었거니와 미국 측도 타격이 없지 아니하여 그 선봉인 맥키Mckee 중위 등 13명의 사상자를 내었다. 광성보 전투 후 미군은 강제로 굴종시키지 못할 것을 알고 물류도에 물러가 한국 형세를 관망하고 있었다. 이때 미국 함대의 머뭇거림을 본 한국 측에서는 상을 걸고 천하에 격서를 날려 의용병을 모아들이며 척양주의를 한층 더 철저히 고취하려 하여 일찍 프랑스 함대의 내침 당시에 있어 의정부의 주면柱面에 첨부하였던 척화 경고 문구인 「洋夷侵犯 非戰則和 主和賣國」이라는 12자를 석비에 새기고 그 아래 「戒我萬年子孫 丙寅作辛未立」의 맹세하는 말까지 새겨 서울 종로 및 전국 대도시의 통행하는 도로에 세우게 하였다. 대원군은 호로犒勞(음식을 주며 위로함)하는 동시에 유언비어의 단속을 아주 엄중히 하여 민심의 안정을 꾀하였다. 이리하여 미국 함대는 수교의 사명을 이루지 못하고 한국 해상에서 부질없이 전후 1개월 이상이나 배회하다가 5월 16일에 즈푸芝罘로 물러가고 말았다. 이것이 이른바 신미양요라는 것이다.

3. 양요의 여문餘聞

신미 4월에 미국 병사와 함대가 경강의 입구를 막고 있을 때 조운漕運의 길이 끊기어 각지로부터 오는 세선稅船이 전연 오지 못하게 되매 곡가가 날로 폭등하여 빈민이 살 수 없었다. 그렇지 않아도 난리가 났다하여 물정이 시끄럽고 어수선한데 식량 문제까지 생기게 되니 어찌 인심이 요동치지 않을 수 있겠는가. 까딱하면 내부로부터 붕괴함을 면하지 못하게 되었다. 이런 위기에 임하여 당국자는 강압과 엄벌이란 정책에 의지하여 겨우 그때그때를 미봉할 뿐이다. 만일 이때 미국함대가 오랫동안 경강의 통로를 꽉 막고 있었던들 필경 한국 측에서는 식량의 결핍으로 스스로 패했을는지 모른다. 이 일이 문신들이 경연經筵에 진강進講할 적마다 화제에 오르내린 것을 보면 퍽 우려했던 모양이다.

그런데 일방으로 한국 측에서는 미국함대에 대하여 그들의 일상 음용하는 담수를 긷지 못하도록 연해 각지에 엄칙하였다. 이 계책이 과연 어느 정도까지 실현되었는지는 알 수 없지만 한양 당국자는 이때까지 실현의 가능성을 확신하여 나중에 서양배가 담수의 결핍으로 말미암아 퇴거하게 되리라고 낙관하게 되었다. 당시 관선 일성록 중 신미 4월 17일 경연에서 강관講官 강노姜渃가 상감께 올린 말 중 다음과 같은 내용이 있는 것을 보아도 알 것이다.

"저들이 물를 공급받지 못하면 며칠 못가 반드시 물러날 것입니다……"

속담에 마치 장군하면 멍군하는 셈으로 미국 함대의 의식적인 여부는 잠깐 별문에 붙이고 어쨌든지 한국에 대하여 식량을 말리게 할 때 한국은 미국 함대에 대하여 식수를 말리게 하니 이를테면 하나는 식량공食糧攻이요 하나는 식수공食水攻이라할까. 오늘날 와서는 매우 재미있는 이야기 거리가 되고 말았다.

한국인이 이때 미국에 대하여 오래 전에 한역된 『海國圖志』를 통해서 그 존재만은 얼마큼 짐작하게 된 것 같다. 신미 4월 20일 영의정 김병학의 진강 시進講詩에 임금께 여쭈오되 "미리견은 단지 부락이 있을 뿐이었는데 그 사이에 화성둔이란 자가 성지城地를 개척하고 기지를 만들어 해외의 양이와 서로 교섭을 하여……云云"[1]이라 한 것을 보면 그는 미국을 미개인으로 멸시하였다. 그러나 어찌 미개인으로 멸시하였을 뿐이랴. 해적 비슷하게 오해하였다. 이것이 당시 외국에 대한 최고 지식이라면 그 외는 말하지 않아도 짐작할 바다. 이때 미국은 남북전쟁을 지나서 엄연한 세계 문명의 대국이 되었는데 부락이란 무엇이며 해적이란 무엇인가? 통상을 요청하는 미국 함대에게 포격을 가하며 그것으로 부족하여 척화비까지 세웠으니 어이없는 일이다.

여기 주의할 것은 이 척화비를 세운 연대 및 지점에 관하여 여러 설이 있지만 그 경고 문구를 써서 관부 주면柱面에 붙인 것은 일찍 프랑스 함대가 내범하던 병인년이었으나 그것을 다시 석비에 새겨 종로거리에 세운 것으로 말하면 미국함대 사건이 있던 신미년이었으니, 이는 무엇보다도 그 비 아래에 새긴 「병인작 신미립」이라는 간단한 연대 그것이 스스로 증명하는 바다. 그리고 지점에 있어서는 경성종로에 세웠을 뿐이고 다른 대로에는 세운 일이 없다고 하는 이도 있으나, 오늘날 발견되는 것에 의하면 그때 8도 감영의 소재지는 물론이요, 유수영留守營의 소재지와 기타 경주 같은 오래된 도읍에도 세웠던 것이 사실이다. 대원군은 다시 묵장墨匠에게 명하여 묵을 제조할 때 반드시 그 묵 면에까지 반드시 이 경구를 새기게 하여 척화주의를 널리 또

1 이에 대해서는 『일성록』 고종 병인년 2월 18일, 21일, 22일조와 Ernst Oppert, *Ein Verschlossenes Land, Reisen nach Korea*, Leipzig, 1880. 〈한우근 역 ≪조선기행≫, 일조각, 1970년 간행〉 참조.

깊이 인심에 젖도록 꾀하였다.

4. 쇄국의 근본이유

미국함대사건 즉 신미양요는 이로부터 5년을 앞서서 생긴 프랑스함대사건 즉 병인양요와 아울러 대원군 때에 일어난 두 개의 양요로 한국이 동점하는 서세에 대항하여 순응하지 못하고 역행하게 된 것은 묵은 제도를 고칠 수 있는 좋은 기회를 스스로 박차버린 셈은 아니었을까. 이렇게 생각하는 것이 보통인 듯하다. 그렇지만 한편으로 보면 정신적이나 물질적으로 하등의 준비를 가지지 못한 한국으로서 설사 구미에 대하여 문호를 개방하였더라도 과연 그 물밀듯한 문명의 급한 조류에 능히 버텨 설수 있었을까 함은 적이 의문이다. 아아! 이런 가정은 터무니없는 공론일 뿐이다. 그 당시의 한국 사정으로 말하면 도저히 서양 제국에게 문호를 개방할 수 없었으니 국내에 넘치는 배외열排外熱은 완명頑冥한 대원군의 고취함도 사실이나 그 근저에 있어서는 결코 한명의 위력으로 좌우할 수 없는 조선 국교인 유교사상과 깊은 관련을 가졌던 것을 알아야 하겠다. 대체로 보아 유교는 불교에 비하여 그 교규教規가 본디 편협한데다가, 조선은 단순하게 오로지 정주학程朱學만을 숭상하여 같은 유교에도 취지가 다른 육왕학陸王學에 대해서는 오히려 배척하였은즉 그 외 타교는 말할 것도 없다. 천주교는 주자가례朱子家禮에서 가장 중시하는 선조를 철폐함으로 아버지 없음의 사교로 배척하여 박해까지 함에 이르렀는바, 고종 3년 병인의 천주교도 박해 같은 것은 역대 박해 중 가장 큰 박해이니 만큼 이로해서 필경 프랑스함대의 내범을 보게 되었거니와, 이후부터 당국자는 천주교도가 밖의 도적들을 끌어 들이거나 내응했다는 혐의로 더욱더 금압하게 되었다. 오페르트 무덤 도굴사건과 미국 함대 내방도 역시 천주교도의 연락이 있는 줄로 의심하여 모조리 죽이는 판에 이제 만일 미국에 수교를 허락해 준다면 이른바 아버지도 군주도 모르는 사특한 종교가 만연하여 유교 윤리 그것이 파멸될까 하는 기우에서 통상을 거절한 것이다. 미국함대와 대치할 때 경성궁 안에서 행하게 된 이른바 서양에 관한 경연의 토론을 보아도 곧 저간의 소식을 명백히 간파할 수 있다. 그러나 다만 군신 사이의 그 토론이 거의 천편일률로 선을 그은 듯이 언제나 동일한 논조로서 서양나라와 통섭하면 사교가 성하고 유교가 망한다는 것이다.

신미 4월 17일 연생전 경연에서 강관 강노에게 고종이 말씀하되

"서양 함대가 와서 정박하는 것은 반드시 우리나라 사람들의 내응이 있기 때문이다. 저들이 바라는 것이 강화라 할지라도 만약에 강화를 하면 윤리와 기강이 무너질 것이고 우리 공자의 도는 장차 행해지지 못할 것이다."

라고 하였다. 신미 4월 20일 경연에서 영의정 김병학에게 고종이 말씀하되,

"비록 교역한다 해서 외국과 서로 통할 수는 없다. 만약에 한번 통하면 사학邪學이 크게 일어날 것이고, 공자의 도는 장차 무너지고 말 것이다."

라고 하였다. 신미 4월 21일 경연에서 우의정 홍순목에게 고종이 말씀하되,

"수천 년간 지탱해온 예의의 나라가 어찌 견양犬羊의 무리들과 강화할 수 있는가?"

라고 하였다. 이에 순목이 상답하되,

"우리나라가 예의의 나라임은 천하가 모두 아는 터입니다. 이 조그마한 땅덩어리의 나라 안이 홀로 깨끗이 유지되어 있다는 것은 실로 예로써 지켜 왔기 때문입니다……云云"

라고 하였다. 신미 5월 초7일과 12일 및 15일의 궁중경연에서도 역시 이와 같은 토론이 군신 사이에 되풀이 되었으니 이로 보면 당시 한국의 지배계급이 그 존경하고 숭상하는 유교 문화를 끝까지 보호하려는 생각에서 이때 통상을 거절한 것이 가장 근본 이유가 된다고 하겠다.

5. 신미 후의 조선정세

1871년 미국 함대의 퇴거는 실로 당시 집정인 대원군에게는 일대 성공이었다. 그는 일찍 병인양요 이래 이번까지 전후 두 번이나 의외의 성공을 거듭하게 된 것은 행운이라면 행운이지만 이로해서 대원군의 교만심이 강해져 내외로 실정이 많았던 것을 생각하면 이 행운이 그리 반가울 것도 없다. 안으로 천주교도를 박해하고 밖으로 쇄국주의를 고집하여 천하를 오만하게 보던 대원군도 그 집정의 지위에서 하루아침에 은퇴하지 않을 수가 없게 된 것이 바로 이 신미로부터 2개년 뒤의 일로 이것이 한국 내정상 일대변국이 되는 동시에 대외 관계상 일대 전기를 지어 쇄국정책이 개국정책으로 면목을 바꾸게 되었다. 말하면 한양궁정에서 국부 대원군이 물러나고 그 대신에 왕후 민씨를 중심으로 한 척족정치가 다시 출현함을 보게 된 것은 확실히 내정상 대변동임에 틀림없지만 대원군의 몰락을 따라 쇄국정책이 그 자취를 감추고, 민후의 세도와 함께 개국정책이 새로 고개를 들게 되었음은 이 시기의 특색으로 근세 정치사에 있어서 깊이 유의할 바다. 다만 대외사정에 암매하여 거의 국제적 색맹인 점에 이르러는 대원군과 민후가 크게 차이 있는바 아니나, 민후는 대원군의 정적이니만큼 내정상 항쟁이 저절로 외교 방면에까지 서로 반대적 행동을 가지게 하였다. 그리하여 일찍 대원군으로 해서 굳게 닫혔던 문호가 민후로 말미암아 개방을 보게 된 것이나 그 실은 구부舅父 간의 정쟁적 관계에서 나온 것임을 알아야 하겠다.

문호의 개방은 1876년 먼저 가까운 이웃인 일본에 향하여 시작하였다. 19세기 이래 맹렬하게 두드리던 구미인에 대해서는 어디까지 거절하던 것을 이때 마침내 일본인에게 대해서 열어 주니 이로부터 서양의 문화가 신일본을 거쳐서 점점 한국 안에 흘러들어 오기 시작했고, 그뿐만 아니라 일본의 통교로 해서 일전하여 서양, 특히 미국과의 통교에 이르는 간접적 기연을 짓게 된 것도 숨길 수 없는 사실이었다.

당시 한국의 배후에 있던 중국은 한일수교의 결과 일본 세력이 반도에 펴질 기미가 보이매 극히 이를 견제하려는 의도에서 새로 열강의 균세均勢를 꾀할 새 청국정치가 이홍장은 한국 당국자에게 자주 글을 보내어 미국과 수교함을 권하였으며 일본도 가끔 미국의 주선을 사양하지 않은 것을 보면 미국과 수교하는 것을 희망한 것도 같다. 말하면 이렇게 청·일의 권고로 한미수교의 기운이 알지 못하는 사이에 차차 은밀하게 펴져나갔다.

이때 조선 시국에 대하여 지도적 정론을 통해서 친청 결일 연미를 고조하던 청인 황준헌을 대표로서 들지 않을 수가 없다. 그는 본디 동경 주재 청국 공사관의 참찬관으로 고종 17년 경진(1880)에 수신사 김홍집이 동경에 갔을 때 서로 더불어 여러 날 동안 토론하다가 김홍집이 돌아올 새 황준헌이 ≪조선책략≫이란 소책자 하나를 주며 가로되 「이것을 가져다 귀국왕에게 봉헌하라」하므로 그 말대로 고종께 바쳤더니 고종께서 조정의 신하에게 내리어 의향을 물으매 의론이 어지러워 반대가 많았으며 재야유생의 항소가 답지하여 일시에 대충동을 일으켰는바 그 책략의 내용으로 말하면 이러하다.[2]

2 조선책략의 전문은 수신사기록(국사편찬위원회, 1958년 11월간) pp. 160-171에 실려 있다.

6. 황씨의 ≪조선책략朝鮮策略≫

19세기 중엽 이래 「아시아」의 대세를 좌우하게 된 영국 러시아 양 강대국이, 하나는 해상으로 북진하고 하나는 육상으로 남하할 새, 당시 극동 제방의 공통한 우환은 영국보다도 러시아에 있었으니 왜 그러냐하면 한·청·일의 국경이 모두 호시탐탐하는 그와 접하게 된 때문이다. 이로 해서 청·일의 식자들이 일찍부터 심한 근심을 품고 혹은 조선을 위해서 경고한 일도 있던 바 이때 청국인 황준헌黃遵憲의 ≪조선책략≫에도 그 머리말에 먼저 러시아의 천하 대강국임을 설명하고 다음에는 그 동방침략책을 자세하게 말한 후 마수가 벌써 두만강 기슭에 미쳐 조선의 화기禍機가 아주 목첩에 절박한 것을 말하여 가로되,

"조선이란 땅은 실로 아시아의 요충에 위치하고 있어서 반드시 싸움터가 된다. 그런데 조선이 위험하면 중동도 날로 위급해질 것이다. 따라서 러시아가 영토를 얻으려는 것도 필시 조선에서부터 시작할 것이다."

라고 하였다. 러시아의 금후 침략은 반드시 아시아의 요충인 조선으로부터 착수할 터인즉 조선 금일의 급무는 무엇보다도 러시아를 방비함에 있으니 그러면 그 방책은 어떻게 할 것인가?

"친親중국 결結일본 연聯미국 하여 자강을 도모하는 것뿐이다."

라고 명백히 그 작성된 방안을 보여주었다. 그는 다시 친중 결일 및 연미의 이유와 필요를 한 조목씩 설명하였는바 그 개의는 이러하다.

1. 「친중국」: '지리상 동서북이 모두 러시아와 연계連界한 나라는 중국뿐이오 중국은 지대물박地大物博하고 아주亞洲의 형승形勝을 차지한 고로 천하에 러시아를 제어할 자 중국만한 나라가 없겠고 중국이 사랑하는 것도 한국

만한 나라가 없겠다.' 라고 모두冒頭에 그 이유를 말한 후 중국과 한국은 역사적 지리적으로 그 밀접한 관계가 각별하다는 것을 강조하고 다시금 말을 계속하여 '금일 한국의 일은 중국이 마땅히 옛날보다 더 힘을 써서 천하 사람으로 하여금 한국이 중국과 일가一家의 의誼가 있는 것을 알게 한 연후에야 러시아인이 그 형세의 의롭지 아니함을 보고 적이 뒷일을 염려하여 꺼리는 마음을 둘 터이며……이렇게 될 때 바깥 상처가 속히 사라지고 나라의 근본이 더욱 튼튼해질 것이니…云云' 하여 중국과 친할 필요가 여기 있는 줄로 단언하였다.

2. 「결일본」: '중국 이외에 한국과 가장 가까이한 나라는 일본이니 옛날부터 서로 교류가 잦았었고 오늘에 와서는 북방 오랑캐와 마찬가지로 견배肩背에 걸터앉아 있다.' 는 것을 모두에 지적하여 한국과 일본의 이해가 일치되는 점을 말한 후 그는 다시 역사적 실례를 들어 러시아를 막음에는 한국 일본이 서로 결탁할 필요가 있는 것을 역설하였으되, '한나라 · 조나라 · 위나라가 합종하매 진이 감히 동쪽으로 내려오지 못하고, 오나라 촉나라가 서로 결탁하매 위나라가 감히 남침하지 못하였은즉 보거輔車의 기세로 순망치한의 사귐으로 나간다면 외국으로부터의 모욕은 없겠으니 일본과 결탁함이 옳다고 하였다. 그러나 그는 역사적으로나 지리적으로 아무 관계가 없는 동양 수만리밖에 있는 미국과 연락聯絡하라고 함은 그 이유가 어디 있는가 하면 미국은 남의 토지나 정치에 야심을 두지 아니하는 나라라고 해서 그러함이다. 그의 개의槪意를 잠깐 소개하면

3. 「연미국」: '미국 땅은 본디 영속英屬이러니 100년 전 화성돈華盛頓이란 이가 있어 구라파 인의 가혹한 정치를 받기를 즐겨 아니하며 발분자웅發憤自雄해서 일국을 독립하여 이로부터 선왕의 유훈을 지켜 예의로써 나라를 세우니 남의 토지를 탐하지 아니하며 남의 인민을 탐하지 아니하며 남의 정

사에 참견하지 아니하여 중국으로 더불어 입약한 지 10여년 이래로 티끌만한 틈이 생기지 않았고, 일본으로 더불어 왕래할 새 통상으로써 달래며 연병練兵으로써 권하며 조약 개정을 도와줌은 천하만국이 한가지로 아는 바다.' 라고 칭찬한 후 그는 다시 나아가 미국은 약소국을 도우며 공의를 유지하여 서구인으로 하여금 감히 방자하게 그 악을 행하지 못하게 하며 더욱 상업의 이해관계상 동양의 평화를 희구하는 소이所以를 말하여 반드시 한국이 공평한 이 나라를 끌어다가 우방을 삼아 화를 면함이 장차 계책임을 결론지었다. 이것이 친중 결일 연미책의 개의다.

7. 조야朝野 여론 추향趨向

대외적으론 러시아 방어의 목표아래 일본 · 중국 · 미국과 제휴함을 주창한 황씨는 다시 대내적으론 신교육을 힘써 인재를 양성할 것과 농업 · 상업 · 공업 · 광업 같은 실업을 장려하여 이익의 원천을 개척할 것과 또는 무비武備를 닦아 강토를 견고하게 할 것 등, 부강의 술術을 꾀할 것을 역설하였으니 그 논의가 확실히 그때 시국에 대하여 정곡을 찌른 바 있다. 다만 기독교에 관한 설명 중에 적이 보수파의 반항을 받을 만한 어구가 없는 것이 아니나 대체로 보아 누구든지 그럴 듯이 수긍할 바이다. 그러므로 황씨설이 얼마큼 조정에서 공명共鳴하는 이를 발견하게 되니 그는 당시 고종께서 영의정 이최응과 문답한 데 잘 나타나 있다.

경진(1880) 9월 초8일 경복궁 중희당에서

이최응: 몇 해 전 마야모도宮本小一가 연향燕饗에서 아라사에 대한 말을 하는데 이것이 참 진정입디다. 우리나라 사람은 공연히 의심하더니 이번 신사행중信使行中에 청인이 보낸 책자를 보매 그 실정에 맞습니다.

임금: 아라사는 염려가 되나 일본인이 아주 극진하게 굴던 모양이지요?

이최응: ……실정實情입니다.

임금: 신사행중에서 가져온 책자는 청나라 사신이 준 것으로 후의가 일본보다 더하며 그 책자를 대신께서 보았는지요?

이최응: 일본이 이렇게 정답고 친절하게 구는데 청나라 사람이야 말씀할 것 있겠습니까……. 그는 우리나라로 방비케 하려고 하는 것이건만 우리나라 사람은 본디 의심이 많아 책을 덮고 연구하지 아니합니다.

임금: 그 책자를 보니 과연 어떻던가요?

이최응: 신이 본즉 그의 제조논변諸條論辯이 우리 심산에 맞으니 그대로 두기는 아까운가 합니다.

하고 그는 말을 계속하여 러시아의 남하를 논할 새 러시아는 다른 나라와는 달라서 그 욕망이 상업적 이익보다도 토지와 인민에 있는바 백두산 북은 곧 러시아 국경이라 비록 먼 바다라도 하나의 돛 바람이면 왕래하거늘 두만강이랴. 평시에는 호흡이 상통할 만큼 가깝고 얼음이 얼면 도보로 다닌다. 시방 러시아 인이 병선 16척을 모으는데 각 선에 3,000명을 수용할 수 있다 하며 추워진 후에는 반드시 남향할 것이니 그 뜻을 알 수 없다 하고, 군신 사이에 러시아 방어 문제에 관한 몇 마디 문답이 있은 후 고종께서 방비책을 물음에 대하여 이최응이 가로되 청국인의 책 중 논설이 이같이 비진備盡하니 그 중에 믿을 것은 믿어서 채용하여야 할 터인데 우리나라 사람들은 믿지 아니하고 휴지를 만들 거라고 개탄하였다.[3] 이로 본다면 황씨설에 대하여 영상은 찬성하였고 상감도 승낙한듯하지만 한편으로 조정대신의 반대가 많았으며 병조정랑兵曹正郎 유원식劉元植과 전정언前正言 허원식許元拭이 서로 이어 상소하고 황씨설을 여지없이 공박하였으며,[4] 그 다음 해 봄에 가서 도산서원을 중심으로 한 영남유생 이만손李晩孫 등 11,000명의 상소는 가장 격렬에 달하여 이해利害의 8조를 들어 말한 중에,

"미국은 우리가 모르는 나라라 공연히 남의 종용을 받아 끌어왔다가……만일 우리네 허점을 엿보고 우리의 약함을 업신여겨 좇아내기 어려운 요청을 강하게 하며 감당할 수 없는 비용을 맡기게 되면 전하께서 어떻게 응하시려

---

3 용호한록龍湖閒錄 권 23 경진년 9월 8일 차대입시시次對入侍時, 묘당헌의廟堂獻議 중에 문답 내용이 실려 있다.

4 이들의 상소 내용은 승정원일기 고종 17년 10월2일조와 12월17일조에 들어있다.

합니까?"

하고 큰 외침으로 연미의 불가함을 변박한 후 이것이 까딱하면 도리어 러시아 인의 감정을 도발하기 쉬운 위험이 있음을 말하고 나중에는 황씨의 인신을 공격하여 비록 그가 중국산이라고 자칭하나 그 실은 일본의 세객說客이며 야소耶蘇의 선신善神을 위하여 난적亂賊의 효시嚆矢가 되었다고까지 몹시 꾸짖었다.[5] 그러나 조정에서는 그들 유생에 대하여 타국인의 사의私擬 문자를 탐구함이 없이 조정을 비방한다 하여 소두疏頭를 엄히 단죄하여 귀양 보내고 말았다.[6]

5 상소 전문은 일본외교문서 제14권 9, 조선관계잡찬 문서번호 155 부속서 1881년(명치 14년) 4월 13일부 화방공사보고병조선쇄국당花房公使報告併朝鮮鎖國黨의 논책「영유소초嶺儒疎草」 참조.

6 제소한 이만손은 전라도 강진현 신지도로, 소두인 전 예조참판 강진규는 전라도 흥양현 녹도로 귀양 갔다.

8. 이홍장의 권도勸導

러시아를 막고 미국과 연대한다는 것은 어느 의미에서는 근대 외교의 골자요 또 기점이라고도 할 수 있는 바 이 문제에 대하여 황준헌의 사의책私擬策이 한창 조야물론朝野物論을 일으킬 때 이홍장의 권고서가 자주 묘당 제공廟堂諸公을 달래었다. 이홍장은 당시 동양의 유명한 정치가로서 여명기의 한국 외교는 그의 지도에 힘입은 바 적지 않았다. 이홍장이 일찍 대원군께 글을 보내어 러시아 방어를 꾀함에는 극히 연일連日의 필요가 있는 것처럼 말하더니 그 후 부산 개항이 되고 일본공사가 와 있어 차차 도제국島帝國의 신세력이 반도 안에 자라려함을 볼 때 종래 태도를 일변하여 일본을 견제하려고 하였다. 그리해서 열국의 세력균형 정책이 생겼고, 이것이 진전하는 곳에 다시 연미설의 실현을 보게 되었다. 청 황제께 올린 이홍장의 글에 의하면 한국에 관해서 이런 내용이 적혀 있으니,

"조선은 편벽되게 바다 모퉁이에 위치하고 있어 외교나 외국에 대한 방어에는 조금도 관심이 없습니다."

라 하고, 다시 말을 계속하여 가로되 '일본이 이 틈을 타서 먼저 조선과 입약 통상했다고 하였으며, 그 아래 가서 한국의 국방이 소홀한 것을 염려하여 마땅히 무비를 닦아 방어를 튼튼히 할 것' 을 권했고, 그는 다시 나아가 외교상 대책을 논하였으되,

"영국 · 프랑스 · 독일 · 미국 등 여러 나라와 점차로 조약을 맺으면 이것으로 일본을 견제하고 아라사를 막을 수가 있을 것입니다."

라고 하였다. 이로 본다면 일본을 견제하고 러시아를 막기 위하여 영국 · 프랑스 · 독일 · 미국 같은 서양 열국과 다음에 이 입약할 필요가 있음을 고조한

것이 아닌가. 이홍장은 당시 원로대신 이유원과 이최응에게 여러 번 서찰로 써 서양 제방諸邦과 입약 통상할 것을 종용하였는바 조선이 서양인으로 더불어 통상하는 하나의 사건은 오늘날 모국謀國의 요도要圖가 된다고까지 하였다. 그는 매양 고립 과조寡助한 반도가 실수失守되면 한국의 큰 우환뿐만 아니라 중국의 깊은 근심이 된다하여 어디까지든지 열심히 서양에 한국 개방을 주장할 새 그는 황준헌의 사의책자가 물의를 불러일으키던 바로 그해 겨울이다.[7] 북경 갔던 한국 사신이 돌아오는 편에 우리 조정에 글을 보내어 서양 통교의 제일보로 연미설을 또다시 제창하니 대저 연미가 7가지 이익이 있다고 열거하였으며 조선이 이미 일본에 통상을 허락하게 된 이상 각국이 반드시 예를 삼아가지고 통상을 청할 때 한국이 과연 일개一概로 사절할 수 있을 것인가. 만일 다른 날에 가서 불미스러운 변화가 생긴 뒤에 입약을 하게 되면 불리한 점이 있을 터인즉 차라리 무사시에 믿을만한 자를 골라 입약을 하는 편이 득책이라는 의미로 아주 상세하게 설명하였다. 그런데 서양제국 중에서 이 선택에 들게 된 나라가 미국이었으니 그는 말할 것도 없이 세계 어느 나라보다도 가장 공평하고 또 재물이 많아 남의 토지를 탐내지 아니함이니 미국과 입약함에 있어 한국에 유리하도록 선약善約을 상정하게 되면 그 후 다른 나라와 입약할 때 준거가 될 것이니 이는 연미의 이득이라고 하였다. 1880년경에 있어 천진과 한양을 중심으로 한 극동 외교계는 연미설이 크게 대두되어 辛未이래 거의 10년 가까이 동면 상태에 있던 한미 교섭이 이에 이르러 부활의 기운이 떠돌게 되었다. 이렇게 연미 기운을 촉진한 것은

---

7 그보다 2년전, 즉 1878년 9월에 이미 이홍장은 영중추부사領中樞府事 이유원李裕元에게 서한을 보내어 서양제국과 조약을 체결할 것을 시사한 바 있고, 다음해인 1879년에는 본격적으로 권한 바 있었다. 이에 대해서는 권석봉權錫奉의 ≪이홍장의 대조선열국 입약권도책大朝鮮列國立約勸導策에 대하여≫, 역사학보 제21집, 1963년, 8월간 pp.101-130과 박일권의 ≪근대한미외교사≫, 박우사, 1968년 3월간 등을 참조할 것.

몇 가지 원인이 있으니 물론 전후 간절히 권하던 이홍장의 글과 황준헌의 책략 등의 충동이 적지 아니하나 그러나 이밖에도 국제정세가 변천한 것과 또 한국인의 생각이 달라진 데 주의하지 않으면 안 되겠다.

9. 조선식자朝鮮識者의 연미설連美說

이홍장과 황준헌이 한국에 대하여 연미책을 헌의獻議할 때 한국 식자 중의 어떤 이는 연미책의 우활迂濶함을 지적하여 멀리 있는 미국을 연락함보다 차라리 가까이 있는 러시아와 결탁하는 편이 그 효과에 있어서 훨씬 나을 것이라고 이 같은 일종 기이한 논리를 토하는 이까지 생기게 되었거니와 그러나 시무를 짐작하는 극소수의 식자는 연러설에 대해서는 조금도 귀를 기울이지 않고 연미설에 대하여 동의를 표하였으니 그 일례로서 당대 한국의 일류 시인이요, 학자요, 또 논객이던 강위姜瑋의 논책을 들지 않을 수가 없다. 강위의 별호는 추금秋琴이라하며 신미 이후로 수차 사신을 따라 북경에 가서 중서中西 사정을 알아보았고 병자 한일수교 시에 막후의 1인으로 참가하였으며 그 후 또 수신사를 따라 동경에 건너가 당시 한창 서양 문물을 받아들여 개혁을 꾀하던 신일본의 자태를 엿보고 돌아온 인물이니만치 국제 정세에 밝았다. 그의 저서 중 시국에 관한 것으로는 ≪북유담초北遊談草≫가 있고 또 의소擬疏 및 논論과 의議란 수삼편이 있으니 거기 가장 연미의 정견이 나타났음을 보겠다.[8] 더욱이 의에 이르러서는 절대로 러시아와 연대함은 불가하다는 것을 역설하고 연미의 필요함을 절규하였으니 그는 입론立論의 초두에,

'경국의 일이 바둑과 같아서 먼저 선착한 즉 이기고, 상대에게 선착을 허

8 1885년 「광인사」란 출판사에서 간행한 그의 시집들인 ≪고환당집古歡堂集≫과 ≪의삼정구폐책擬三政捄弊策≫은 남아 있으나, 문일평씨가 본문에서 열거하고 있는 논과 의는 불행히도 오늘날 남아 있지 않다. 본문에서 문일평씨는 논의 내용을 소개하고 있으니, 문일평씨가 이용할 때까지는 남아 있었다고 할 수 있다. 그리고 ≪강추금姜秋琴의 유고遺稿≫(호암전집, 1948년 3월간 소수)라는 글에서 문일평씨는 강위의 증손 집을 찾아가 한두 가지 사료를 보았다고 했는데 아마 그것은 강위의 논과 의일 것이다.

용한 즉 이기지 못한다.'고 전제를 내세운 후 다시 말을 계속하여 황준헌의 연미설을 찬성하여 가로되 지난번에 시강侍講 하여장何如璋(주일청국공사)이 그 속관을 시켜 글을 만들어 우리에게 연미하라고 권고하게 한 것은 바둑으로 말하면 선착하는 셈이다. 그런데 음매한 자는 알지 못하고 이렇게 말한다. 이웃 도적이 이웃 땅에서 침입할 때 어찌 중양重洋 만리 밖의 원조를 믿을 것이랴. 이 설에서 다시 일보를 내켜 고견을 자랑하는 자는 말하되 연미가 연려 만하지 못하다고 한다. 그러나 이 두 설이 모두 천하 정형情形을 모르는 이의 억측일 뿐이다. 오늘날 조선으로서는 먼저 러시아와 연결하는 것은 불가하다. 왜 그러냐 하면 그 이유는,

『러시아는 호랑虎狼의 진秦이라 그가 하루라도 중국을 잊어버리지 아니할 것인바……조선은 중국에 가깝고 중국의 울타리가 되니 러시아가 하루라도 또 조선을 잊어버리지 아니함을 알 것이다.』

하고 지리적으로 가까운 강한 러시아를 연결함이 도리어 불가한 줄로 말하고, 그 다음은

『만국의 법에 먼저 절국絶國을 통하는자! 회주會主가 되고 모든 나라들이 그 약속을 좇게 되니 지금 만일 러시아와 먼저 통하면 러시아가 회주가 되고 다른 나라는 모두 따라가게 될 터인즉 비록 원조하려하되 할 수 없겠다.』고 하였으니 그는 국제 관례상 통교를 트는 나라가 외교국의 수석을 차지하게 되므로 연러책은 조선 안에 러시아의 세력을 증장增長케 할 우려가 있다고 해서 이같이 불가함을 말한 것이다. 그러나 그는 연미설에 대하여 극구 칭찬하여 가로되 나의 이른바 원조란 반드시 병갑을 끌고 중양重洋을 넘어와 구해줌을 의미함이 아니오 외교상 성원 이를테면 병자년에 이백상李伯相(홍장)이 삼·정 두 사람(필자 주: 삼유례, 정영창)에 대해서와 토이기(터키)전쟁에 영국과 프랑스가 러시아에 항의한 것 같은 것이니 말하자면 국제적 분규가 있

을 때 중간에서 주선하여 그것을 풀어줄 만한 우방이 필요하다 함이다. 그런데 서양열강 중에 이 같은 이상적 우방을 구한다면 평화를 사랑하고 공의를 존중하는 미국이 있을 뿐이라고 하였다. 그는 미국을 칭도稱道한 일절에

"미국은 만국 중에서도 가장 평화를 사랑하고 다른 나라의 토지와 인민을 탐내지 않으며 오직 공의만을 펴기 때문에 여러 나라로부터 신임을 받고 있다."

고 하였으며, 이렇게 공평하여 만국의 신복을 받는 미국의 원조나 후원을 얻게 될 때에는 만국이 따라서 화합하여 러시아도 감히 그 야심대로 하지 못할 터인즉 미국과 연결하는 것이 가장 믿을 만하다고 하였다.

"만약에 미국의 도움을 얻으면 만국이 따르고 화답할 것이므로 아라사는 반드시 욕심을 부릴 수 없을 것이다.……(중략) 그러므로 미국의 도움을 얻어야 한다."

고 최후 결론을 하였다. 이것을 보면 연미설이 당시 한국 식자 사이에 얼마나 깊이 공명되던 것을 짐작할 수 있다.

10. 영선사의 파견과 숨은 사명使命

한국 식자의 생각이 전일보다 달라진 것은 이 강위姜瑋같은 이의 논책에서도 그 일단을 엿볼 수 있거니와 조정에서도 청국의 권고가 하도 간절하므로 차차 마음이 동하게 되었으나 공공연하게 드러내 놓고 서양 통교라든지 또는 연미를 논함에는 국정이 아직도 허하지 아니하였으니 이미 수교를 터준 가까운 이웃 일본에 대해서도 이때까지 오히려 그 공사의 내주來駐를 거절하다가 부득이하여 묵인하고 있는 형편쯤 되었은즉 더구나 서양 통교나 연미임이랴. 설사 이것이 마음에 있어도 입 밖에 발표하기 어려운 일이었다. 그러므로 고종 18년 신사(1881년)에 영선사 김윤식金允植을 천진에 파견할 새 학도學徒 영솔領率의 형식아래 숨은 사명은 한미 수교에 있었으나 감히 발표 못한 것은 이 때문이었다.

이는 한갓 외교의 기밀을 지키려는 의미에서 그러할 뿐 아니라 국내 여론을 염려해서 그러한 것이니 말하자면 대외적보다도 그 관계가 더 컸었다. 그러나 영선사는 한국 최초의 외교관으로 천진에 주재하게 되는 바 지금 그 행정行程을 한번 훑어본 후 사명使命에 대하는 것이 순서인가 한다. 신사 9월 26일에 궐하闕下를 하직한 뒤 38명의 학도를 인솔하고 육로로 이동하여 압록강을 건너서 청국 수도 북경에 이른 것이 11월 17일 이었으며 여기서 곧 가지고 간 자문을 예부에 드리고 다시 북양통상대신이요 직예총독인 이홍장을 찾아 그 성성省城 보정부保定府에 나타난 것이 같은 11월 27일이었고 그리하여 영선사 일행은 바로 이튿날 오경午更에 이홍장의 그 관저에 방문하였다. 이로부터 1개월 동안에 전후 5차례나 이홍장과 회견을 거듭하게 되었는데 회견할 때마다 중요한 화제는 언제나 대미수교이었으니 지금 그 첫 번째 회견시의 대화 일절을 소개하면 이러하다.[9] 양방이 행례를 마치고 각기 의자에 앉으매 중당이 먼저 임금께서 안녕하신가 하고 묻더니 그 다음에 행중 안부와 각 인의 출신이며 나이를 차례로 물었다. 그러고 나서 종사관과 관변을 먼저 내보내고[10] 나(영선사 자칭)와 변원규卞元圭(호는 吉雲, 직함은 別遣堂上)만이 머물러 필담할 새, 이중당이

"이번에 학도를 데리고 와서 학습시키는 외에 또 해야 될 일은 무엇인가?" 하고 물으매 영선사 대답하되

"중당께서 연미 문제를 갖고 여러 번 교시한 바 있는데 우리 국왕도 깊이 그 의의를 알고 있습니다……云云"이라고 말한 것을 보면 영선사가 학도를 데리고 천진에 가서 기계 제조를 학습케 하는 외에 연미라는 중대한 사명을 띠고 간 것을 명백히 알 수 있다. 그러나 그는 다시 계속하여 '국가의 풍속에서는 처음 보는 일이어서 의논이 지금까지 하나로 돌아가지 못하여 우리 국왕이 누차 관심을 쏟았으나 어떻게 하지 못하였습니다.' 라고 말한 것은 확실히 당시 국정을 자백한 것이니 일찍부터 중당의 간권이 있었음에 불구하고 오늘날까지 일을 끌어서 미루어 나간 것은 실로 이 국가의 풍속이 처음 보는 일이므로 의논이 하나로 돌아가지 못해서 그리된 것이다. 이것은 조금도 핑계가 아니라 사실이었다. 2차 회견은 같은 달 31일에 있었는바 이때는 전년 이중당이 보낸 밀서누설 사건이 말썽이 되었으나 화제의 중심은 연미를 떠나지 않았으며, 일차 회견시보다 한층 구체적으로 토론하게 되었다. 그런데 공교롭게도 연미의 필요를 생각하게 하는 두 개의 사실이 발생했음을 보게 되니, 하나는 일본과의 세칙협정이 파열됨이오, 하나는 영·러 제국이 자주

9 음청사陰晴史(국사편찬위원회, 1958년 9월간) 上권에 이때의 회견 내용이 자세하게 기록되어 있다.

10 종사관從事官은 윤태준尹泰駿이고, 관변官辨은 백낙륜白樂倫이다.

통상을 요청함이다. 오늘날까지 얼마큼 등한시한 연미 문제가 이에 이르러서는 하루라도 빨리 해결 짓지 않으면 안 될 그러한 경우에 다다랐다.

11. 암밀리暗密裡에 기운점숙機運漸熟

좀 더 자세히 말하면 1876년 한일수교이래 6년이 되도록 세칙에 대해서는 하등의 규정이 없었으므로 신사년 가을에 비로소 신사 조병호를 동경에 보내어 세칙의 협정을 꾀하게 하니 이것은 바로 영선사가 천진에 향하던 1개월 전 일이었다. 그런데 신사와 외무성 사이에 세율에 관한 의견이 달라 한쪽에서는 100분의 10을 과하려 함에 불구하고 한쪽에서는 100분의 5밖에 과할 수 없다 하여 필경 결렬을 보게 된 것인데 이때 일본주재 청국공사 하여장이 이 전말을 적어 이홍장에게 보고한 것이 있으니 그 개의는 이러하다.

『조선에서 사신 조병호·이조연을 파송하여 회례回禮를 수修하고 겸해서 세칙을 정하게 한 바 지조정례地租定例와 홍삼엄금과 기타에 대하여 외무성이 혹은 너무 지나치다고 혹은 불편하다 하며, 세칙에 가서는 사신은 「치백추십値百抽十」을 주장함에 대하여 외무성은 「추오抽五」를 주장하니 일본이 장차 미국과 개정하는 조약에는 「치백추이-삼십」을 하려고 하면서 조선에 대해서는 「추십」도 원하지 아니하므로……사신이 본국에 돌아가고 만 것이 까닭이 없음이 아니다.』[11]라고 하였다. 그 아래 다시 말하였으되

『부사副使 이조연이 공사관(동경주재 청국공사관)에 자주 와서 임금의 명령이라 하여 외교에 관한 것을 물으며 이 세금에 대한 논의의 결렬한 기회를 타서 먼저 미국으로 더불어 선약善約을 체결하여 그것을 본보기로 삼는 것이 좋겠다고 하기에 하여장이 극구 찬성하였노라.』

하였더라. 하공사는 또다시 계속하여

---

11 ≪음청사≫上권, 고종 18년 신사 11월 30일조.

『이조연이 내년 3,4월에는 사명을 띠고 북경에 갈 터인데 그때 천진에 나가 외교문제를 상의해서 결정짓겠다고 하기에 여장이 또 극력 종용하였노라 하였고, 최후로 하공사는 자기 의견을 첨부하여 가로되 이조연이 조선에 돌아가면 반드시 그의 조정과 상의하여 내년에는 천진에 가서 슈펠트와 더불어 담판이 있을듯하니 조약 체결에 있어서는 중당의 지시를 힘입으면 저절로 잘 될 것이다.』라고 하였다.

이로 보면 당시 일본과 세금 논의 차질이 뜻밖에 미국과의 조약을 촉성하는 하나의 원인을 짓게 된 것만은 사실 이거니와 하공사의 글 중에,

『다행한 바는 러시아 일이 지난해와 같이 급하지 아니하며, 피국(조선) 군상君相이 모두 분발 자강할 뜻이 있으니 장래 2년이면 마침내 효과를 거두게 되리라.』[12]

고 끝맺는 말을 하였다. 이홍장이 이 글을 2차 회견시에 영선사에게 보여주므로 영선사는

『러시아 일이 지난해와 같이 급하지 아니하다.』

고 하는 말은 무슨 뜻인가 하고 질문하였더니 여기 대해서 이홍장의 답은 이러하였다.

『러시아 일이 이미 타결되었음을 이름이나 러시아 공사가 10월 초부터 천진에 와서 조선과 통상함을 원하기에 차차 보자고 하였는데 장차 군함을 조선에 보내겠다고 하며 영국 공사도 자꾸 나(이홍장)에게 조선 통상을 요청하므로 좋은 말로 거절하였지만 너무나 여러 번 핑계를 하였으니 금일에 와서는 또다시 핑계를 하기가 곤란하다.』

고 하면서 인하여 탐구貪求와 요협要挾의 마음이 없는 미국과 먼저 선약을

---

12 위와 같음.

맺는 것이 옳다고 하며 연방 미총병美摠兵 슈펠트의 인물을 추칭推稱하였다. 그러나 이때 영선사는 그들에 대한 지식이 없다는 것보다 전혀 알지 못하는 상태였으므로 이중당의 필담에 나타난 숙부미簫孚爾와 하공사의 서신에 있는 서비로書斐路가 과연 동일한 인물인지 아닌지 몰라서 이홍장에게 『숙부미와 서비로가 각자 다른 사람인가』하고 물으매 이홍장은 즉시 『일인(같은 사람)』이라고 답하였다.[13]

13 위와 같음.

Ⅲ. 수호 직전의 정세

1. 천진회담

슈펠트薾孚爾, 書斐路, 舒富, 薛斐爾는 미국 대표로 그때 북경에 와서 있었으며 장차 한미조약을 맺을 인물이었다. 그러나 그의 내력에 대한 상세한 이야기는 후편으로 미루고 여기는 이중당과 영선사의 회담 내용을 좀 더 소개하려한다.

3차 회견은 2차 회견이 있은 바로 다음날이었는데 이날만은 영선사의 초대연이니만큼 혹은 옆 사람의 이목을 꺼려서 그랬든지 연미 문제는 건드리지 않고 그 외 종종의 잡담이 있었을 뿐이었고 4차와 5차의 회견에 이르러는 한층 더 깊이 들어가 한미 입약을 전반적으로 토의하게 된 것인바 가장 말썽이 된 것은 전권의 자격과 담판의 지점이었으며 이 둘이 서로 연관이 되나 그때에 있어서는 전자보다도 후자가 한층 더 난관이었으니 왜냐하면 양방 사신이 모여서 담판할 곳의 위치에 따라서 여러 가지 변화가 생기는 때문이다.

다시 말하면 담판 지점을 천진으로 하겠는가, 조선으로 하겠는가, 만일 천진으로 정할 때는 조선에서 여기 전권을 파견하여야 할 터이니 대저 아我로부터 먼저 사절을 보내어 서양인에게 화답을 구한다는 것은 그 이유의 어떠함을 물을 것이 없이 국정상國情上 허락하지 않는 바요, 그렇다고 하여 조선 내 어디로 정할 때는 미국 군함이 우리에게 오게 될 터이니 한국인이 외국사정에 어두우니만치 대적大敵이 경계지역을 압박하여 성하맹城下盟을 강요하는 것과 같이 오해하여 온 나라가 떠들썩할 우려가 있은즉 이도 행하기 어려운 일이다. 그런데 이때 미국 사신은 청국에서 고대하고만 있을 수 없다하여 자꾸 조선에 나가겠다고 하므로 영선사는 이중당을 거쳐서 미국사신의 출거에 대하여 완곡한 말로 저지케 하는 한편 한양 조정에 몇 번이나 훈령을 청했으나 조정에서도 어찌할 줄을 몰라서 곧 확답을 하지 못하기 때문에 부질없이 시일만 지체되었고, 천진에 조선전권全權이 파견될 희망은 조금도 보이지 않았다. 그리하여 미국 사신의 조선 출거를 저지하면서도 조선전권의 천진 파견은 지체되었으므로 예비 교섭이 거의 정지 상태에 빠져 일시는 한미 수교의 주도적 역할을 한 이홍장으로 하여금 비탄의 소리를 내게 하였으며 천진과 조정 사이에 알선하고 있는 영선사도 옴짝달싹할 수 없는 곤경에 서게 되었다. 이때 정황을 그린 가장 믿을 만한 글은 그것을 체험한 영선사 자신이 손수 적은 문자만한 것이 없을 것인바 지금 그 일절을 소개하면 『천진에 도착한 뒤 소전(이홍장의 아호)의 지도를 받았는데 여러 번 조약 체결을 맡을 전권대신의 파견을 말하였으나 우리나라에서는 곤란한 문제가 많고 또 유언비어에 구애되어 우물쭈물하고 파견치 않았다. 이에 나는 회담 때마다 곤경을 겪었고 이목耳目은 바보와 같았다. 단지 완곡하게 변명만 할 뿐이었다.』 고 하였다. 이것을 보면 영선사가 천진에 간 뒤 이홍장의 지도를 받아 여러 번 조약의 일로 사람을 보내 조정에 여쭈었으나 본디 일처리가 늦고 미루기만 하고 또 실속 없는 논의로 인해 많이 지체하게 되었으므로 이로 해서 회담할 때마다 자주 괴로움을 입어 스스로 바보 구실을 하여 오직 좋은 말로 사례할 뿐이었노라고 하였으니, 둘 사이에 끼어 있는 그의 고충이 어떠하였던 것을 미루어 짐작할 수 있거니와 만사가 기회가 있는 법이니 잘못하다가는 기회를 놓쳐 연미의 의약이 성립되지 못할 우려조차 없는 것이 아니었다. 지금 미국 사신이 한미 수교의 밀지를 맡아가지고 북경에 온 지도 퍽 오래였은즉 시일을 경과할수록 비밀이 세상에 누설되기 쉽고 또 중간에 무슨 뜻밖의 장애나 탈이 생길지 알 수 없다. 이때 서양 열강이 제각기 한국에 대해서 통상을 트려고 눈이 빨개서 덤벼드는 각축장이었으므로 이것이 반드시 기우가 아니었다.

2. 완만한 교섭

영선사가 이홍장과 5차 회견이 있은 뒤 곧 구력의 신년이 되었으므로 수개월 동안은 휴게休憩하였다가 임오 2월 17일에 가서 또다시 북양아문을 방문하니 이는 곧 6차 회견이다. 이때 영선사는 한국에서 간 연공사年貢使를 데리고 갔더니 홍장이 공사에게

"미국과 의약의 일이 있는 줄을 아는가?"

하고 물었다. 그러나 해당 공사가 모르노라 하므로 그제는 홍장이 다시 영선사에게 향하여

"접대에 전인송함專人送函 하였다더니 회신이 있는가?"

하자 영선사가 아직도 없다고 하매 이홍장의 안색이 변하여 가로되 "이것이 무슨 소린가?"하고 통사通詞를 시켜 전언하였다.

대저 작년 12월 19일 4차 회견시에 이중당이 필담으로 영선사에게 부탁하되 이 뜻을 빨리 귀 조정에 품달稟達해서 금년 2월 초열흘로 회신이 오도록 하라고 하였음에도 불구하고 지금 열흘이 지난 지 이미 오래되었으나 돌아오는 소리가 묘연하므로 이때 이홍장은 크게 불평하여 좌우를 돌아보고 혀를 차고 탄식하며 또다시 영선사에게 말하였다.

"귀국(조선을 지칭)일은 언제나 토할 듯 토하지 않을 듯하니, 이러고서 일이 될 것인가, 파견 관원의 올지 안 올지는 나의 알바 아니나 내가 다년간 충고하였는데 귀국이 아직도 이해利害를 깨닫지 못한다."

하며 통책하므로 영선사도 얼마만큼 군색했다 하거니와 한국궁정에서 하등의 훈령도 없는 이상에는 미국 사절이 나가는 것을 막을 수 없는 것이다. 그러므로 이때 홍장이 불쾌한 어조로,

"미국 대표가 물러가고자 해도 어떻게 할 수 없다."

고 하였다. 그러나 미국 사신이 조선에 오게 되면 물정物情 소연騷然은 별 문제로 하고 우선 서양말과 서양동정을 알아서 교섭에 임할 인물조차 없은즉 중국에서 사리에 밝은 자를 파견하여 미국 사신과 한가지로 동래東來한다면 모르지만 그렇지 않을 때는 아무리 오더라도 소용이 없을 터이므로 이점에 대하여 특히 고려하는 바 있기를 홍장에게 청하였다. 처음에는

"이번에 중국은 반드시 관원을 파견할 필요가 없으니 적당히 처리하도록 하시오."

라고 우기던 이홍장도 이 영선사의 말에 움직인바 되었던지 미국 사신의 동래 때 파견 동행하기로 내정되었다 한다. 이전부터 이홍장의 심산은 될 수 있는 대로 양방 사절의 담판 장소를 천진으로 정하려던 모양인바 적어도 그 예비 회의는 자기 주선 하에 여기서 개최하기를 희망한 것만은 거의 숨길 수 없는 사실인 것 같다. 그러므로 그는 일찍 그 막하幕下인 정조여鄭藻如를 시켜 우리 조정에 글을 보낸 것 중에

"조선 정부에서 관리를 중국에 파견하여 슈펠트와 대면하여 협상하면 본대신은 중간에서 비교적 쉽게 조정할 수 있습니다."

라고 하였고, 또 4차 회견 시에 이런 의미의 말로 은근히 영선사를 달랬으니

"귀관께서 임시 권도權道로 전권全權의 밀지密旨를 일컬어 미국 사신으로 더불어 한번 토의해 보는 것이 어떠한가?"

라고 하매 영선사는

"전권의 밀지는 감히 단행할 수 없다."고 한마디로 거절하고 말았지만 어쨌든지 홍장의 생각에는 외교를 모르는 한국인으로서 이번 의약에 혹은 실수함이 있을까 염려한 때문이었다. 당시 천진의 중국 명사들도 이점에 대해서는 한가지로 근심하여 가로되 어떤 의약이든지 항상 양방의 이해를 따라 가감이

있는 법이니 아무쪼록 남의 실정을 알아보는 동시에 나의 의사도 보여주어 서로 어느 정도까지 타협점을 발견하여야 할 것이므로 정식 담판을 열기 전에 예비 회상會商이란 것이 아주 필요한 소이所以를 말한 이도 있었다. 그러나 이것저것이 모두 뜻과 같이 되지 못함을 본 그들은 한편으론 썩 민망함을 이기지 못하여 그윽이 미국 사신과 교섭을 거듭해서 의약의 초안을 만들었다. 그리하여 한 · 미 · 청 3방의 의향을 대표한 일종의 종합적 타협안이 생기게 되었으니 이는 이홍장과 그 막하 인사의 협조에 힘입은 바 크다 하겠다.

3. 예비의약의 시말

김·이의 회견은 임오 3월 4일 7차 회견으로 끝을 맺고 말았지만 의약의 초안은 벌서 이전에 있어서 이홍장과 미국사신 슈펠트 사이에 타협을 보게 되었는바 다만 미국사신은 최초에 일본조약을 본보기로 삼았으므로 이홍장의 초안과 차이가 컸음에도 불구하고 20여 일 동안 토의를 거듭한 결과 겨우 타협에 이른 것이다. 그러나 미국사신은 절대로 승인하지 않는 것이 하나 있으니 그는 홍장의 안 제1관에 「조선이 중국의 속방」이라 운운한 그것으로 임오 2월 24일 이홍장이 총리아문에 보낸 서함 중 이 일을 논하였으되……

『슈펠트 제독은 홍장이 앞서 의정擬定한 원고를 보고 「제1관 조선은 중국의 속방」이라는 조목을 강력히 윤종允從치 않습니다.』

라 하였다. 이때 이중당은 이 1관에 대하여 자기 막료인 주복과 마건충을 시켜 미국 사신과 힘겨루기한 지 17일에 이르러도 결국 미국 사신을 설복할 수 없었으므로 홍장이 미국사신에게 심지어 이런 말까지 하였으니 『귀관이 만일 제1관을 승인하지 아니하면 중국은 이 조약에 찬성할 수 없다.』는 의미로 일종 위협을 하였으나 미국 사신은 어디까지든지 아니하였다. 그러나 듣지 않는 이유에 이르러는 숙총병의 조회照會에 명백하게 말하였는바 그 개의는 이러하다.

『첫째, 조선이 외교에 서틀러 현재 본대신(숙총병 자칭)이 만든 초안이 공평하여야 조선이 후일 각국과 친교를 맺을 때 표준이 될 것인바……반주국半主國도 오히려 조약 체결은 자주적로 하는 법이니 조선이 중국의 속방이라 칭하나 내치, 외교는 스스로 하므로 오늘날 미국이 조선으로 더불어 조약을 맺으려고 함인즉 구태여 조선을 중국의 속방으로 인정할 것이 없는 바며,

둘째, 조선과 합중국 양국이 평등으로 의약을 하는데 양국 외에 또다시 타국을 집어넣을 필요가 없다. 만일 중국을 집어넣을진대 입약의 원래 취지와는 상관이 없을뿐더러 의혹을 품기 쉬우니 이는 미국의 외교관계를 신중히 하는 본의가 아니며,

셋째, 또 초안을 보면 원호援護라는 글자가 있는 듯하니 이는 입약 후에 중·미 양국이 조선 일국一國을 공동 보호하는 셈이다. 본대신(슉총병 자칭)은 조선이 중화와 합중국 같은 강대국의 보호를 얻어 열국 중에 자존하는 것을 원하는 바나 다만 본대신이 본국 정부에서 명령을 받을 때 통상조약의 체결권만 가졌었고 보호조약의 체결권은 가지지 못하였은즉 제1관은 통상 화약和約과는 간섭이 없는 바다.』

라고 하였다. 그는 공평한 견지에서 양국의 입약에 제3국을 끌어넣을 필요가 없을 뿐 아니라 통상조약 외에 속하는 문제이므로 자기로서는 도저히 할 수 없다고 거절하였다. 슉 사신은 다시 그 아래 계속하여 이렇게 말했다.

『이 안이 미국에 대하여 여러 가지 미편未便한 점이 많은바 미국의 국제조약에는 일찍 이런 일을 해본 적이 없은즉 귀貴대신(이홍장을 지칭)은 부찰俯察하사 살펴 원안 제1관은 삭제하고 다시 토의를 행하게 하여 조미의약으로 하여금 결렬에 이르지 않게 함을 바란다.』

고 차라리 의약이 중도 결렬이 될지언정 속방 云云의 제1관은 승인할 수 없는 굳은 결심을 표시하였다.

이홍장은 여기 대하여 어떤 태도를 취하였는가 하면 원안 그것을 견지하여 자기 최초의 주장을 관철하려고 노력하였다. 그러나 슈펠트의 정당한 법리상 의론을 도저히 꺾을 수 없었다.

4. 의약의 초점과 난관(上)

홍장이 제1관을 중시하여 끝까지 견지하려 함은 비록 제3국의 침략이나 업신여김을 막기 위함이라고 핑계를 대지만 그 실은 종래 형식상 종주권을 보유하는 데 있었음은 말할 것도 없다. 만일 이것이 자주自主에 저촉이 된다고 항의한다면 한국에 다른 마음이 있다고 의아하게 여길 터이니 그러할 경우에는 도리어 우리에게 불리하겠으므로 영선사도 거기 대해서는 아무 말도 하지 않았다고 하거니와 홍장은 이 제1관이 미국 사신의 승인을 얻지 못할 일까지 미리 짐작하고 한국을 시켜 미국이 승인하지 않을 때는 이 뜻으로 미국 국무성에 조회하여 안건을 보존하게 하였다가 장래 조선에 무슨 일이 발생하게 되면 이것을 방패로 삼아 간섭하자는 속셈이었던 것 같다. 신미 11월 26일 영선사가 이중당과 5차 회견서 의약 초안 3본을 놓고서 서로 토의할새 조선에서 보낸 이동인李東仁의 초안에는 한청 관계에 대해서는 아무 말이 없었는바 이것을 본 이홍장은 영선사에게 말하되

"조선은 오랫동안 중국의 속방이나 외교 내정은 한결같이 자주에 속한다." 라고 1관을 더 보태어 넣는 것이 어떠한가 하고 영선사의 의향을 물으므로 영선사는 얼마큼 찬의를 표하여 가로되

"우리나라는 중국에 대해서는 속국이나, 각국에 대해서는 자주권이라는 것은 명실 공히 타당하며 사리에도 맞으니 조약문 중에 이 조목이 추가로 들어가도 무방하다고 생각됩니다."라고 하였다. 이것이 영선사 1인의 사견이지만 당시 조선인의 사조가 대국에 신뢰하는 것이 도리어 든든한 줄로 인정한 듯하다. 영선사가 이중당의 담초談草를 대내大內에 드리는 동시에 봉서를 올렸는바 그중 제1관을 평한 몇 절을 골라서 뽑아내면 이러한 것이 있으니

『신의 소답所答이 또한 담초 중에 공존하며……우리나라가 중국의 속방이 됨은 천하 사람이 다 아는바 언제든지 중국이 성실하게 담당할 뜻이 없을까 해서 걱정이지 우리나라의 약한 힘으로 만일 대국의 보장이 없을진대 실로 독립하기 어려우니 오늘날 이중당은 즉 중국장병대신中國掌兵大臣이라 다행히 우리나라의의 중임을 담당하기로 의연히 이미 각국에 성명하고 조약에 특서하니 다음 날 우리나라에 일이 있을 때 있는 힘을 다해 애써 구하지 않으면 반드시 천하의 웃음을 살 터이다. 천하 사람이 중국이 우리나라를 담임함을 보게 되면 각국이 우리를 경시하는 마음이 따라서 다소 저지될 것이라 하였고, 그 아래 가서 자주라는 말로 바쳤은즉 이는 또 조선이 각국으로 더불어 교제함에 있어서 평등권에 해함이 없을 것이니 실권의 꺼림에 저하지 아니하고 사대의 의에 위배되지 아니하여 일거양득이라 하겠는바 중당의 이 안이 우리나라에 크게 유익하므로 몇 번이나 칭사稱謝하였으나 알지 못하여서 임금의 재가를 공손하게 기다린다.』

고 하였다. 물론 이때 조정에서도 극소수의 신하 외에는 이홍장의 이 초안에 정면으로 반대를 시도할 이는 없었다. 그리하여 고종이 의약 및 그 교섭에 대하여 경력이 풍부하고 외교에 능숙한 이홍장에게 그 대주代籌를 명하였으므로 그렇지 않아도 모든 일을 조종하던 지도 인물이니만치 이로부터는 더욱 그 뜻대로 하였지만 오직 미국사신의 반대로 해서 그의 가장 견지하던 제1관이 그만 무너지게 된 바 당시 의약이 이로 인하여 하마터면 중도에 파열이 되고 말 뻔하였다. 미국 사신은 나중에 이 문제를 자기 권한으로 해결할 수 없어 워싱턴 정부에 타전까지 하여 훈령을 청하였으나 정부에서 가부간 하등의 지시가 없으므로 이홍장도 더 이상은 할 수 없어 최후 말계末計인 미국국무성의 보존안건을 꾀하는 조선인의 조회를 요하였다.

5. 의약의 초점과 난관(中)

제1관의 속방 운운이 의약의 초점인 동시에 난관이었으나 그는 중국과 미국사이의 쟁론이요, 한국은 애초부터 거기 간섭이 없었다. 그러나 교당일사教堂一事에 있어서는 한국이 무엇보다도 가장 우려하는 만큼 한국에서 제출한 초안의 제10관에 「불립교당不立教堂」이란 1항을 특설함에 이르렀으니 유교의 도통을 계승한 예의 동방으로 자처하는 한국으로서는 그럴 듯도 한 일이지만 다만 전교傳教 통상을 수호의 목표로 삼는 미국 사절의 동의를 얻기는 극히 어려운 것이었다. 그러므로 영선사는 이 문제에 대해서 이홍장에게 이렇게 말하였으니 "교회당을 세우지 않는다는 문제는 역설하지 않을 수 없다."고, 왜냐하면 후일 한국인의 견문이 넓어지면 모르되 오늘날 교당을 세우는 것은 먼저 민심을 잃어버릴 염려가 있기 때문이다. 영선사는 다시 계속하여 말하되 "폐방弊邦(자기 나라를 낮추어 일컬음)이 미국에 바라는 것은 평화적으로 시종 우의를 보유함에 있는바 지금 만일 교당 일로 해서 민심을 잃어버린다면 실로 가석할 바다." 그는 다시 신구교新舊教를 갈라서 설명하여 가로되

"비록 아소교(신교를 말함)는 그 근본성격이 시끄러운 문제를 일으키지 않는다고 하나 어리석은 백성들은 어떻게 천주교와 아소교가 다르다는 것을 알겠습니까?"

하고 신교에 대해서는 적이 이해하는 바 있으나 우민愚民의 오해를 꺼려서 그리하는 것처럼 말하였지만 실제로 기독교를 질시하는 것은 유교를 숭봉하는 위정자들이었음을 알아야 하겠다. 어쨌든지 영선사는 「교회당을 세우지 않는다」에 대하여 반복설명한 결과 이홍장으로 하여금

"그 말은 극히 일리가 있으나 가만히 귀국의 시국 문제로 헤아려보니 매우

불편함이 많다."

고 하여 동의를 하게 하였으며 자진해서 내 반드시 미국 사신으로부터 역설하겠다는 언질까지 얻었음은 영선전대領選專對의 공인 것이다. 신사 11월 27일 미약의고美約擬稿를 대내에 봉정할 새 「교당을 세우지 않는다.」의 일에 이르러서는

"제10관의 교회당을 세우지 않는다는 조목은 곤란하다고 글과 말로 힘써 주장하였더니 중당도 그렇겠다고 말하고 옆에서 힘써 권하여야 하겠다."라고 말한 것이 있다. 이것을 보면 의약에 앞서 전교 문제가 얼마나 조선 위정자의 두통거리가 되었음을 짐작하려니와 이홍장도 이미 미국 사신에게 힘써 권하기로 약속하였지만 서툴게 교섭하다가는 이로해서 의약을 결렬시킬 우려가 있으므로 한편으로 그읔이 걱정하던 것도 사실이었었다. 그러나 최후에 가서는 이 교당일은 조약 중에 거론하지 아니하였으니, 대저 유교는 그 나라의 존중하고 숭배하는 바로, 평화로운 시국을 상하게 할까 해서 아예 그 문제는 건드리지 않고 우물쭈물하고 만 것 같지만 실은 결코 그러한 것이 아니라 조약에 빠진 것으로서 장래 길이 구실을 삼고자 하였음은

"교회당을 세우지 않는다는 1관은 처음부터 약조 중에서 거론되지 않았으니 뒷날 만약에 말이 있게 되면 조약문 중에서 실려 있지 않다는 것으로써 다툴 수 있습니다."

고 말하였다 한다. 이것을 영선사 자신의 글에 의하여 넉넉히 짐작할 것이거니와 중국과 일본은 벌써부터 전교를 허용하였음에 불구하고 한국만은 이때까지도 전교를 허용하지 않았으니, 말하자면 벌레에게 꽃가루가 붙어 다니는 셈으로 전교에 따라다니는 구미 문화의 유입을 그만큼 저지한 셈이었은즉 비록 그 당시에 있어서는 일대 성공같이 많은 사람들이 입을 모아 칭송하였으나 오늘날 안목으로 보면 그것이 결코 그런 것이 아님을 알 것이다. 어쨌든

지 기독교의 불허주의는 한미통상 이후에도 오랫동안 파지把持하여 왔으므로 교당 설립에 대하여 묵인은 하였으나 공식적인 허가는 하지 않았다.

6. 의약의 초점과 난관(下)

종속宗屬과 전교 다음에 의약상 중요한 문제는 공사 파견과 통상 규정이었으니 한국측에서 제출한 초안에는 이 문제에 대해서 제7관에 적었으되

「관원을 파견하여 주재하고 통상장정을 체결하는 문제는 5년을 기다려서 다시 토의한다.」라고 하였다. 이 초안은 앞에서 기술한 이동인의 방촌方寸에서 나온 것이니 그는 일찍 승려로 동경에 유학하여 얼마큼 국제 사정에 밝았던 당시 최고 식자로서 외교를 위하여 특설하게 된 기무부의 참모관이었던바 저렇듯이 자타가 공인하는 외국통의 손에 의하여 기초된 약고約稿 중에 이같이 분반噴飯할 5년 후 재의再議란 문구가 있는 것을 발견할 때 한국의 국정과 민도가 어떠한 것을 넉넉히 미루어 짐작하려니와 맨 처음 영선사가 이 초안을 이중당에게 내밀 새 이런 말까지 첨부하였다.

"비록 의고擬稿가 있으나 폐방은 본디 경력이 없어 편리한지 아닌지를 모르므로 이처럼 우러러 여쭈니 잘 짐작하고 헤아려서 훗날 심려를 끼치지 마소서. 이는 과군寡君의 뜻이외다."

하고 고종의 뜻을 전달한즉 중당이 그 의고擬稿를 보고서 영선사에게 이렇게 말하였다.

"이동인의 고본藁本이 말의 뜻이 자못 관괄管括하게 되었으나……사신 파견 및 통상을 5년 후 다시 의논한다 함은 더욱 행하기 어려운 바로 미국 사신이 반드시 쫓아서 따르지 아니 하리라."고 하였다. 이 말을 들은 영선사는 다시 대답하여 가로되

"사신의 파견과 통상의 일은 미국 사신이 만일 고집하게 되면……마침내 막기 어려울까 두려운바 일본 공사의 주경駐京 1관이 지금까지 미허가 중에

있거늘 그들이 일에 핑계를 대고 와서 머무른다."고 하였다. 이때 이중당이 영선사에게 말하여 가로되

"……내가 들으니 미국 사신이 해관도海關道에서 발표한 성명에서 장차 일본 조약문에 의하겠다고 하였은즉 비록 사사事事에 방조仿照하지 못하더라도 일본이 이미 사신 파견과 통상을 하거늘 미국인이 홀로 뒤짐을 달게 여기랴, 한갓 각국의 웃음거리가 될까 염려된다.』

고 하였다. 이는 곧 신미년 말의 5차 회견시 영선사와 중당 사이에 토의된 것으로 영선사는 다시 토의한 담초를 대내大內에 바치는 동시에 사신 파견 통상에 대한 의견을 첨부한 봉서를 올렸는바 그 개의槪意를 보면 이러하다.

『제7관, 파주관원派駐官員과 통상장정通商章程의 5년 후 의정은 더욱 난행難行할까 두려워하는바……신의 생각에는 파주관원의 일은 지난번 일본으로 더불어 의약시에 우리나라가 이로써 서로 고집하고 양보하지 않았으나 이는 각국의 통례로 의약 후 최선무最先務라. 만일 서로 사절을 파주하지 아니하여 정의情意가 일향一向 친숙하지 못한다면 화약和約이 없는 것과 마찬가지며 우리가 비록 가지 않아도 남이 오는 것을 금할 것인가. 일찍 일본에게 허하지 않았음에도 불구하고 일본 사신이 내주來駐하기 자여自如하니 지금 미국과의 조약 후에 다시 전에 했던 말을 주장하다가는 부질없이 사태를 손상할까 두려워한다.』고 하였으며 또 통상 규정에 대해서도 그 아래 계속하여 이같이 말하였다.

『통상장정 일은 각국 의약이 오로지 통상 1관을 위함이니 만일 5년을 기다려 의정한다면 그 중간에 무슨 법례에 의존하겠는가. 우리나라가 일본과 의약할 때 겉으로 드러나지 않은 속마음이나 일의 내막을 알지 못하고 세칙을 정하지 않았다가 6년 동안에 손실이 적지 않아 이미 각국의 웃음거리가 되었으니 어찌하여 전철을 또다시 밟겠는가. 상대가 수긍하지 않을 뿐 아니

라 우리의 자모自謀에 있어도 불가하니 마땅히 처음에 공평한 장정을 세워 미진한 곳이 있으면 추가로 고침도 무방하다. 云云……』

한 것은 확실히 영선사 김윤식의 통쾌한 의론으로 이 사신파견 통상의 난관을 무사히 돌파하게 하였다.

7. 예비의약의 여론餘論

사신 파견이나 통상 규정보다 의약의 전도에 일종 암영을 던진 것은 미곡 방출 금지였으니, 자고로 조선에서는 미곡을 양명養命의 근원이라 하여 흉곡이 들면 동일한 국내에서도 이 지방이 저 지방에 대해서 오히려 방곡防穀을 단행하였으며, 평시에도 간상奸商의 무곡貿穀을 감시하는 형편이었는데, 어찌 국외의 수출을 바랄 수 있으랴. 만일 미곡의 수출을 허용할 때는 가격이 뛰어 올라서 그 해를 받는 자는 인민이므로 조선 당국의 방곡 정책은 실로 철저한 바 있어 일본과 통상한 지 몇 해 동안에 이 방곡으로 일본과 한국인 사이에 쟁집이 끊이지 않았거니와 이번 의약할 때도 한양조정과 영선사 사이에, 영선사와 이중당 사이에, 이중당과 슈펠트 사이에, 물의를 야기한 것은 이 방곡안防穀案이었다.

그러나 이중당 및 그 막료의 간권하는 움직임도 있었고, 또는 미국 사신이 따르지 아니하므로 마침내 우리의 양보를 보게 되었으나 오히려 사고가 있을 때는 미곡의 수출을 금지한다는 조건을 붙인 것이니 예비 의약의 제19관에

「만약에 사고가 있을 때에는 잠시 미곡의 수출을 금한다……云云」

하고 있는 것이 곧 그것이다. 영선사가 그때 교섭 상황을 적은 글 중에 이러한 구절이 있으니

『……통상에 미곡을 금함은 본디 졸법이다. 중당이 특히 우리나라 물정을 위하여 여러 번 미국 사신으로 더불어 서로 버티다가 끝내 듣고 따르지 아니하므로 부득이해서 유사시에 한하여 잠시 금지하기로 정하였지만 앞으로 혹시 허용하거나 금하는 권리가 우리 손에 보유되었은즉 국론에 부합하면 조선에 가서 정식으로 의약할 때 또다시 쟁론함도 무방하다 云云.』

한 것을 보아도 방곡안이 얼마나 난관이었음을 알 것이다. 방곡안 외에 홍삼도 국금國禁이므로 조약에 실어서 수출을 엄금하려는 주장이었으나 홍장 이하 중국 식자들이 우리에게 말하기를

"차라리 홍삼의 수출을 허락하여 세금을 많이 거두는 것이 크게 이익이 될 터인즉 구태여 엄금할 것이 없다."

고 하며 하도 간곡히 권하기 때문에 이것은 그대로 우물쭈물하고 말았거니와 전년부터 희구하던 세칙의 율에 이르러는 예비 의약에는 백분의 10으로 정하였으니 일본·중국의 대미 조약상 100분의 5에 비하면 성공이라 하여 중국 명사들이 칭찬했다 한다. 다만 치외법권은 동서의 형률 풍속 및 예교가 다르므로 조선 지방관이 서양 거류민을 겸관兼管하기 곤란하다 하여 이것은 처음부터 서로 다투지 않았다.

상술한 모든 안을 총괄하여 15관으로 조성된 예비조약을 전체로서 통관할 때는 매우 잘된 조약이었으니 중국인이 칭찬하는 것도 반드시 면전에서의 아첨은 아니다.

이만큼 선약善約을 의정하게 된 것은 일본과 중국 양국의 병사를 부린 뒤 입약한 그것에 비하여 무사한 평시에 입약을 꾀한 관계도 크겠으나 우리 위정자의 정도도 강화조약 당시보다 꽤 나아졌고, 또 국제 정국에서 노련한 이중당 같은 이의 지도와 노력이 많았음을 잊어서는 안 되겠다. 한미조약은 이로부터 얼마 후 인천서 열린 정식회의에서 조인되었으나 그는 형식뿐이요 그 실은 이때 천진에서 벌써 의정이 된 것이다. 정식 조인보다 예비 조약에 대하여 쓸데없이 긴 것을 혐의嫌疑하지 않고 이렇게 자세히 적었음은 얼마큼 지루하게 되었으니 독자 제위의 용서를 바랄 뿐이다.

한편 말만 듣고서는 내력을 알지 못할 점도 있으므로 금후는 미국측의 기록에서 약간의 사실史實을 뽑아서 서로 비교해서 보는 데 편리케 할까 한다.

Ⅳ. 수호(修好) 전의 미국태도

1. 재교섭의 동기

1910년 9월 미국 보스턴에서 간행한 정치학회 잡지 제 23권 3호에 실린 폴린Charles Oscar Paullin씨의 ≪슈펠트 제독의 조선개방≫이란 30페이지에 이르는 논문은[1] 그 제목에 표시된 바와 같이 한국 개방의 공로자인 슈펠트를 중심삼아 그 전부터 극동에서 하여온 미국 해군의 활동 및 그 정책의 변천을 개괄적으로 자못 상세히 적었는바, 나는 이것을 통해서 수호에 이르기까지의 당시 미국 태도가 어떠하였음을 가장 잘 엿볼 수 있으므로 여기 그 요점을 초역하는 소이所以니, 전편全篇을 소개함에 이르러서는 소망이 아닐뿐더러 또 재주가 아닌즉 다른 날 학식이 높은 사람에게 기다리는 바거니와 이 초역을 하는데도 어학의 힘이 부족한 나로서는 이중화李重華 학형의 원조와 백낙준白樂濬 박사의 교정에 대하여 마음속 깊이 감사하는 바며, 특히 매우 바쁜 시간을 많이 할애해 주신 백 박사에게는 한층 더 미안함을 이기지 못하는 바다.[2]

『1871년 로저스 원정대가 귀환 후 수년 동안은 미국 정부가 조선과 수교하려고 노력하지 않았다. 그는 참으로 성공의 소망이 적기도 하거니와 없을 것 같았다. 그러다가 1874년 북경주재 미국 대리공사로부터 한 보고에 조선의 신新왕과 신왕조가 통치하게 된 바 미국에 대해서 호의를 가질 것 같다는

1 "The Opening of Korea by Commodore Shufeldt," *Political Science Quarterly*, Vol. 23, No. 3, September 1910, pp. 470-499. 한편 한우근, ≪Shufeldt 제독의 한미수호조약교섭추진 연유에 대하여≫, 진단학보 24집(1963년 8월간) 참조할 것.

2 대체로 본서의 75면까지는 폴린씨의 논문을 토대로 쓰여 있다. 그러나 군데군데 다른 자료, 이를테면 이문충공 전서 같은 자료를 갖고 내용을 보충하는 한편으로 문일평씨의 의견도 삽입되어 있다.

내용이 있었다.』

로저스 제독이 신미년에 패해 귀환한 이래 미국 정부는 한국과의 수교에 대하여 단념하였던 모양이었으나, 북경주재 미국 공사의 보고에 신왕 신왕조의 한국이 미국에 호의를 가질 것 같다는 말은 교섭을 단념했던 미국인에게는 실로 희소식이었다. 그러나 미국 사신의 보고 중에 「新朝」라 한 것은 아마 그 당시 집권자 대원군이 물러나고 고종이 친정親政한 그 사실이 잘못 전달되어 그리된 것이 아닌가 한다. 당시 사실에 비추어 그렇게 하여야 비로소 설명이 되나니 폐쇄주의가 개방주의로 돌변한 것은 이 내정상 집권자의 전환으로 말미암음이다.

『2년 후 일본은 그 은둔국과 수호통상조규를 맺었고 조선은 일본을 위하여 부산과 원산의 양 항을 열고 일본 공사가 서울에 주재함을 허락하였다. 일본의 성공을 보고 우리 정부(미국정부)는 조선과 수호 통상의 교섭을 다시 개시하는 것이 특책特策으로 생각하게 되었다.』

이로 보면 조선 국면 전환의 희소식을 들은 미국이 또다시 일본의 성공을 부러워하여 조선하고 재교섭할 마음이 생기게 되어 1878년 4월 8일(서력일자 역자 주)에 이르러는 국회에까지 조선 통상안이 제의되었고 비록 이 안이 성공하지 못했으나 미국인에게 충동을 준 것만은 사실이니 지금 그 사실의 경과를 소개하면 이러하다.

『1878년 4월 8일에 상원해군위원장인 가주선출加州選出 써전트Aaron A. Sargent씨는 상원에 제의하기를 대통령으로 하여금 한국과 통상 조약을 꾀할 사절을 임명하게 하며 일본의 우의적 조력을 얻어 성취케 하자는 안이었다. 수일 후 이 제안의 채용을 재촉하는 써전트씨의 연설이 있은 다음에 상원 외교부에 회부시켰던 바 해당부서에서는 깔아버리고 말았다.』

「써전트안」이 일시 실패의 운에 마친 듯하나 미국 해군성에서 그해 동양

사정에 정통한 슈펠트Robert W. Shufeldt 제독을 (한국을 포함시킨) 극동 각국에 통상 외교의 사절로 파견하기로 결정이 된 것을 보면 결국 써전트씨의 목적이 달성된 것이라 하겠다.

2. 슈펠트의 사명使命

(前略) 1878년 가을에 해군성은 사절의 소용所用으로 미국군함 타이콘데로가Ticonderoga호를 슈펠트(즉, 薛孚爾) 휘하에 두었다. 그리하여 12월 7일 햄프톤 로우즈Hampton Roads로부터 아프리카 서해안을 향하여 함선이 출발하였다. (下略)

슈펠트 제독은 이로부터 세계 주항周航의 길에 올라 아프리카를 돌아서 파사만을 거쳐 홍콩을 지나 일본 나가사키에 도착한 것이 그 다음해인 1880년 봄이었다. 그의 목적은 말할 것도 없이 한국개방에 있었던 바, 그는 일찍 대동강에서 불에 타 파선된 서먼호를 수색하기 위하여 1867년 1월(고종 3년 병인 12월)에 와츄세트Wachusett호를 타고 황해도 연안에 왔을 때도 한국개방에 뜻을 두더니 십여 년을 지나서 오늘날 이 계획을 실현할 기회가 다닥쳤다. 그런데 그 개방 계획은 어디까지 평화적이고 우의적이었으니 미국에서 떠날 때 해군성으로부터 받은 명령을 보아도 알 것이다.

『조선 어떤 항구를 방문하고 평화 수단으로 당국 정부와 담판하기를 노력하라』

하였으며, 또한

『1871년에 조선 포대를 습격한 사건은 충분한 설명을 요할 터인즉 이 나라 정부에 향하여 아주 적당하고 또는 융화적 방략을 쓰면, 이 나라 각 항구를 미국 상업을 위해서 개방하는 결과를 얻을 듯하니 귀하는 이 목적 달성에 대하여 특별한 고려가 있어야 하겠다.』

고 하였다. 이것이 슈펠트 제독이 받은 해군성의 명령인바 이 명령은 국무성에서도 승인한 바이다. 그러나 국무성은 해군성과는 관찰을 달리하여 슈펠트 제독의 단독교섭을 찬성하지 않고 조선과 수호한 일본을 사이에 넣어서 교섭을 열려고 꾀하였다.

『(前略) 국무성은 일본주찰 미국 공사 빙햄John A. Bingham에게 조회하여 슈펠트의 사명수행을 용이케 하도록 일본 외무대신의 사함私函이나 공문을 조선 당국자에게 보내는 것을 주선하라고 지령하였다. 슈펠트가 나가사키에 도착하였을 때 곧 동경에 있는 미국 공사 빙햄에게 편지하였더니 그 회답에 일본 외무경 이노우에가 슈펠트 사명을 조선에 소개하기를 거절하였다. 그 이유는 자기 알선이 일한조약의 실시에 장해가 될까 두려워하는 것과 조선인이 아직도 서양 국민에게 개방하는 것을 혐오하고 꺼린다는 것이었다.(下略)』

이노우에가 외무경의 자격으로서 제독을 조선에 소개함을 거절하였으나 부산에 있는 일본영사 곤도 모토스케近藤眞鋤에게 제독을 소개하는 서신을 보내었다. 그리하여 제독은 나가사키 주재 미국 영사와 한 명의 통역을 대동하고 5월 4일 부산에 이르러 그날로 소개서를 일본 영사에게 송치하고 그 이튿날 조선 임금께 올리는 서계를 영사에게 신뢰信賴하여 서울로 보내주기를 간청하였다 한다. 그 서계의 내용은 대개 이러하니

『셔먼호의 파괴와 그 변사로 해서 야기된 사건을 충분히 설명하려 하였고, 그는 이전에 내방하였던 사명 실현의 계속으로 다시 온 것과 금번 도선渡船의 동기와 미국의 오늘날 진의를 진술하고 또 국왕께서 자기로 더불어 부산에서 협의한 관원을 임명하기를 원한다는 것이었다.』

그러나 약 24시간 후에 그 지방관으로부터 거절한다는 회답을 일본영사가 통지하였었다. 이것을 본 제독은 부득이 하여 다시 일본으로 물러가 빙햄 공사를 내세워 주선한 결과 마침내 일본 외무경의 호의로 제독의 서계를 외무경의 신함信函과 동봉하여 서울로 보내고 제독은 나가사키에서 2개월 동안이나 기다리고 있었던바 이때만은 그 서계가 서울에 도달되기는 하였으나 예조

판서가 그 서계에 대조선이라 하지 않고 대고려라고 하였음을 일종의 이유로 삼아 접수하기를 거절하였다.

3. 교섭돈좌交涉頓挫와 신방침

이때 미국 사신의 서계에 대하여 조선측의 기록을 참조해보면 맨 처음 부산의 거절과 그 다음 예조의 거절은 그 구실이 어떻든 근본 이유에 있어서는 서양제국과는 통상교섭을 하지 않는다는 것이다. 고종 17년 경신(1880) 4월 27일 사시巳時에 부산주재 일본 영사 곤도 모토스케가 수행원 세 명을 데리고 동래부에 전왕專往하여 미국 사신의 내유來由를 알리고 서계의 수납을 청하다가 거절을 당했을 뿐 아니라 일본인이 양이洋夷의 통화通和로써 우리에게 권함은 마땅히 인의隣誼에 관한 바니 다시 번거롭게 떠들지 말라는 꾸지람을 들었다. 곤도 모토스케는 아무리 변명해도 소용이 없으므로 돌아오고 말았거니와 그 후 일본 외무경 이노우에가 예조에 편지를 보내어 미국 사신을 돌려보낸 것을 말하고 지금 중국과 러시아의 위기가 절박하여 전쟁이 일어날지도 모르는 판에 귀국은 왜 문호를 스스로 닫고 있느냐 외국인이 와서 예로써 통교를 구하거든 잘 달래어 장래에 대한 준비가 있어야 하겠다는 의미로 간곡히 권하였지만 한국측에서는 외국의 통교를 함부로 논의할 수 없다고 하여 아예 막아버리고 말았다.

이 전후의 사실을 종합해보면 일본측에서는 어느 정도까지 노력을 한 것은 사실이라 아니할 수 없다.[3] 그러나 결국 실패로 돌아가고 만 것은 아직도 기운이 난숙하지 못한 때문이 아닐까. 슈펠트 제독은 여기 대해서 어떻게 관찰하였는지 참으로 알고 싶다. 제독이 삼손씨에게 보낸 글월에 나타난 일절을 보면 이때 교섭에 대해서 일본을 의심한 것 같다.

---

3 당시 일본이 취한 태도에 대해서는 이보형李普珩의 「Shufeldt 제독과 1880년의 한미교섭」, 역사학보 제15집, 1961년 9월간, pp.61-91참조.

『일본은 조선의 상업을 독점하려는 것이 그 국책이다. 일본은 치외법권을 가지고……조선을 통치한다. 일본은 자국에서 외국인의 전횡을 구축하려하며 또 이와 같은 방식을 무력한 이웃나라에서 더 철저히 실행하려 하면서도 그 것을 외국인에게는 감추려한다.』

어쨌든지 일본을 경유해서 하던 교섭은 거의 수포의 운에 마치고 말았으므로 슈펠트 제독은 다시 방침을 변경하여 청국을 경유해서 재교섭을 꾀하려 할 새, 그때 마침 나가사키에 있는 동안 나가사키주재 청국 영사 여휴余瓗를 알게 되었던바 청국 영사가 이홍장에게 치서致書하여 제독이 한국으로 더불어 조약 체결할 뜻이 있음을 알렸더니 이홍장은 이 말을 듣고 기뻐하여 7월 23일(서력)부로 천진에서 회견하여 사건을 토의하자는 편지를 슈펠트 제독에게 보냈다. 초청을 받은 제독은 곧 가기로 허락하고 8월 25일(서력) 제독은 벌써 즈푸芝罘에 도착하여 그 다음날 천진에 가서 이홍장과 최초 회견을 하게 되었다. 그 회견에 대한 슈펠트 제독의 기록에 아래와 같은 것이 있다.

『이 회견은 대개 3시간에 걸친 사적私的이요 또 친밀성을 가진 것이었다. 각하(이홍장의 경칭)가 첫째 나의 지망志望이 무엇인가 물었다. 나는 우리 정부를 대표하여 말하기를 중국이 한미조약 성립에 주선하기를 청하였고, 조선은 미국과 극동 각국 사이에 있는 관계상 상업적 교통이 빈번할 터이며 조선이 비록 빈약한 나라요, 조선 자체에 있어서는 상업상 중요성을 가지지 못하였지만 조선이 대양 항행권 내에 놓여 있으므로 조선 해안에 닿게 되는 미국인의 생명과 재산을 위하여 조선 정부로 더불어 조약을 체결함에 의하여 그 보호를 얻는 것이 가장 중요하다고 하였다.』

4. 제독을 초청한 내막

제독의 지망志望을 묻고 또 그 설명을 들은 이홍장은 한미통상조약을 체결함에 관하여 자기가 중간에서 주선할 터이니 이 뜻으로 미국 정부에 보고하라고 하였다. 이때 제독은 이 우의적 행동에 대하여 중당에게 치사하고 이러한 호의는 미국 정부에서도 감사히 생각하리라고 언명하였다. 그러나 이중당이 제독을 초청한 진의는 한미수교 외에도 해군 교련에 있었던 것을 알아야 하겠다. 그 당시 호랑이 같은 러시아의 남하에 대하여 일종 의구심을 가지게 된 중국인은 특히 지난 가을 이래 해삼항海蔘港에 웅집한 러시아국 군함으로 인해 비상한 협위를 느꼈으므로 슈펠트 같은 해군계의 장관을 맞아다가 해전의 토의를 하며 해군의 조직까지 꾀하려한 것은 그 이유를 알고 보면 반드시 놀랄 바 아니다. 이홍장과 회견한 슈펠트 제독의 기록 중에 이런 일절이 있으니

『그 다음에 각하가 나에게 말하되 나를 천진으로 초청한 목적은 중국 해안에서 청나라와 러시아 사이에 해전이 생긴다면 그 결과가 어떻게 될 것인지, 어느 믿을 수 있는 해군장관의 의견을 청취코자합니다 ……云云』

이로 보면 이홍장은 절박해진 청나라와 러시아 관계에 대하여 조만간에 전쟁까지 각오한 바 있었던 모양인데, 그들은 이 양국의 위기를 국제적 입장에서 관찰한 토의를 하였으며, 그 토의 중에는 동방요충인 한국도 자주 문제에 오르내리게 되었다. 이홍장이 광서 6년 9월 초4일(1880년 10월)부로 청국 황제께 올린 상소 중에 이때 슈펠트의 말을 인증引證한 일절이 있으니

『6월 사이에 미국 해군 제독 슈펠트가 조선에 가서 조약 체결을 협의하려고 하였으나 거절당하매 문득 천진에 와서 신臣과 만나 회담을 하였는데 그

의 말에 의하면 아라사인이 벌써 군량을 크게 준비하고 장교를 보내어 군대를 정비하고 있는데 만약에 그 세력이 중화를 침략할 것을 꾀하지 아니하면 조선을 병탄할까 두렵다……云云』
라고 한 제독의 말이 반드시 자기의 어떤 목적한 바를 달하기 위하여 발한 일시적 격론만으로 볼 수 없다. 어쨌든지 이홍장과 슈펠트 회견은 일언에 마음이 상조하여 서로 돕기로 굳게 약속하고 특히 슈펠트는 한미조약에 대하여 최선의 활동을 한 줄로 만족히 여기는 마음으로 일조一朝 미국으로 돌아갔다.

1880년 11월 8일에 샌프란시스코에 도착하였고, 11월 어느 날 워싱턴에 도착하였는데 그의 의견에는 이로부터 한국 개방은 워싱턴 정부의 노력 여하에 의할 뿐이라고 생각하였다. 그러므로

『……무슨 수단으로든지 그 닫힌 대문을 열치고 중앙정부(조선을 지칭, 역자주)에 교섭할 방법만 얻으면, 나는 확실히 보기를 미국으로 통상에 관한 것뿐이 아니라 그 이웃 나라들의 침범을 방어하고 만전을 꾀하는 데 관해서도 조선을 자세히 이해시킬 수 있을 줄 안다.』
고 하였다. 그는 한국이 가까운 장래에 동방 국제 풍운이 일어날 때 반드시 그 와중에 쏠려들 것도 예상하여 이러한 말을 하였다.

『청일전쟁, 청러전쟁이 있을 때 조선이 전쟁터가 될 것은 사실이요 어떤 나라끼리 서로 대적이 되든지 이 3국 사이에 반드시 충돌이 있을 것이다.』

그는 어디까지든지 한국을 서방 각국에 개방하려는 지망을 잊어버리지 아니하였으며, 또 중국해군 조직에 그 막료로 봉사하여 달라던 이홍장의 부탁도 잊어버리지 않았다. 그리하여 그는 중국해군 조직에 이홍장을 보좌할 목적과 이홍장의 조력에 의하여 조선과 조약을 체결하기 위하여 자기를 중국으로 파송하도록 워싱턴 정부 당국에 운동하여 마침내 성공을 보게 되었다.

5. 재再도항 후 제독

일조一朝 귀국하였던 슈펠트 제독은 그 다음해 1881년(즉 고종18년 신사)에 중국으로 다시 도항하게 된 바 이때 그는 진정한 목적을 비밀에 붙이고 특히 북경공사관 부무관이란 직함을 띠고 왔으니 대개 세상 사람들의 이목을 엄폐하려 함이요, 동시에 그 행동을 편리케 하려 함이었다. 그러므로 그의 임명에 대해서 누구든지 잘 몰랐으니 심지어 북경주재 미국 공사 제임스 엔젤 James B. Angell씨도 전연 알지 못하고 있다가 제독이 북경에 이르러 그 임명된 사실을 알린 후에서야 비로소 알게 되었다 한다. 이로부터 앞서 3월 18일 제독이 미국에 있을 때 해군장관으로부터 명령을 받았는데 북경주재 공사에게 가서 특별 임무를 보며 국무장관의 훈령이 있을 때까지 공사관에서 기다리라 하였으며, 또 5월 9일에 국무장관은 제독에게 명령하여 가로되 19일 샌프란시스코를 떠나 북경으로 가되 가는 중에 반드시 천진에 들러서 한국 정부가 조약 체결의 담판을 재개할 의지가 있는지 여부를 알아보라고 하였다. 그는 중국에 도달한 후에도 한국에 관한 훈시를 기다렸었고, 국무성에서는 중국해군 조직에 이李를 보좌하기를 허하였다. 제독은 자기 비서이던 그 딸을 대동하고 중국을 향하여 출발하였다. 그리하여 6월 21일 상해에 도착하여 그곳으로부터 북경에 직행하지 않고 이홍장을 회견하려고 천진으로 갔다. 그는 7월 1일에 이홍장과 회견하였는데 이홍장의 말에

"작년 8월의 서로 약속에 의하여 중국에 있는 조선관원과 연미책에 대해서 토의하여 보았는데 관원은 이 조약 체결로 말미암아 자국에 유리할 점이 많은 것을 깨달았다."

고 하였다. 그는 또 말하여 가로되

"이 문제로 조선 정부에 서신을 보냈으나 아직 회신을 받지 못하였다." 하면서 제독에게 감인堪忍하기를 권고하고 결국은 합중국이 그의 소망을 성취하리라는 의사를 표시하였다.

그러나 그는 전년 면회할 때와 같이 열성적이 아니었으며 주선자로 행동하는 것을 덜 좋아하는 듯하였다. 이홍장의 심경 표면에 대하여 제독은 생각하기를 몇 해 전에 성립된 청러조약으로 말미암아 러시아의 침범 공포가 감쇄하게 된 까닭이라 하였다. 이홍장은 일찍 일본주재 미국 공사가 한국과 조약 담판을 위하여 그 사절을 동경에 보내도록 주선하였다는 소문을 듣고 노엽게 여겼다. 그는 말하되

"조선 내에는 두 당파가 있어서 한 당은 외국과 통상을 동의하고 다른 당은 이를 반대하는데 국왕과 조정 관원은 이 당파 중 전자에 속하였다."고 하였다. 그는 수뢰조련관 맨닉스Mannix 대위(일찍 슈펠트 제독이 천거한 인물)의 한 바 그 공작에 대하여 매우 만족을 표시하였다. 회견의 다음날에 이 총독은 슈펠트 제독을 방문하여 사례의 뜻을 표하고 이홍장과 슈펠트 두 사람이 동행해서 중국 군함을 관람하고 중국 장교의 지휘 아래 거행하는 교련을 실지로 목도하였다. 그런 후 제독은 천진을 떠나 북경에 가서 7월 7일에 앤젤 공사에게 공사관 부무관으로 그의 신임장을 봉정하고 총리아문 즉 중국 외교부에 사후伺候한 다음에 그는 다시 천진으로 돌아와 그곳에 한참동안 있기로 작정하고 일가一家의 사교社交는 그 딸에게 맡겼다. 7월 중순쯤 슈펠트 제독은 다시 이 총독과 회견하였는데 이때 총독은 분명히 일본의 세력이 한국 안에서 자란다는 소식을 듣고 한미조약에 대하여 다시 흥미를 가지게 되었다. 그는 조약에 관하여 이미 중요한 서신을 조선에 띄웠으니 담판할 관원을 보내든지 적어도 그 회답이 올 터인즉 90일 동안을 머무르며 회답도 보고 만일 조선에서 관원을 파송하는 경우에는 그와도 면회하라고 하였다.

6. 천진체류의 제독

슈펠트는 1881년의 나머지 여름과 가을 동안은 한국에서 올 소식을 기다리면서 천진에 있었다. 그가 李 총독에게 바라기는 중국해군부 내의 무슨 책임 있는 지위를 맡길 줄 알았더니 총독은 그 문제를 회피하는 것이 득책인 것 같이 생각했다. 그러나 일시는 이가 여러 번 해군 문제에 대하여 슈펠트와 상의도 하였고 또 흔히 그의 제안을 채용도 하였다. 제독이 중국의 모든 군함과 여러 조병창을 방문한 것은 세상 사람들의 인상에는 그가 중국 북양함대를 관리하리라 하여 중국에 고빙雇聘된 모든 외국인의 시기를 도발하게 되어 북경주재 외국 공사 중 몇 사람은 그의 고빙을 방해하는 술책을 부린 일까지 있었다. 그네들의 끈질긴 곤박困迫으로 말미암아 李는 해군문제에 대하여 차차 소원하게 굴게 됨에 슈펠트도 마침내 자기의 품위와 위신을 유지하기 위하여 중국해군과 무슨 관계를 짓기를 기피하였다.

한국으로부터 받을 회신은 이홍장이 정한 90일의 기간이 벌써 10월 1일에 다 지났지만 소식은 묘연하다. 슈펠트의 처지는 지금 매우 곤란하게 되어 국외자局外者의 안목에는 그가 총독정청總督政廳의 일식객이요 해군사업의 일간구자一懇求者로 보여 이 이상 천진에 더 체재하는 것이 그 위신을 실추할 염려가 있었다. 그러므로 엔젤 공사는 그에게 출발을 충고하였으며 처음에 대리공사로 있다가 10월에 엔젤 공사를 후계한 홀컴Chester Holcombe씨도 마찬가지 충고를 하였다. 그렇지만 제독은 조선으로부터 소식을 듣기까지 체류하기로 결정하였다.

결국 12월 15일에 이 총독이 자기의 해군 비서를 보내어 슈펠트 제독을 방문하고 말하되

"조선이 지금 미국으로 더불어 조약의 체결할 의사가 있다는 소식을 가지고 온 조선 관원이 천진에 도착하였다."

고 전하였다. 슈펠트의 대답이 자기는 이 정보를 워싱턴 정부에 전달하겠고 만일 미국에서 조약체결하기를 원하는 경우에는 특별사절을 임명하기를 청하겠지만 담판은 내년 봄에 가서야 시작할 듯하니 그 이유는 미국 정부가 특별사절을 임명하기까지 기다려야 할 것이며 또 李가 오래지 아니하여 그 동도冬都인 보정부保定府로 갈 터이니 어찌할 수 없이 이렇게 지연하게 될 것이다. 슈펠트는 이 소식을 받을 때 워싱턴 정부에 전보를 쳐 달라고 홀컴 공사에게 통지하였더니 워싱턴 정부에서 전보를 받은 다음 블레인James G. Blaine의 후계한 국무장관인 프렐링휴겐Fredrick T. Frelinghusen이 이런 말로 홀컴에게 회전하였다.

"교섭의 성공할 소망에 대하여 슈펠트에게 축하하노라."

제독은 1881년 여름과 가을 사이에 자국 정부로부터 한국에 관한 특별한 훈령을 받지 못한 데 불만을 가졌다. 이는 대개 가필드Garfield 대통령의 암살로 말미암아 행정 방침에 다소 장해가 되었던 것이다. 조선이 조약체결을 원한다는 소식을 들을 때 본국 정부에서 그를 한국특파사절로 임명하고 한국으로 더불어 조약 교섭할 특권을 그에게 주었던 것을 알지 못하였다. 그 훈령은 11월 14일에 국무장관 블레인이 서명하였고, 그 신임장은 그 다음날 아더Arthur 대통령이 서명 하였던 것이다. 대통령은 또한 자기가 한국 국왕에게 하는 서함까지 슈펠트에게 보내었으며 아시아함대의 사령장관 클리츠Clitz 해군소장을 명하여 슈펠트의 사절 시행施行에 군함 한 척을 가지고 기다리라 하였다.

7. 훈령과 「슈」 제독

1882년 1월 6일 신新국무장관은 서면으로써 슈펠트의 권한을 더하였고, 또 다른 훈령을 내렸으며 사명을 실현할 길조에 대하여 축하하였고, 李로부터 받은 우의적 알선에 대하여 사의를 표하였는데 슈펠트에게 내린 훈령을 보면 그 중요한 목적이

『제1은 조선 해안에서 파선된 아메리카 선척 및 그 승조원의 구조에 관한 조약을 체결하라. 그러나 만일 조선 국왕이 호의를 가진 것을 발견하는 경우에는 슈펠트는 또한 무역권을 획득하며 관세를 협정하며 영사와 외교대표를 설치하며 치외법권을 허락하는 수호통상조약을 교섭하라. 제1차 체결하는 조약은 오랫동안 봉쇄하였던 국가를 개통하는 그것으로 제1단계를 삼고 여러 가지 요구를 제출하지 않도록 주의하라. 혹시 성공할 소망이 없는 경우에는 담판을 개시하지 말라.』

고 명하였고, 훈련 집행의 세목에 관하여는 그의 의사에 맡겼다. 그러나 한국 체류기간은 2개월로 한정하였다. 슈펠트는 블레인의 훈령을 1월 19일에야 받았다. 4일 후에 슈펠트는 그때까지 그의 동도에 있는 李에게 워싱턴 정부의 훈령을 알리며 회견의 적당한 방식과 장소와 시간의 지정을 문의하였더니 총독이 만일 슈펠트가 미행微行으로 보정부에 온다면 회견하겠다고 하였다. 슈펠트는 이 회견이 자기와 총독 사이에 어떠한 사적 술책이 있는가 하는 오해를 피하기 위하여 이홍장의 요구를 거절하였다.

슈펠트 제독이 워싱턴 정부로부터 받은 훈령을 이홍장에게 알리고 또 보정부 회견을 거절한 일은 그가 당시 이홍장에게 보낸 두 차례 서신에 잘 나타나 있다.

이 편지는 1882년 1월 23일, 중력 광서 7년 12월 초4일부로 된 것이니, 슈펠트가 미국 훈령을 받은 1월 19일부터 4일 후라는 상술한 일자의 정확함을 증명하는 바며, 그 편지의 사의辭意는 슈펠트 자기가 조선의약 전권사절이 되었다는 것과 작년 이홍장이 보정부에 가기 전에 해군 비서를 슈펠트에게 보내어 한국이 미국으로 더불어 조약체결을 원한다는 것과 그것을 워싱턴 정부에 알렸더니 국무장관으로부터 교섭 성공의 소망에 대한 축전이 온 것을 들어 말하였거니와, 제2차 슈펠트의 편지는 제1차 편지가 있은 지 16일 후인 2월 8일(중력 12월 20일)부로 된 것인데 그 요지는 다음과 같았다. 즉 의약의 일은 아주 비밀을 요하는 바 슈펠트 자신이 바쁘게 보정부로 가게 되면 남의 이목에 띌 염려가 있으며, 북경에서 보정으로 바로 가는 것이 더욱 편하지 아니하니 이는 각하께서도 동감이실 줄 안다고 한 것은 외교상 기밀을 존중하는 슈펠트 제독의 주도한 용의에서 나온 것으로 대저 그 주위에 있는 열국 사신의 경쟁과 또는 방해를 막고자 함이었으며 그는 이에게 보낸 편지 중에 이 의미를 거듭 말하였으되

『조선과의 조약 체결의 문제는 마땅히 비밀히 하고 밖에 퍼뜨리지 않음으로써 다른 나라의 질투와 시기를 막아야한다』

고 하였다.

8. 「슈」 제독과 이李 총독

사절의 목적 달성이 매우 유망할 줄로 예상되었다. 그러나 (일방으로) 분규가 일어날 듯한 위험도 있었으니, 세간에 전하기는 총독이 북경주재 영국 공사를 독촉하여 영한조약의 교섭을 다시 개시하리라 함이다. 다행히 슈펠트에게 북경과 서울 양 정부가 모두 서방 각국의 통교를 위하여 한국 개방에 최대 관심이 있음을 보여준 것이다. 체약할 양방을 접합시킴에 최고 알선자로 자처하는 이중당뿐만 아니라 중국 정부 역시 한국의 개방을 지지하였음은 다음과 같이 1882년 2월 4일부 홀컴의 문서로부터 초출抄出한 것에 의하여 알 것이다.

『지난 수요일에 내가 총리아문(외교부)을 방문하고 조선 문제에 대하여 모든 대신의 의사를 알아보았더니 대신들은 나의 예상 이상으로 더 쾌활하고 자유롭게 대답하여 나로 하여금 놀랍고 기뻐한바 있게 하였는데 그것이 곧 조선 문제에 대한 李의 동작을 설명하는 것인 줄로 안다. 왕년에 있어서는 조선에 관한 모든 일을 6부중 가장 오래고 가장 높고 또 몹시 완고한 예부가 관리하더니 작년(1881)년 봄에 공친왕恭親王의 주선으로 조선 문제는 예부로부터 외부로 옮겨왔다는 것과, 중국 황제가 조선이 열강과 통교하되 먼저 미국과 수호하라고 재촉하는 친서를 조선 국왕에게 보냈던 것과 李는 단순히 그 친서를 전달하는 명령을 받았던 것과 조선 국왕이 합중국과 통교하기를 더욱 원한다는 회답이 왔다고 그 아문에서 내게 일러주었다. 모든 대신은 말하기를 국왕과 조선인의 대부분이 시세時勢에 깨달은 바 있어 외국 통교에 대한 준비를 하나 거기도 중국 내에서와 같이 배외파排外派가 있다고 부언하였다.』

2월초에 슈펠트 제독은 홀컴 공사와 상의하려고 북경으로 갔었다. 홀컴은 몇 년간 극동에 거주하였고 중국학의 조예가 깊기 때문에 그가 반드시 李와 회견하는 데 열석列席하기를 동의하였다. 홀컴의 참가는 응당 이홍장 자신도 좀 더 신중하고 책임 있게 할 것이며 이홍장의 불확실한 통변들의 오역을 저지하려 함이다. 슈펠트는 총리아문을 다시 방문한즉 진심으로 환영하고 조약 담판에 알선할 성의를 가졌음을 발견하였다. 천진에 돌아오기 전에 슈펠트와 홀컴은 한미조약을 기초(초안 제1호)하였다. 이 초안에는 이홍장이 고집하고 있는 「조선은 중국의 속방」이란 문자를 포함하지 않았다. 3월 중순 천진에 도착한 후 정세를 보건대 조약 담판이 한국에서 될 것이 아니라 천진에서 결정될 것이며, 이홍장 자기가 중국 정부와 서울 정부를 둘 다 대표한 것을 알렸다. 이홍장이 서울 정부와 연락하는 방식은 천진주재 한국 대표를 통해서 행하였는데 한국 대표는 이 담판에 대하여 아무 정식관계를 가지지 않은 배후에 있는 인물이었다. 슈펠트가 4월 10일부로 국무장관 프렐링휴젠에게 보낸 편지 중에는

『지금 천진에 조선 대표가 와 있어 조약 담판의 단계마다 (이홍장과) 상의하고 있는 것을 믿을 여러 가지 이유가 있다.』

고 하였다. 중국과 한국의 양방을 대표한 담판자 이홍장은 대청제국의 제일 유력자요 외교 정책의 지배자이었다. 그는 직예총독直隷總督이요, 태자태전太子太傳이요, 문화전대학사文華殿大學士요, 십팔성대원사十八省大元師요, 해안방비총사령海岸防備叢司令 등이었다. 이 아래 서술이 비록 비동정적이지만 당시 슈펠트가 본 이홍장은 이러하였다.

『그는 59세요 신장은 6척 1촌이요 명료하고 냉정하고 모질고 사나운 눈과

왕자의 위의威儀를 가졌다. 그는 순전한 동양적이오, 엄격한 중국인이다. 이러한 성정性情은 서방 각국을 경멸하며 외국인을 증오하는 표시다. 이홍장은 동방의 비스마르크요, 그는 분열되어가는 제국과 쇠퇴하여 가는 황조皇朝를 어지럽지 않게 불굴의 견강한 의지와 위력으로 지켜가고 있다. 이홍장은 참수로 반역을 진압하고 무력으로 동요를 안정시킨다. 이홍장의 위대는 자국민보다 진보된 점에 있지 아니하고 근대 세계를 지배하는 정치적 또는 군사적 기술에 관한 이해가 자국민보다 뒤떨어지지 않은 점에 있다. 그는 적어도 이들 위력의 가치를 인정하여 군함을 사고 포대를 쌓고 수뢰를 실험하고 근대식 무기를 가진 군대를 훈련한다.』

9. 중요한 차이점

기술한 바와 같이 슈펠트의 4월 10일부로 한 편지를 보면 이때까지 천진에 있는 조선 대표를 만나보지 못한 모양이다. 작년 12월 25일(서력)에 이홍장으로부터 한국 관원이 천진에 도착하였음을 슈펠트에게 통지한 이래 4개월 동안에 한국 대표가 이홍장과 일곱 차례나 회견을 거듭하면서도 슈펠트와는 한 차례도 회견하지 않았으니 그는 정식사명을 가지지 못한 때문이었으나 그러나 이것은 표면의 이유일뿐이오 그 실은 외교에 노련한 중당中堂에게 일체 조정을 맡겼음이다. 이홍장의 당시 함고函稿 의하면 고종이 진작부터 이홍장에게 담판을 위임하였던 것이다.

3월 25일 슈펠트는 홀컴과 동반하여 이중당과 제1차 회견(단, 여러 날 계속적 회견중 제1차에 해당된다. 제독 1인으로 이홍장과 회견한 것은 전일에도 있었음)이 있었는데 이 회견에서 생긴 일에 관하여 30일부로 국무경 프렐링휴젠에게 아래와 같이 보고하였다.

『이 각하는 내가 워싱턴에 전달하려는 이 보고를 시인하였다. 조선 국왕과 총리대신은 외국에 향하여 조선 개방을 동의하고 특히 합중국으로 더불어 교섭하기를 원하나 조정신하와 인민 중에 그 운동에 몹시 반대하는 당파가 있다 하며, 조선 사절이 근자 보정부로 이 총독을 내방하였을 때 결정하기를 중당의 지도아래 합중국과 조약 체결의 목적을 위해서 조선 국왕에게 요청하여 사절을 중국에 파송시키도록 하고 조약비준으로 해서 내(슈펠트 자칭)가 조선에 나갈 적에 조선 사절도 역시 환귀하도록 하였다.

사건의 처리를 편리하게 하기 위하여 내(슈펠트)가 받은 훈령과 서로 믿음이 된다고 생각하는 조약 초안을 만들어 중당에게 전하였더니 각하도 내게 초안 1건을 보내었는데 그 내용에는 조선이 중국의 속방이라는 준準정치적 조문이 포함되었다. 그러나 이 문제는 우리 요구에 응하도록 타협할 가능성이 없지 아니하다. 다음 토요일(4월 1일)에 나(슈펠트)와 그 문제를 토의할 권리를 가진 해관도대海關道臺에게 이 초안에 대한 반대 의견을 제출할 터이다.

조선과 중국 양국이 다 반도 안에서 자라가는 일본의 세력을 제지할 억제력을 매우 요구한다. 이에 관하여 총독이 나에게 비밀리에 말하기를 조선 국왕은 미국 군함의 경부강구京府江口에 내박來泊을 환영할 터이라 하며 총독이 나에게 또 이르기를 될 수 있는 대로 그 수도에 가까이 가라고 권고하였다…… 나는 각하에게 고하기를 미국은 조선 문제에 관하여 중국 당국의 처사를 1년 이상 기다렸으며 각하가 중재해 주어야만 될 것과 미국은 이러한 알선을 우의적 정신으로 받을 것과 이 사건이 속히 진행되기를 희망하였고, 만일 오는 5월 1일내에 성공할 가능성이 없는 경우에는 이 사실을 국무성에 전보하여 담판 철폐를 권고하겠다 하매, 각하는 말하기를 자기가 이 사건에 관하여 조력을 허락한 이상 힘닿는 데까지 이행해 보겠다고 하였다.』

조약의 제1, 제2 초안이 교환된 다음에 두 담판자 간의 중요한 상이점은 이홍장 안案의 제1조에 다음과 같은 문구를 삽입한 것이다.

『조선은 대청제국의 속방이로되 지금까지 내치외교에 있어서는 자국의 주권을 행사하였다.』

는 내용이다. 4월 1일에 이홍장의 수석 조역助役인 해관도대(周馥을 가리킴)와 슈펠트 간의 회견이 있었는데 도대는 제독에게 이르되 만일 중국 안 제1조를 승인하지 않으면 조약에 대한 담판을 계속할 수 없다고 하였으며 제독은 이의 승인을 거절하였고 회견은 종국終局을 고하였다.

10. 쌍방의 견지와 타협

전술한 바와 같이 슈펠트가 단독으로 이홍장과 회견한 것은 홀컴과 동반하여 회견하기 전에도 있었는데 그때 슈펠트와 이홍장의 문답 개요는 이문충공전서李文忠公全書 역서함고譯署函稿 68권에 적혀 있는 바 그 문답 중에 이러한 일절이 있으니 이홍장이 슈펠트에게 밀고하여 가로되 일본이 이미 금년 8월에 인천항을 열기로 약정했으나 조선의 뜻은 미국이 먼저 인천에 오는 것을 원하고 일본이 먼저 오는 것을 원치 않는다는 것이다.

슈펠트: 그렇다면 마땅히 본국(미국)에 알려 병선 2, 3척을 더 파송하겠소.

이홍장: 귀국이 반드시 병선을 많이 파송할 것이 없은즉 본 대신(자기를 칭함)이 그때 중국병선을 파송하여 동행케 할까 하오.

슈펠트: 매우 좋소.

이것을 보면 천진에서 행한 이때의 약속에 비밀히 일본의 세력을 견제하려는 일방으로 중국의 종주적 지위를 지지하려고 한 것이 명백하다.

그러나 슈펠트는 제1, 제2안을 합하여 반대될 만한 조건을 제외하고 제3안을 준비하였으며, 제1, 제2안을 합하여 반대될 만한 조건을 포함한 제4안을 준비하였다. 5일 李의 아문에서 회견이 있을 때 총독은 제1조는 불가결할 것이라 성명하며 자국 정부의 훈시와 조선 국왕의 요구에 의하여 삽입한 것이니 제1조의 포함은 불가피할 것이라 하였다. 그때 슈펠트는 이 조문의 포함을 반대해서 입론하였다. 즉 한국은 내치외교에 있어 자주권을 행사하므로 합중국은 중국의 종주권에 구속됨이 없이 한국과 교섭할 권리를 가졌다고 그를 설복시켰으며, 같은 조약에 중국이 이를 논급함은 적절하지 아니하며 까딱하면 분규를 야기할 우려가 있을 뿐 아니라 자기(슈펠트)는 한국의 공동 보호자로 합중국과 중국을 연결시킬 권한을 가지지 못하였노라 선언하였다(전술한 예비 의약의 시말에 있는 슈 총병의 조회를 참조하라). 그리하여 이 문제에 대한 대토의가 있은 후 이홍장은 4일간의 숙고할 유예를 청하였다.

그리하여 10일에 가서야 이 의약이 완결된 듯하다. 그것은 이 총독이 문제이던 제1조의 포기를 아래와 같은 조건부로 동의하였기 때문이니 즉 그 조건은 한국은 어느 의미에 있어 중국의 속방인 사실에 의하여 제독은 의약 달성을 위해서 중국 당국의 참가를 희망한다는 뜻을 명기할 것과 또는 중국 정부를 대표하여 자기와 같이 한국에 나갈 사절 파견에 대한 요청을 서면으로 할 것이란 것이다.

슈펠트는 이 조건에 대하여 쾌락하였다. 슈 제독은 조약이 끝난 뒤, 한국 국왕의 친서를 합중국 대통령에게 체전遞傳하기로 약속했으니 그 내용은 중국의 승인 하에 이 조약을 체결하였다는 것이다.

이 같은 쌍방의 합의에 이르기까지는 제1조 포함의 문제가 거듭 토의에 오르게 되니 일시는 중국측의 계책으로 교섭이 매우 지연되고 교섭자 간의 알력이 격심하게 되어 즉시 상의商議를 파열시키고 즈푸로 가겠다고 위협하였던 것이다. 원기 있게 버티는 제독의 태도가 중국측으로 하여금 조약을 맺게 하였으나 중국측 역시 슈펠트에게 지지 않게 조약체결을 갈망하던 때문이다.

V. 정식담판과 조약성립

1. 미사美使 청사淸使의 동항동래同航東來

제독은 이홍장이 제안한 제1조의 포기에 관하여 그 실패한 이유 및 결과를 이렇게 적었다.

『이 제안이 만일 홀컴과 북경외부北京外部와 교섭할 때 외부가 조선이 중국의 속방이란 것을 이 조약 내에 기입 여하를 홀컴에게 제의하지 않았으면 혹은 성립되었을지도 모른다. 이 제의에서는 전일 나(슈펠트)에게 대해서와 같은 반대의견을 볼 수 없었다. 동同외부에서 이 문제에 관하여 이홍장에게 편지로 통지하였는데 외부와 이홍장의 의사가 피차에 다르고 나로서도 동의할 수 없었다. 이달 11월에 나는 미국 국무성으로 아래와 같은 전보를 보냈으니 즉 한미조약에 조선이 중국의 속방이오 중국에서 조선의 주권을 행사한다는 조문을 삽입할까요? 중국측에서는 원하지만 나(슈펠트)는 반대했오이다. 답전하시오.』

4월 19일에 이르러는 조선이 중국의 속방이란 문제만 제외하고 조약 전부가 완성되었다. 그러므로 슈펠트는 당일로 미국 국무장관에게 다음과 같이 답전하였다.

『암호로 보낸 전문 사실 이외에는 교섭이 완성되었소. 조선으로 출발을 합니다. 통역관이 필요한데 홀컴을 추천하오며 그의 조력이 필요합니다. 30일이면 족할 터이니 북경에서 모든 공문을 관리하기 위하여 테일러Tylor를 임시로 임명한다는 전보를 홀컴에게 보낼 수 있습니까?』

슈펠트는 자기 전보의 회답을 받으려고 수일 동안 기다렸으나 끝내 회답을 받지 못하였고 또 일찍이 1월 20일부로 미국 국무성으로 편지를 보내어 통역관을 고용하는 권리를 청했던 터이나 역시 회답을 받지 못하였으므로 워싱턴에 있는 상관들의 냉담하게 구는 그 행동에 대하여 고민하고 일방으로 조선으로 향할 준비를 하고 있었다. 그런데 슈펠트와 이홍장 사이에는 제1관을 제외하는 대신에 성립된 타협안을 지지하기로 서로 약속하였다. 슈펠트는 천진을 떠나 상해를 거쳐서 5월 4일에 즈푸에 도착하니 거기 미국 함장 쿠퍼P. H. Cooper와 한국 조약 체결에 종사하라는 명을 맡은 해군 소장 클리츠Clitz가 스와트라Swatra호를 탑승하고 기다리며, 또한 정여창 해군제독의 휘하에 있는 중국 군함 3척도 역시 기다리고 있었다. 또 여기서 중국 정부의 대표 마건충도 오게 되었는데 그는 2등정대도대二等頂戴道臺이다. 마건충이 슈펠트에게 전하기를 이홍장이 조약 전문을 한국 국왕에게 보냈다 하며 그 보낸 조약문에는 슈펠트의 반대하는 조문이 들어있지 않았다고 한다. 슈펠트와 마건충이 상의한 결과 중국 군함들은 5월 7일 아침에 한강구를 향하여 출발케 하고 스와트라호는 24시간 후에 출발하기로 결정하고 실행하였다. 5월 8일 아침 7시에 슈펠트 제독이 중국인 통역을 데리고 스와트라호에 탑승하고 닻을 올려 조선으로 향하게 되었는데 출발 당시에 그 항구에 정박해 있던 외국 군함들 사이에 떠들썩한 바 있어 심지어 어떤 군함에서는 이 사실(조선과 통상조약)을 북경에 주재한 자국 공사에게 알렸다. 스와트라호는 5월 11일 하오 2시 15분에 한강구에 도착하여 월미도(Roze Island) 부근에 닻을 내리니 중국 군함 위원호威遠號는 해군제독 정여창의 깃발을 날리며 거기에 닻을 매었고 다른 중국 군함 두 척과 일본 포함砲艦 반성호盤城號도 와서 정박하였다.

2. 이중당의 내서來書

이홍장의 논미사주의조약論美使籌議朝約이란 광서 8년(1882년) 임오 3월 초3일부 함고에 의하면

『중국이 군함을 파송하여 미국 사신과 같이 조선에 가게 한 것은 미국 사신의 요청이 있을 뿐 아니라 조선이 또한 여러 번 간청한 때문이다. 그러나 이밖에 이유가 또 하나 있으니 타국의 방해가 있을 것을 염려해서 그리 한 것이다. 한편 만일 파원派員 동왕同往하지 아니하면……혹은 타인이 곁에서 훼방을 놓아 약속된 일을 이루지 못할까 두려움에 떠니 일본과 러시아 등 강한 이웃으로 인하여 그 이간침능離間侵陵의 계책에 이를 터인 즉 또한 동방대국의 근심이라.』

고 하였다. 한미조약은 어디까지든지 일본과 러시아를 견제할 목표 아래서 성립된 것으로 이 연미의 진의와 의약의 고심과 한·청 관계와 기타 정식 담판에 대한 방침을 다시 적어 영의정 이최응李最應에게 보낸 편지가 있으니 이는 곧 미국 사신이 즈푸에서 배를 타고 떠나기 바로 며칠 전 일이다. 지금 그 편지 중 중요한 구절을 추려보면 이러하다.

『귀국 군신이 시세를 잘 살펴 번연히 멀리서 교류하니 능히 성견成見을 깨쳐버렸다. 미국은 직접으로 대동양에 남의 토지를 침할 마음이 없은즉 지금 먼저 그와 평등하고 선한 조약을 세우면 이미 동양 이웃의 기유覬覦를 막을 것이요, 또한 타국과 통상을 연속으로 의논함에도 의거할 바 있다. 이홍장은 스스로 헤아리지 않고 중간에서 주지主持하여 두 나라의 강신수목講信修睦을 위해서 꾀하는 것은 맹서의 소술所述이 이치에 맞지 않을 때는 유폐流弊가 더욱 많다. 이번 봄 이래로 진해관도津海關道 주복周馥과 이품함후선

도二品銜候選道 마건충馬建忠을 독동督同하여 미국 사신 슈펠트로 더불어 왕복 변론한 지 20여 일에 약고約稿를 바꾸기 십여 차례에 이르러 적이 취서就緖하였는바 중국과 미국의 원래 약속 및 귀국이 일본으로 더불어 한 약관에 비교하면 이익을 취하고 손해를 방지한 곳이 한층 더 주밀하게 된 듯하다. 오직 제1관에 성명하기를 귀국이 중국의 속방이 되었더니 정치는 이미 자주에 있었다고 운운한 데(대하여) 미국 사신이 (임의로) 결정할 수 없다 하기로 앞서 그 본국(미국)에 전보로 요청하였으니 장래 정약正約 중에 깎아버리게 되면 반드시 특히 성명을 (행하여) 귀국 수백 년 사대事大의 정성을 하늘과 땅에 소시昭示 하라……그 나머지 각관各款은 미국 사신의 입경을 기다려 대원大員을 영파另派하여 더불어 다시 의정하겠지만 설사 다소 변동이 있더라도 대체는 이 범위에 벗어나지 않을 터이며 요새 미국 사신과 함께 約稿(초안) 끝에 날인 서명하여 증거를 삼았다. 이에 원정原定 초본草本을 봉정하니 살펴보소서.』라고 하였다.

그는 미국 사신이 정식 담판을 위하여 한국에 오기 전에 급히 서둘러 이 의약 초안을 한국에 먼저 보내어 한미조약의 모든 준비를 편의케 하였으며 또 미국사신과 영선사의 간청에 의하여 파송 동항同航하는 마건충 관찰과 정여창 제독의 이력을 설명하고 또 그 대우에 대하여 부탁하여 가로되

『두 군주는 큰 바다를 두루 돌아다니면서 서양의 동정을 자세히 알며 마군馬君은 더욱 서양 나라의 언어 문자에 정통하고 교제交際 공법公法에 익숙하니 그 사이에 주선하면 반드시 양국을 위해서 정호情好를 통달할 터인즉 가게 되면 미국 사신과 일체로 관대款待함을 바란다.』

고 하였다. 이홍장의 편지에 의하여 천진에서 만든 의약 초안이 제1조의 속방 운운을 없앤 것 외에는 별로 큰 수정이 없이 그대로 정식 담판에 통과가 된 셈이다.

3. 조약 조인 광경

이함李函보다 앞서서 천진에서 주재하는 영선사의 보고에 의하여 한양 조정에서는 동래東來하는 미 · 청 사신을 맞이할 준비로 분주하던 중에 음력 3월 21일 청나라 함선이 먼저 이르러 인천부사에게 한통의 글월을 던졌다. 그는 이 뒤로 곧 미국 사신이 올 터이니 귀 조정에 봉문奉聞하여 전권위원과 담판 장소를 속히 알려 달라고 하였으며, 또 귀국 왕에게 올리는 이전상李傳相의 서함이 있는데 어디로 보내야 좋을는지 알 수 없은즉 위원을 시켜 접수함을 바란다고 하였다. 미국 사신의 숙소로 맨 처음 경강 근방의 어느 관우館宇를 수리하다가 그 후 다시 인천관사로 변경하였다. 다음날 한국과 미국인 사이에 중개의 역할을 행하는 마건충이 슈펠트를 방문하고 한국 임금이 조약 담판을 위하여 임명한 두 한국전권들로 면회할 것을 의정하였다.

전권대신에는 일찍 한일 조약을 체결한 정1품 경리사 신申櫶이요 그 부관은 일찍 일본에 수신사로 갔던 경험이 있는 김홍집金弘集인데 당시 내각원 중의 한 사람이었으며 종사관은 서상우徐相雨이었다. 5월 14일(서력)에 이르러 이 두 대관과 수행원들과 통사가 슈펠트 제독을 왕방往訪할 새 미국 군함은 대포 3발의 예를 행하여 군함 위에 영접하였다. 주객 사이에 매우 호의를 가지고 술잔을 주고받았고, 한국전권이 돌아온 뒤에는 쌀과 계란과 닭과 소고기 등의 예물을 보내었다. 6일후에 슈펠트는 수행원들을 데리고 군함이 닻을 맨 곳에서 약 6리 되는 내지에 들어가 인천이란 곳에 가서 한국전권들과 면회하였다.

한국측 기록을 보면 이날은 곧 구력 3월 24일에 해당한바 인천에 출항하였던 반접관伴接官이 청국 사신의 독촉에 의하여 전권 위원을 속히 파송하라고 청하므로 경리사 신헌을 사신의 머무르는 곳에 보내서 모든 사무를 상판商辦케 하고 경리사 김홍집을 부관으로 부주사 서상우를 종사관으로 임명하여 하직下直하지 말고 같이 출왕하라 한 것이었다. 바로 이날에 양방 전권이 신임장을 조사하여 증명할 근거를 확인하였다. 그러한 다음에 슈펠트 제독은 미국 대통령 아더의 국서를 한국전권에게 드리면서 그 의의를 설명하여 가로되 이것은 한 독립국가의 주권자가 우방의 주권자에게 보내는 국서란 것이니 이 뜻으로 국왕께 봉정하기를 청하노라 하므로 한국전권은 그리하겠다고 대답하였다. 이 자리에서 이틀 후 또 다시 회견하기로 약속하고 스와트라호를 바라보면서 천진에서 완성된 조약에 날인 교환하기를 결정하였다. 이 조약의 날인은 5월 21일에 거행하였는데 당일 의식에 대한 슈펠트제독의 비망록에는 아래와 같은 기사가 있다.

5월 22일 상오 9시 30분에 슈펠트 제독은 쿠퍼P. H. Cooper 함장과, 팬들톤E. C. Pendelton, 타일러H. R. Tyler 두 대위와 군의軍醫 호크J. A. Hawke와 회계 해리스H. T. Harris와 기사技師 애담슨A. Adamson과 해군소위 풀란W. F. Fullan과 데이빗W. C. David과 랜스데일P. V. Lansdale과 해군소위후보생 맬로니J. R Maloney와 앤드류스H. B. Andrews, 발렌타인H. L. Ballentine, 기수技手 헤슨W. F. Hasson과 킹C. A. E. King을 대동하였고 미국군함 스와트라호의 해군일대海軍一隊는 스파이서W. F. Spicer 대위의 영솔 하에 군함을 떠나 한미조약 조인을 위하여 미리 정한 지점을 향하여 전진하였다. 그 지점은 육지에 가까운 곳으로 제물포란 시장인데 거기서 월미도 부근에 닻을 맨 군함 전체를 조망할 수 있었다. 슈펠트는 이곳에 도착하여 조선측에서 가설한 장막에 들어가니 경리사 신헌과 내각원 김홍집과 기타 수행원들이며 마馬도대와 정丁제독과 대청제국 해군 종사관인 클레이슨Clayson 대위가 있었다. 약간의 담화가 있은 다음에 영역문 3본과 한문 3본 합 6본의 조약문을 가지고 슈펠트 제독이 미국측을 대표하여 서명하였고, 신헌과 김홍집 두 대관이 조선측을 대표하여 날인하였다. 날인이 끝나자 해안에서 통지를 보내니 스와트라호에서 예포 21방을 발사하였다. 슈펠트 제독과 수행원들은 그 후에 스와트라호로 돌아갔다. 이때 조인된 한미수호통상조약의 전문은 다음과 같다.

대조선국大朝鮮國과 대아미리가합중국大亞美理加合衆國은 피차 인민간의 영원한 친선 우호관계를 수립하기를 애심으로 원하여 이에 대조선국의 군주가 특파한 전권대관 신헌 · 전권부관 김홍집과 대미국 백리이천덕伯理爾天德(프레지던트)이 특파한 전권대신 수사총병(해군제독) 설비이薛斐爾(슈펠트)는 각기 전권의 위임장을 상호 교열校閱하여 그 양식의 타당함을 인정하고 조문을 협정하였다. 조관條款을 다음과 같이 나열한다.

제1관, 대조선국 군주와 대미국 백리이천덕 및 그 상민商民은 각각 모두 영원히 화평 우호를 지키되, 만약에 다른 나라가 부당하게 또는 업신여겨 모독하는 일을 일으키게 되면 상대방 정부는 그 사건의 통지를 받는 대로 원만한 타결을 가져오도록 주선을 다함으로써 그 우의를 표시하여야 한다.

제2관, 이번에 조약을 체결하고 수호를 한 뒤에 양국은 전권공사를 파견하여 피차의 수도에 주재시킬 수 있고, 아울러 피차의 통상항구에 영사관을 둘 수 있다. 이 관리는 본지방관과 왕래하고 교섭하되, 품급에 상당한 예우를 받는다. 양국의 전권공사 및 영사 등의 관리는 최혜국 대표와 동등한 일절의 특권권리 및 면제를 차별 없이 누릴 수 있다. 영사는 반드시 주차국의 비준서를 받은 뒤에 사무에 종사할 수 있다. 상인으로 겸임하게 하거나 겸직으로 무역을 경영케 해서는 안 된다. 만약에 각 항구에 영사를 두지 못하는 경우에는 다른 나라의 영사가 청탁을 받아 대행할 수 있되, 이 경우에도 역시 상인으로 충당해서는 안 된다. 혹 정한 조항에 의하여 그곳 지방관에게 대판代辦 시킬 수도 있다. 만약 조선에 주재하는 미국 영사 등의 관리가 불합리하게 일을 처리 하는 경우에는 마땅히 비준서를 회수할 수 있다. 단 사전에 미국공사의 동의를 받아야 한다.

제3관, 미국 배가 조선 근해에서 폭풍우를 만나거나, 양식과 음료수의 부족을 겪게 되는 경우, 특히 개항구까지 도달할 수 없는 먼 거리일 때에는 근처항구에 정박하기를 허락하고, 양식을 구입하고 배를 수리케 한다. 소요경비는 선주가 부담한다. 그 지방관민은 마땅히 어진 마음으로 불쌍히 여겨 도와주는 것에 더하여 요구하는 바를 도와주어야 한다. 만약 그 배가 통상항구가 아닌 곳에 가서 밀무역을 하면 화물을 몰수한다. 또 만약 미국 배가 조선해안에서 난파되면 지방관은 사건의 통지를 받는 대로 부하 직원에게 명령을 내려 먼저 선원을 구호하고 양식 등을 제공하는 한편으로 조치를 강구하여 배와 화물을 보호한다. 동시에 미국 영사에게 연락하여 선원은 본국에 돌려보내도록 하며, 화물은 구출토록 한다. 일절 비용은 선주나 미국정부에 의하여 지불된다.

제4관, 미국 국민으로 평화롭게 자기 일에 종사하는 자는 조선 지방관으로부터 생명과 재산을 보호받을 것이고, 종류 여하를 막론하고 일절의 능욕과 훼손에서 방위된다. 만일 폭도 또는 방화자에 의해 가옥이나 재산이 겁탈 또는 불에 타서 훼손당할 때에는 지방관은 영사의 요구에 의하여 즉시 군대를 파견하여 탄압하는 동시에 범죄자를 체포하여 법에 따라 엄히 처리해야 한다. 만약에 조선인 중에 미국인을 기만하고 능욕함이 있으면 마땅히 조선 관리에게 보내어 조선법률에 의거하여 처벌받는다. 한편 미국인 중에 선상이나 육지에 있어서 조선인의 생명과 재산 등을 기만 · 능욕 · 소요 · 손상하는 일이 있으면 마땅히 미국 영사 혹은 미국 정부에서 파견된 관리에게 보내 미국법률에 의거하여 체포 처벌한다. 조선 내에서 조선인과 미국인 사이에 소송사건이 있게 되면 응당 피고 소속의 관리에게 보내어 본국법률로 심의하여 처단 받되 원고 소속국은 관리를 파견하여 청심聽審

할 수 있다. 이 경우에 심판관은 마땅히 예로써 대하고 만약에 청심관이 범인을 소환하여 취조하거나 증거물을 검사하겠다고 하면 그것을 허락해 주고 또 심판관이 공평한 판결을 내리지 못하였을 때에는 상세히 항변함이 허락되어야 한다. 대미국은 대조선국과 더불어 피차 분명히 정하노니, 만일에 후일 조선이 법령과 재판절차를 개정하여 미국의 것과 일치한다고 판단되면 조선에 있어서의 미국 관리의 치외법권을 즉각 철회하고 이후에는 조선 영토내의 미국인도 조선 지방관의 법권하에 돌아가도록 한다.

제5관, 조선국 상민과 상선이 앞으로 미국에 가서 무역을 할 경우 무릇 관세, 선박세 및 일절 수수료는 응당 미국 세관규칙에 의하여 지불되어야 하며 미국인민 및 최혜국민인에게 부과되는 것보다 높아서는 안 되고 또 다른 세율의 관세나 톤세噸稅는 강요되지 않는다. 미국 상민과 상선이 앞으로 조선에 가서 무역을 할 경우 수출입품에 대해 관세를 지불해야 한다. 관세부과권은 응당 조선 정부에 속한다. 수출입품에 대한 관세정률은 밀수 및 기타 비행을 방지하기 위한 세관규칙과 함께 조선국이 설정하고 미국 관리들에게 통지하면 그 관리는 자기민인에게 알리어 이를 준수시키도록 한다. 이번에 대강 정한 세율은 각종 수입품 중 일용품에 속하는 것은 종가세從價稅 1할을 초과하지 않게 하고 외국 술 · 여송연(필리핀의 루손도에서 나는 엽궐련) · 시계와 같은 사치품은 종가세 3할을 초과하지 않도록 하며, 수출 공산품은 대개 5분分을 초과하지 않도록 한다. 수입품 관세는 개항장에서 납부한 연후에는 내지에서나 다른 개항장에서 다시 세를 납부하지 않는다. 미국 상선이 조선 개항장에 들어오면 톤당 은 5전의 선세를 지불한다. 그리고 선박마다 음력에 의하여 3개월에 한 번씩 세를 지불한다.

제6관, 조선국 상민이 앞으로 미국 각처에 가서 대지를 임차하고 토지를 구입하며 주택이나 창고를 건축토록 허가된다. 그리고 각종 본업 및 부업에 종사함과 동시에 법률에 의하여 금지된 제품으로 지정되어 있지 않은 일절의 미가공 및 가공품을 교역함이 자유롭게 허가된다. 미국상민이 앞으로 조선국 개항장에 와서 조계지내租界地內에 거주하며 그 땅에서 건물 또는 토지를 임차하거나 주택 또는 창고를 건축토록 허가된다. 그들에게는 각종 본업 및 부업에 종사하며 법률에 의하여 금지된 품목으로 지정되지 않은 모든 미가공 및 가공품을 교역함이 허가된다. 토지나 건물을 취득 혹은 임대할 때에는 강제나 협박이 있어서는 안 되며, 지대는 조선국에서 정한 바에 따라 지불해야 한다. 임대한 토지는 조선 땅에 속하며 이 조약내에 명시된 바에 의하여 분명히 미국 관리의 관할하에 있는 상민이나 그 재산을 제외하고는 모두 조선 지방관의 관할에 속한다. 미국 상민은 수입품을 내지로 수송하여 팔 수 없으며 또 내지에서 토산물을 사가지고 이 항구에서 저 항구로 수송하여 팔 수도 없다. 위반자는 화물을 몰수하고 상인은 영사관에게 넘기어 처단한다.

제7관, 조선국과 미국은 조선 상민이 양약(여기에서는 주로 아편을 말함)을 싣고 미국 개항장에 들어갈 수 없으며, 미국 상민도 양약을 싣고 조선 개항장에 들어올 수 없고 또 이 항구에서 저 항구로 수송하여 양약을 매매할 수 없음을 상호 합의 약정한다. 또한 양국 상민은 본국선이든 타국선이든, 그리고 본국선이 타국 상민에 고용되어서 양약을 수송 판매하는 것이든, 어느 것이나 영원히 금지토록 하고 범하는 자는 엄벌에 처한다.

제8관, 만일 조선국에 식량난을 우려하게 되는 일이 생기면 대조선국 군주는 잠시 양곡의 해외 유출을 금지시킨다. 단 조선국 당국은 이 영을 미국 관리를 통하여 각 항구에 있는 미국 상민에게 고지하여 이를 준수케 한다. 인천항에서는 각종 식량의 반출을 금지한다. 조선국은 오래전부터 홍삼 수출을 금지하여 왔으므로 만약 미국인 중에 수출하기 위하여 밀매할 때에는 이를 몰수하며, 위반자는 처벌한다.

제9관, 대포 · 짧은 총 · 칼 · 화약 · 탄환 및 일절 군수품의 구입은 조선

관리에게만 허가한다. 미국인은 조선 정부의 면허를 얻어야만 수입할 수 있다.

제10관, 무릇 양국 관리와 상민은 모든 종류의 합법적인 사업에 지방민을 고용할 권리를 갖는다. 만약에 조선인이 조선국법을 범하거나 혹은 사건에 관련되어 미국 상민의 주택이나 창고 및 상선에 숨어든다면 미국 영사는 해당 지방당국으로부터 그러한 통지를 받는 대로 범인을 체포하여 지방경관에게 인도하여야 한다. 미국 관민은 범인을 은닉해서는 안 된다.

제11관, 언어 · 문예 · 법률 · 기예 등을 학습하고자 상대방 국가에 유학한 학생에게는 두텁고 정성스런 호의의 표시로서 가능한 모든 보호와 협조를 하여야 한다.

제12관, 본 조관은 조선국이 처음으로 입약한 것이기 때문에 개괄적이고 불완전한 것이나 응당 조문은 실시될 것이다. 이에 포함되지 않는 규정은 5개년 후 양국 관민이 피차 언어가 약간 통하게 될 때 다시 의정한다. 상세한 통상장정通商章程은 반드시 만국공법통례를 참작하여 공평하게 상의하여 정하고 불평등한 차별이 있어서는 안 된다.

제13관, 본 조약 체결 후 양국 정부 간의 왕복공문은 조선측은 전적으로 한문으로 쓴다. 미국도 한문으로 쓰되 혹 영문을 사용할 때에는 반드시 한문을 병기하여 오해가 없도록 한다.

제14관, 이번에 양국이 의정한 뒤 조선국 군주가 제3국 혹은 그 상민에게 항해 · 통상 · 정치 기타 교섭에 관련된 것을 막론하고 본 조약에 의하여 부여되지 않은 권리 · 특권 또는 특혜를 허가할 때에는 이와 같은 권리 · 특권 · 특혜는 미국의 관민도 무조건 균점均霑된다. 단 제3국과 특별조약을 맺어 위의 조건이 부여되더라도 미국 관민이 관계제조건關係諸條件 또는 이권을 승낙하였을 때 한에서 이와 같은 권리 특혜의 편익을 누릴 수 있다.

이상의 각 조관은 현재 양국(대조선 대미국)의 대신이 조선 인천부에서 의정하고 한문 · 영문으로 각3통씩 작성하였는데 물론 어구語句는 서로 같다. 먼저 서명 날인하여 증빙으로 삼고, 그 비준은 조인일로부터 1년 내에 교환될 것이며, 그 즉시 본 조약의 전조관全條款을 양국 정부에 의하여 공포하여 주지시키고 피차 그 관민에 의하여 각각 준수시키도록 한다.

대조선국 개국491년 즉 중국 광서8년 4월 초6일

전권대신全權大臣 경리통리기무아문사經理統理機務衙門事 신 헌

전권부관全權副官 경리통리기무아문사經理統理機務衙門事 김홍집

대미국 1882년 5월 22일

전권대신全權大臣 수사총병水師總兵 슈펠트薛斐爾

4. 한미조약에 대한 논평

한미조약 전문全文은 14관款으로 성립되었는데 예비 의약보다 1항이 줄어든 것은 기술한 바와 같이 이홍장에 의하여 역설하던 속방 운운의 제1관이 정약 중에서 말살된 때문이거니와 그럼에도 불구하고 이 조약 끝에 가서 광서란 연호를 쓰게 된 것이 자못 주의를 끄는 바며, 또 제8관의 방곡防穀에 관하여 약간의 수정이 있었을 뿐이오, 그 나머지는 거의 일점일획을 가감함이 없었으므로 폴린 씨 같은 이는 이를 평하여 가로되『조선에서 거행한 담판은 이미 3국에서의 의정된 문서에 날인하는 데 지나지 못하였다』고 하였다. 이 말이 과연 적절한 평가인지의 여부는 잠깐 별도의 문제로 붙이기로 하고 먼저 이 한미조약의 정신이 어디 있는가 하면 무엇보다도 제1조에 특서한「……필수상조必須相助……云云」의 문구에 포함되어 있다. 이것은 이전에 성립된 강화조약江華條約의 제1조에 성명한「……조선은 자주지방自主之邦……云云」의 문구와는 크게 다른 점으로 한미수호의 근본적 의의가 실로 여기 있다고 해도 과언이 아닐 것이다. 한미조약의 제2조에 피차 공사를 교환하게 한 것은 일찍 한국이 일본에 허락하지 않던 바로서 이에 이르러 근대조약의 특색이 한층 더 명료해짐을 볼 수 있다. 세율과 치외법권과 기타 모든 점에 있어 다소 차이가 없지 않지만 그것을 일일이 논평하려면 너무나 넓고 번거로우므로 여기는 생략하거니와 요컨대 한미조약은 그 자체 내에 가진 차이점보다도 한국을 서양에 개방한 거기에 특별한 의의를 가진 것이다. 미국 정치가 존 포스터John. W. Foster씨는 일찍 한미조약에 대한 논평의 일절에 이렇게 말한 것이 있으니

"동방 은둔 왕국이 서양 신공화국의 유도로 말미암아 열국민列國民의 반오

伴伍에 가입함을 얻었다.”

고 하였다. 그때 런던 어느 제일류 잡지는,

『한미조약의 조인을 보도함에 있어서 30년 전 페리의 위공偉功을 추상하여 가로되 페리는 구주 각국을 차질케 하던 많은 장해를 배제하고 한 발의 탄환을 사용함이 없이, 또는 악감정을 도발함이 없이 일본을 개방하여 외국과 교통케 하였지만 한미조약의 체결도 역시 극동에서 미국외교가 평화적 수단으로써 성공한 하나의 예라 할 것이며, 이로부터 조선인이 합중국을 거쳐서 서양제국과 교통함에 이른 것은 실로 미국의 공평무사한 우정에서 나온 것이다.』

라고 하였다.(대일본문명협회 출판 「포스터」원저原著 미국의 대동외교對東外交 제9장 조선과 기린방其隣邦)1 중국 명사들도 이 한미조약의 내용에 대하여 당시 천진에 있는 조선영선사 김윤식을 보고 「귀국(조선)을 위하여 경하할 바라」고 하였으며 상해에서 발행하는 「신보申報」도 이를 칭찬하여 가로되 「조선과 미국의 정정訂定한 화약和約이 심히 합법이 된다.」고 하였다(김운양일기金雲養日記 천진담초天津談草). 한국을 서양에 개방하는 한미조약은 조선이 체결한 모든 국제조약 중에 있어서 선구先驅를 지었고 또 표본이 되기에 부끄럽지 않은 선량한 조약이었다. 다만 미국이 당시 사정으로서는 어찌할 수 없이 치외법권을 설정하였으나 특히 그 아래 1항을 삽입하여 「장래 조선이 법률을 개선해서 합중국이 합당하다고 인정하는 경우에 이르면 한국에 거류하는 합중국민에 대한 치외법권을 철회하겠다.」는 약속을 하였다. 미국측의 사료를 보면 최초 국무장관의 기대는 파선 원조에 관한 협정만 성립하면 그뿐으로 생각하였다. 그러나 평화와 우의와 통상과 운수에 관한 14개조의 광범위한 조

---

1 John W. Foster, *American Diplomacy in the Orient*, Houghton Mifflin Company, New York and Boston, 1922.

약을 체결하게 된 것은 비록 시세의 요구라 하더라도 또한 슈펠트 등의 노력에 공을 돌리지 않을 수 없다.

5. 수호성립과 열국 태도

조인 후 수일을 지내어 고종께서 청사양원淸使兩員을 편전에 소견하고 특히 위로하셨으며, 또 미국 사신에게 신한宸翰 2봉封을 주시니 그는 모두 미국 대통령에게 가는 공문으로 하나는 이홍장의 청에 의한 한청 관계에 대하여 회답하는 것인데 미국 사신 슈펠트는 이 두 글을 미국무성으로 보내었다 한다(일성록 폴린의 조선개방 참조). 그러나 내가 알고 싶은 것은 이 조약이 국제관계에 미친 영향이 어떠하였으며 여기 대하여 주위 열강이 가진 태도가 어떠하였는가 함이니 먼저 체약국締約國 한국에서부터 살피면 이 조약이 바로 임오군란이 일어나기 수개월 전에 성립된 만큼, 알게 모르게 쇄국파의 사상에 일대 충동을 주지 않았을까 이렇게 짐작하는 것도 아주 터무니없는 억측만이 아니겠지만 나의 과견寡見으로는 아직 그럴듯한 증거를 발견하지 못하였다. 미국측으로 말하면 그들의 일반이 원동遠東 정국에 심심한 흥미를 느끼지 않았던 때라 한국에 대해서도 전혀 모르는 이가 다수이었으므로 슈펠트가 귀국한 뒤에 민간으로부터 환영을 받지 못한 것은 물론이오 준조절충樽俎折衝의 공로를 표창하여야 할 워싱턴 정부에서도 얼마나 냉담하게 굴었던지 아더 대통령이 국회에 보내는 교서 중에 슈펠트의 이름조차 적지 않았다고 한다. 그러나 원동遠東에 관심을 가진 나라들은 슈펠트가 체결한 조약의 중요성을 인정하고 한미조약이 성립된 후 얼마 안 지나서 영·독이 서로 다투어 한국과 조약을 체결하였고, 러시아, 이탈리아, 프랑스가 서로 이어 조선과 조약을 체결하였고, 심지어 벨기에, 덴마크 같은 작은 나라들도 한국과 조약을 체결하였음을 보면 한미조약이 국제에 미친 영향과 열국의 태도가 어떠하였던 것을 잘 알 것이다.[2] 그 중에도 특히 이해관계가 밀접한 일본은 어떤 태도를 취하였는가. 당국 미국측 사료에 의하면 이러한 것이 있다.

『5월 12일 슈펠트 제독이 월미도에 도착했을 때 일본 포함砲艦 반성호 함장이 주일 미국 공사 빙햄의 편지 한 장을 전하였는데 그 편지는 주한 일본 공사 하나부사 요시모토花房義質에게 슈펠트를 소개하는 것으로, 내용은 「귀하가 하나부사 요시모토와 더불어 가까이 교제하고 만일 필요한 경우에는 비밀한 관계를 맺는 것이 유익한 줄로 믿는다.」고 하였다. 이러한 편지를 받은 슈펠트는 하나부사에게 또한 편지를 하지 않을 수 없었다. 그런데 하나부사가 슈펠트에게 보낸 회답에는 이러한 말이 있었다. 「나(하나부사 자칭)는 귀하(슈펠트)로 더불어 일한日韓 관계며 기타 모든 일을 위하여 귀하의 거기 내착하기를 고대하더니 마침 급한 사고가 생겨 부득이 서울로 돌아와 체재중인바 4,5일내로 다시 귀하를 방문하겠나이다.」 하나부사가 일찍 슈펠트를 면회하려고 일부러 월미도로 왔다간 데 대하여 슈펠트는 생각하기를 2년 전 미국이 일본에 중개를 청할 때 일본이 그것을 거절하더니 이제 와서야 그 착오를 고치려는 태도로 관측하였다. 하나부사는 담판하러 온 이들의 모든 행동을 자세히 살피고 있었지만 그가 조력코자 하던 정책은 의외로 조약이 신속히 조인되었으므로 중지되고 말았다.』[3]

우리는 이 기사로 말미암아 그 당시 일본 당국자가 이 조약의 체결에 대하여 얼마나 심한 감시를 했던 것을 알 것이다.

---

2 이에 대해서는 奥平武彦, ≪조선개국교섭시말朝鮮開國交涉始末≫, 도강서원, 동경, 1935년 3월간, pp.145-161 참조.

3 이 인용문은 前揭, Paullin의 "*The Opening of Korea*"에 나온다.

VI. 미공사내주(美公使來駐)와 초기외교

1. 푸트 공사의 내주來駐

한국개방에 성공한 슈펠트 제독은 그때 곧 인천에서 출발하여 중국에 갔다 일본을 거쳐 미국에 귀착한 것이 1882년 7월 29일이니 이는 조약체결로부터 2개월 후의 일이다. 제독은 원래 해군계界에 영명令命 있는 외교가로 오랫동안 정세精細한 임무에 진력한 결과 건강을 손상하여 얼마큼 캘리포니아 주에서 요양하다가 워싱턴으로 갔었다 한다. 그런데 전술한 바와 같이 당시 미국 관민이 이 외교사상 불멸의 기념탑을 쌓아 놓은 제독의 공로를 알아주지 못하였다. 미국 국무장관이 희망하던 것보다 질적으로나 양적으로 선량하고 광범한 조약을 맺은 그에 대하여 정부에서까지 우대하지 아니한 것은 이상한듯하지만 거기는 그러할 이유가 있었다. 최초 제독을 임명한 전 국무장관이 갈리고 신 국무장관이 취임하면서 감정이 융흡融洽치 못한 관계가 생겼다 한다(폴린의 ≪조선개방≫ 참조). 이면에 숨은 이러한 사실을 알고 보면 정부에서 제독에게 한 모든 행동이 따라서 수긍된다. 그러함에도 불구하고 미국 정부에서는 제독이 체결한 조약 내용이 평선平善하여 겨우 파선구조 협정에 불과한 재래 일본과 중국 양국으로부터 체결한 조약 그것에 비하면 훨씬 낫게 되었으므로 무난하게 의회에 통과함을 보게 되었다. 폴린씨의 ≪조선개방≫에는 조미조약이 아더 대통령으로 말미암아 1882년 7월 29일에 미국 상원에 제출되었고, 1883년 1월 9일 비준을 받았으며 서울에서 비준 교환은 5월 19일에 거행하였고, 1883년 6월 4일에 이르러 실시를 공포하였다. 이때 주한 미국 제1대 공사 푸트Lucius H. Foote(한국명 복덕福德)가 서울에 도착하여 대군주와 왕후를 만나 뵙고 우대를 받았으며, 그해가 끝나기 전에 조선 사절이 미국을 내방하여 정부와 인민의 환영을 받았다고 한다. 조선측의 사료를 보면 ≪승정원일기≫ 4월 13일에 「미국 사신이 그 국서를 가지고 와서 장차 폐하를 만나 뵙고 진정進呈하려 한다.」하였고, 또 통리교섭통상사무아문에서 미국 전권대신 복덕으로 더불어 조약을 비준하여 서로 교환한다 하였으며, 또 「전교傳敎가 있어 미국 국서는 명일에 마땅히 편전에서 친히 받겠고 공사도 소견召見할 터이라 云云」한 간단한 기행문幾行文이 적혀 있을 뿐이다. 그러나 그 당시 미국 공사의 통역으로 밤낮으로 그림자 같이 따르던 윤치호 씨의 미국 공사관 일 년 반의 일기는 무엇보다도 가장 신빙할 진귀한 자료로서 그때 사료의 결함을 보충하고 남음이 있을 뿐 아니라 외교계 이면의 비어秘語로서도 아주 흥미진진한 바 있다.[1]

그 일기 중에는 푸트 공사의 한국에 부임하던 것과 통리아문과 조약의 비준 교환하던 것과 고종께 폐현陛見하고 국서 봉정하던 것과 공사가 고종의 하문에 대하여 언제나 공평한 의견을 올리던 것과 외아문과 일대 충돌을 일으키던 사건과 기타 여러 가지 공사公私 생활이 여실하게 적혀 있다. 그 일기에 의하면 푸트 공사가 미국으로부터 한국 공사로 조선에 부임하는 길에 먼저 일본을 거칠 새 거기서 1개월 동안이나 체류하면서 조선인의 통역을 구하였는바 당시 일본에서 유학하던 윤치호 씨가 겨우 18~9세의 소년으로 그 선選에 들었다 한다. 그러나 선생은 일본어에 유창하나 영어는 3개월 밖에 배우지 못하였으므로 통역을 고사하였지만 미국 공사를 따라가면 영어 공부를 잘 할 수 있다는 바람에 허락했다 하거니와 일본 외무경 이노우에의 비서인 사이토 슈이치로齊藤修一朗가 영어에 능하므로 그가 푸트 공사의 통역이 되어 조선에 같이 와서 약 3개월 동안 같이 유숙하며 이중二重 통역을 하였다 한다.

---

1 ≪윤치호일기≫는 국사편찬위원회 한국사료총서 제19(1973년 12월 간)로 전 13권이 발간 됨.

2. 비준 교환과 폐현陛見

푸트 공사가 고베에서 미국 함대 모노케시호(신미 강화 포격에 참가하였던 미함 5척 중의 하나)를 타고 인천에 내착한 것은 1883년 5월 7일(고종 20년 계미癸未 4월초 1일) 아침 8시였다. 일행으로 말하면 공사 부처를 비롯하여 그 비서 스커더Scudder와 함장과 사관 약간 명 및 일본인 통역 사이토와 윤치호 씨도 물론 그 중의 1인이었으며 인천에서 떠나 서울로 올 새 푸트 공사는 사륜교四輪轎로 그 나머지 사람도 보교步轎와 혹은 말을 타고 수행하였다. 서울에 도달한 후 5월 19일(음력 4월 13일) 오후 4시에 푸트 공사가 외아문에 나가 조약의 비준 교환을 행하였는데 그 당시 외아문 독판督辦 민영목 이하 협판協辦, 참의參議가 모두 회동해서 공사 일행으로 더불어 양방 대표가 날인 서명하여 식을 마쳤다. 외아문에서 비준 교환이 있은 그 다음날은 일요일임에 불구하고 고종께 찾아뵙고 국서를 봉정하였다. 이날 아침 10시 경에 외아문에서 거마를 공사 숙소인 전동磚洞(前 중동고등학교와 수송전기공고 일원) 묄렌도르프의 집으로 보내 공사를 맞아다가 창덕궁(重熙堂?)으로 들어갔다. 공사는 서양식 예복으로 상감 앞에 나가 모자를 벗고 아주 공손하고 근엄하게 최대 경례를 행하매 기립한 상감은 적이 승낙하듯이 머리를 끄덕였으며, 공사가 국서를 봉정한즉 상감이 손수 접수하여 임금 옆에 서있던 김옥균 씨에게 교부하니 김옥균은 곧 그 역본譯本을 낭독하였다. 그러고 나서 상감은 공사를 향하여 먼저 대통령의 안부를 묻고 원로遠路에 잘 왔는가 하고 물었다. 이리하여 한국 역사에 처음 보는 미국 사절의 공식 알현이 아주 간단하게 식을 수료하였다.[2] 이로부터 태평양에 막혀 있는 한미 양국이 그 대표자를 통하여 날로 친밀을 더하게 되었거니와 12년 전 강화만상江華灣上의 우악스러운 충돌을 돌이켜 생각하면 화기애애한 속에서 오늘날 옥백玉帛으로 서로 교류하는 것이 한층 더 의의 있음을 깨닫게 된다. 그리고 푸트 공사의 부인은 인천에 떨어져 있다가 얼마 후 서울로 와서 공사와 동거하였으며, 공사 숙소도 전동 목인덕 집으로부터 정동 민판서가閔判書家(현現 미국대사관저)로 옮겼는바 양력 7월 7일에 이르러 민중전閔中殿이 비로서 천상궁과 하상궁을 정동 공사관에 보내어 공사 부인을 위문하였으며 그 후에도 중전은 또 다시 내인을 보내어 공사 부인에게 태극선과 화문석 같은 선물을 하사하였다. 한국 예속이 엄절하여 그리했는지 또는 무슨 사고로 그리했는지 최초 공사 부인이 서울에 온 지 달포가 넘도록 궁중으로부터 하등의 소식이 없으므로 부인이 노여워서 대체 이럴 줄은 몰랐다고 스스로 탄식하듯이 말한 일이 있었다고 하거니와 그 후에도 민중전께서 공사 부인에 대하여 위문을 하며 선물을 주면서도 폐현陛見하는 일에 이르러는 아무 말이 없었다. 그러다가 10월 20일(음력 9월 20일)에 가서야 폐현을 허락하게 되었는데 이는 푸트 공사의 상감 폐현이 있은 지난 5월 20일로부터 계산하여 꼭 만 5개월이 된다. 이날 약 50세 가까이 된 공사 부인이 통역인 윤치호 씨를 대동하고 창덕궁 어느 내전에서 폐현할 새 공사 부인이 중전의 앞에 나가 한 무릎을 꿇고서 최대 경례를 행하매 민중전은 기립한 채로 조금 머리를 끄덕이었다. 그러한 후 통역을 거쳐 공사 부인에게 몇 마디 하문이 있고 그것이 끝나자 다과의 향응이 있었다. 이는 실로 근대 외국의 고귀한 여성이 한국 왕궁에 발자취를 들여 놓은 최초이다.[3]

---

2 이 부분도 ≪윤치호일기≫를 보고 썼을 것이라고 생각된다. 그러나 현존하는 동 일기는 1883년 1월 9일(음력 고종 19년 12월 16일)부터 11월 18일(고종 20년 10월 19일)까지는 빠져있다.

3 이 부분도 ≪윤치호일기≫를 보고 썼을 것이다.

3. 고종과 미공사美公使

한미조약에 의하여 미국인이 조선의 각 개항장에서 상업에 종사하는 권리를 획득하는 동시에 조선인도 역시 미국의 각 개항장에서 상업에 종사하는 권리를 획득하였다. 그러나 한국인은 상업을 모르는 국민이라 아무리 권리를 얻었더라도 미국에 가서 장사하는 이는 약에 쓰려고 해도 그림자조차 발견할 수 없었고, 한국에 와서 장사하는 미국인으로 말하면 인천의 무역상 타운센드Watter D. Townsend(한국명 淡順)가 유명하였다. 그는 푸트 공사가 부임한 지 얼마 아니하여 같은 항구에 와서 무역을 경영한바 일찍 일본에 나와 장사하는 사람인 듯하며 일본 여자를 아내로 삼았고, 조선인 서모 씨가 거기서 일을 보고 있었으나 미국으로부터 직수입하지 않고, 일본 같은 데서 수입했던 모양이다. 타운센드 이외에도 미국 상인이 간혹 있었으나 당시 한미의 통상이란 이름뿐이요 실제의 무역액은 아주 근소하여 별로 보잘 것이 없었다. 경제상 이해관계가 이렇게 희박하기 때문에 따라서 정치상 교섭 사항도 언제나 간단하였으니 미국 정부가 푸트 씨를 처음 조선에 파견할 때 전권공사全權公使로 임명하였으나 그 후 얼마 아니하여 변리공사辨理公使로 강등시킨 이유도 어디 있었는지 짐작 할 수 있다. 이는 미국 정부가 한국을 중시하지 않은 명백한 증거이다. 그러나 푸트 공사는 한국에 대하여 동정과 성의가 가득한 우의적 태도를 가지고 임하였다. 고종이 중대한 일이 있을 때마다 가까이 있는 신하를 푸트 공사에게 보내어 하문을 하게 되면 공사는 조금도 숨김없이 간담을 토로하여 상담하였는데 그 말이 항상 진실하고도 공평하였다 한다. 지금 그의 태도를 볼 수 있는 한두 가지 실례를 들건대

『그때도 궁중에 별입시別入侍란 것이 있어 외국인을 끼고 가끔 협잡을 하

였다. 한번은 청나라 사람 장학주의 소개로 청국으로부터 30만원을 차관하여 광산합동조약을 한다고 떠들었는데 이 일에 대하여 상감이 윤치호 씨를 시켜 푸트 공사에게 하문하였다. 이때 공사의 대답이

"나로서는 귀국의 합동을 꼭 좋은 줄로 인정하지 않노라. 설사 귀국측에 큰 이익을 나누어 준다고 약정하더라도 귀국인이 채광에 견문이 좁고 사리에 어두워 잘 감독을 하기 곤란할 뿐더러 필경 열강의 이권 경쟁을 유치할 우려가 없는 것이 아닌즉 아직 중지하였다가 정하고 싶으면 귀국인의 채광 기술자가 생길 때까지 기다려서 시작하는 것이 어떠한가?"』

하고 그 말이 은근하고도 깊고 절실하여 그 당시의 못된 폐단에 적중하므로 상감이 광산조약을 중지하라고 명하였다. 또 한 번은 한영조약 문제로 해서 군함공사의 별명이 있는 청국주재 영국 공사 해리 팍스Harry Parkes가 한국에 왔을 때인데, 상감이 이조연을 시켜 푸트 공사에게 하문하니 그는 정직하게 모든 것을 말하였다.

이조연: 영국 사신이 세율에 대하여 백에 7을 운운하니 이것을 어찌 할까요?

푸트: 그야 물품과 재화에 따라 백에 7할 것도 있겠고 또 그보다 더 할 것도 있겠지만 그러나 해리 팍스는 본디 성미가 억척스러워 남에게 굴하지 않는 사람이므로 담판 자리에서 아무리 강경하게 굴더라도 굴복하지 마시오.

하고 단단히 부탁하여 보냈더니 이조연이 상감께 어떻게 복명復命하였는지 윤치호 씨가 그날 저녁에 인사할 때 상감과 중전의 얼굴에 불쾌한 기색을 띠었으며 사람들이 물러난 후에 중전이 윤치호 씨에게 조용히 말씀하시기를

"영국 사신이 조선에 대해서 가진 호의를 열거하며 이렇게 무던한 인물인데 왜 미국 공사가 훼방을 하는가?"

하고 도리어 미국 공사의 직언을 오해하다가 그 후 얼마 안 지나서 군함공사의 가면이 탄로됨에 미쳐서야 비로소 푸트 공사의 말이 옳은 줄 알게 되었다 한다.

4. 외아문과 충돌

전술한 영국 사신 해리 팍스의 가면 탄로란 다른 것이 아니라 의약의 중도에 갑자기 무리한 조건을 제출하여 만일 이것을 듣고 따르지 않으면 담판을 파열시키겠다고 위협하던 것이니, 그러면 그 조건은 무엇인가?

* 영국인이 조선 내지의 여행에 반드시 영국 빙문憑文을 가질 것.
* 영국인이 조선인과 시비할 때 모두 영국 관헌의 재판을 받을 것.
* 영국인이 조선 내지 어디에서든 상업을 경영할 것.

이 3가지 조건은 번연히 허락하지 않을 줄 알면서도 한 번 떼를 써 보는 것이다. 푸트 공사는 이 말을 듣고서 빙그레 웃으며 가로되 해리 팍스는 나이 들어서도 이전 버릇을 고치지 못했다고 하였다. 그러나 푸트 공사의 성심성의로 한국의 이익을 위해서 노력한 것은 세율 협정에서 가장 잘 볼 수 있으니, 그는 미국으로부터 한국에 건너올 때 일본에 오다가 외무경 이노우에를 보고 백에 8을 주장하여 그로 하여금 굴종屈從케 하였다. 슈펠트 조약에는 원칙으로 백의 10을 넘지 못할 것을 약정하였고, 일본에서 외국과의 조약에는 백의 5에 지나지 못하였거늘 이러한 때 일본에 있어 푸트 씨가 백의 8을 주장하여 마침내 외무경의 동의를 얻게 된 것은 그의 일대 성공이요, 또 우방에 대한 성의가 얼마나 갸륵하였던 것을 짐작할 것이다. 그는 한국에 부임하자 당시 외아문 고문으로 있는 독일인 목인덕穆麟德(P. G. Von Moellendorff)을 보고 역시 세율은 백의 8을 주장하였고 관세는 은전으로 징수할 것을 제창하였지만, 묄렌도르프는 툭하면 슈펠트 조약이 있으니 푸트 공사는 말을 말라고 막아버렸다. 그러다가 그 후 외아문독판 민영목과 일본 공사 다케조에 신이치로竹添進一郎 사이에 약정된 세율에는 기껏해야 백의 7에서 더 되지 못하였고, 또 관세는 엽전으로 받게 하였다. 이것을 듣고 푸트 공사는 크게 분개하여 외아문에 나가 독판 민영목과 고문 묄렌도르프를 보고 일대 힐난을 하였는데, 그 힐난은 이러하다.

푸트: 미국이 슈펠트 조약을 체결한 것은 그 본의가 남보다 앞서서 조선을 원조하려 함에 있었으므로 내가 일본에 와서 백의 8주의를 수창首唱하여 외무경으로 하여금 동의케 하였거니와 또 조선에 부임하자 곧 백의 8주의를 역설하였으나 듣지 않았지요.

묄렌도르프: 네 과연 그랬소.

푸트: 지금 일본과 먼저 백의 7을 약정함은 무슨 까닭인가요? 왜 많은 세율을 버리고 적은 세율을 취하는가요?

하고 그 경위를 알 수 없다고 들이대매 이때 묄렌도르프는 평상시의 거만하게 굴던 태도와는 딴판으로 묵묵부답하고 있었다. 푸트 공사는 다시 묄렌도르프를 향하여 화가 나서 큰 소리로 힐난을 계속하여 가로되,

"내가 전날에 말하기를 관세는 쓰지 못할 엽전으로 받지 말고, 널리 통용하는 은전으로 받자고 하였는데, 왜 일본인에게는 엽전으로 받게 약정하였는가요."

푸트 공사는 갈수록 더 격렬한 어조로

『일본인에게 이미 백의 7을 허락하고 또 관세를 엽전으로 받게 약정한 이상 미국에도 균등히 해야 하겠다.』

고 준엄하게 꾸짖으매 외아문에서는 아무소리도 못하고

『네 그리하리다.』

하고 곧 응락하였다 한다. 푸트 공사가 외아문과 충돌한 것은 자기가 주장하던 많은 세율과 좋은 은전은 버리고 적은 세율과 나쁜 엽전으로 약정한 때문

에 묄렌도르프에게 정문일침頂門一針을 주는 동시에 자국의 권익을 옹호하려 한 데서 나온 것임을 알아야하겠다. 만일 푸트의 헌책獻策대로 백의 8의 세율을 한미 사이에 먼저 약정하였다면 다른 나라도 모두 그것을 따라갈 터이니 그만큼 조선에 이익이 되겠거늘 묄렌도르프의 작간作奸으로 수포에 돌아가고 만 것은 가석한 일이다.

5. 갑신정변과 푸트 공사

한미조약이 성립된 지 2개월 뒤 극동 정국의 파문을 그리던 임오군란이 터지고, 푸트 공사가 내주한지 1년 반 쯤 지나 청일전쟁의 도화선을 지은 갑신정변이 일어나 한반도는 바야흐로 다사多事한 가을이 되었다. 일본과 청국이 한가지로 그 군대를 서울에 주둔케 한 것은 임오壬午 이후의 일이며, 특히 청국은 한국 내정에까지 간섭하여 이른바 병사를 주둔하고 정치를 감시하는 강압이 심할 새 그의 배격 운동으로 마침내 갑신정변의 격발을 보게 되었거니와 이 정변에 대하여 푸트 공사는 과연 어떠한 생각이나 태도를 가졌던가를 누구든지 알고 싶어 할 것이다. 이 정변의 주동 인물인 김옥균의 ≪갑신일록≫을 보면 군데군데 푸트 공사의 이야기가 적혀있는바 김 씨가 거사하기 전에 있어 푸트 공사에게 통정도 하고 상의도 하였는데 공사는 그 주의主義에는 찬의를 표하면서도 실행에 이르러는 좀 더 은인자중함을 희망하는 뜻으로 말하였다. 그러나 공사는 언제나 김 씨를 만나면 은근하고 친절하게 대하였으므로 김 씨도 공사에 대해서는 한층 더 살뜰한 우의를 가지게 되었다. 공사의 이름이 ≪갑신일록≫ 중에 맨 처음 나타난 것은

『이때 미국 공사 푸트 내조來朝하다. 일본 유학생 윤치호가 통사通詞로 오다. …… 云云』

이 곧 그것이며 그 후 양력 10월 어느 날 김 씨 자택의 만찬회에 내외국 대관들과 함께 푸트 공사 부처를 초대한 기사가 보이나 이는 일종 사교적 회합에 지나지 못하였다. 이때까지도 김 씨와 푸트 씨 사이에 깊은 통정이 없었던 모양이며 김 씨가 비로소 자기 포부를 말하기는 갑신 11월 5일에 동 공사관을 방문했을 때이다. 김 씨가 공사를 향하여

『내정의 어려움과 시세의 곤란함을 논하매 미국 공사는 나의 말하는 바를 옳지 않다는 것이 없었다.』

라고 한 갑신일록 중의 기사를 보면 김 씨의 도도한 정론에 공사가 심중에 두고 잊지 아니하게 된 것을 알 것이다. 그 아래 가서 청·일 병사를 철수하는 것이 급무임을 말하여 공사 자신도 그 말에 대하여 다소 주선하겠다는 의사를 표시한 것은 그가 얼마나 개혁파에게 심후한 동정을 가졌음을 증명하는 바이다. 그러나 공사는 김 씨가 너무나 열렬하고 급격히 서두르는 것을 보고 혹은 큰일을 그르치지나 않을까 하여 아직 안심하고 서서히 시세를 관망하라고 하였다. 그 후 푸트 공사가 김 씨를 1, 2차 방문하였는바 11월 14일은 동부인하여 김 씨를 찾아가 보았는데 밀담이 있다 하여 부인은 먼저 돌려보내고 공사만 머물러서 숨김없이 토로하는 김 씨의 무서운 개혁 음모를 듣게 되었다. 그러나 이때 공사는 놀라지도 않고 괴이히 여기지도 않고 서서히 대답하여 가로되

『공公 등이 나라를 위하여 일사一死를 내기하는 뜻은 나의 본래 깊이 믿고 흠경欽敬하는 바다. 그러나 내가 귀국에 나온 이래 우리 정부에서 은밀하게 부탁한 것과 나 개인의 마음속에 생각했던 바를 하나도 펴지 못하였으니 내가 벌써 돌아가야 마땅한데 오늘날까지 지체하는 것은 진실로 귀국의 독립을 위하여 공 등에게 소망이 있는 때문이다. 다만 청병 철수의 일은 공 등의 전후 간절히 권함은 나도 생각하는 바 있어서 향일 다케조에竹添가 다시 오기 전에 이미 일본 서리공사 시부리다나島村久와 상의하여 일본 외무경에게 의논을 전달케 하였으니 이는 나 한 사람의 소견이 아니라 또한 본 바 없는 것이 아닌 즉 공 등은 행幸히 나라를 위하고 자신의 몸을 위하여 또는 나의 충고를 위하여 아직 고요히 기다리라.』[4]고 하였다.

전술한 푸트 공사의 담화는 진지하고 강직하여 외교관의 일시적 사령辭令

으로 보기에는 너무나 정의감에 타 올랐다. 그가 말한 「귀국의 독립을 위하여 공 등에게 소망이 있다.」 한 것과 또는 「청나라 병사의 철환을 위하여……나도 생각하는 바 있다.」 한 것과, 그는 한걸음을 나가 철병 운동을 꾀할 새 일본 외무경을 통해서 실현하려고 한 것은 그 방법의 적부適否는 덮어 놓고 시종 성실하고 부지런한 일념이 오직 국제적 평화를 위하여 노력을 아끼지 않았음은 이때 서울주재 외교관 중에 푸트 공사가 홀로 이채로웠다. 만일 공사의 철병 운동이 성공하였다면 갑신정변이 격발되지 않았을지 모른다. 적어도 유혈의 참극만은 방지되었으리라고 믿는다. 그러므로 공사는 이때 역시 초조해하는 김 씨에게 아직 고요히 기다리라고 했던 것이다.[5]

그러나 주위 정세가 김옥균 등의 독립당으로 하여금 안정함을 허락하지 아니하였으니 청불전쟁과 竹添 공사의 태도는 무엇보다도 그들의 거사를 촉진케 한 주요 요인이 된 것이며, 그리고 수년전부터 이면 암투가 끊임없던 한성 정계의 양당 대치의 세는 갈수록 첨예화하여 이때 결렬을 보게 된 것도 하나의 큰 원인이지만 그는 어쨌든지 11월 24일 김옥균이 푸트 공사를 방문하였을 때 양자 사이에 일장 격론이 또 있었는데[6] 공사가 최후에 김 씨에게

---

4 ≪갑신일록≫ 1884년 11월 14일조.

5 ≪윤치호일기≫ 1883년 11월 29일조에도 「이날 저녁 고우(김옥균의 호)가 미국 공사관으로 공사를 찾아 왔다. 공사는 널리 유지들을 모아 조용히 시기를 기다리며 급하게 나아가지 말 것이며 만약에 급하게 나아가게 되면 도리어 개화에 해가 된다고 말하자 김옥균은 그렇겠다고 답하였다.」고 있는 것도 참고할 수 있다.

6 격론은 무관 포크와 있었던 것 같다. 이에 대해서는 포크의 ≪갑신정변보고서≫ 〈“Report of information relative to the revolutionary attempt in Seoul, Corea”, by Ensign George C. Foulk, December 4-7, 1884〉 (George. C. McCune and John A. Hanison ed., *Korean-American Relations*, Vol. 1, University of California Press, 1951, pp. 101-113)에 있는 다음과 같은 내용으로 알 수 있다. 「10월 25일 개화당 요인의 한 사람이 나를 찾아오자마자, 격하게 국왕과 개화당이 불행한 입장에 있다는 것을 말하기 시작하였다. 그 뒤 신중한 태도로 조선을 위해서 민태호, 조영하, 사영사四營使, 그 밖에 가능하다면 네 명의 하급관리를 처치해야만 되겠다고 말하였다. 그는 쉽게 흥분하는 성품을 지니고 있었지만 나에게 언제나 분명하고 정확한 것만 이야기한 사람이었다. 따라서

간절히 권하되,

"공 등이 만일 시일을 보保하기 어려운 형편이라면 특히 잠깐 국내 산천을 유람하며 또 혹은 상해, 나가사키 같은 곳에 갔다가 몇 달 후에 돌아와서 도모하는 것도 불가함이 없을 터이니 이는 나의 마음을 터놓고 말한 것인즉 공은 양해하라"고 하였다. 김 씨의 답이 이때를 당하여 밖에 나갈 뜻이 없노라 하매 푸트 공사는 다시 말을 계속하여 가로되,

"내가 오래전부터 평양 등지에 여러 고장을 두루 다니려 하되 겨를을 얻지 못했더니 지금 비록 추운 겨울철을 맞이하였으나 공 등을 위하여 춥고 더움을 불구하고 잠깐 가서 유람할 터인데 나가사키에 있는 우리 군함으로 하여금 일본 우편선보다 앞서서 인천에 와서 기다리게 하였다가 그것을 타고 나와 같이 잠깐 평양에 가보는 것이 어떠한가?"

하고 김 씨를 은근히 달래었지만 이미 개혁의 굳은 결심을 하게 된 김 씨로서는 듣고 따를 리가 만무하였다. 이로부터 시세는 급변하여 12월 4일(음력 10월 17일)에 열린 우정국 낙성연에 초대를 받은 각국 외교관들 중의 한 명으로서 푸트 공사도 참석하지 않을 수 없었는데, 물론 이때 그 서기 스커더 Charles L. Scudder와 통역 윤치호 씨도 같이 참가하였다. 그는 일찍 김 씨로부터 들었던 무서운 살인의 음모가 당장에서 실연되는 것을 목도하고 전율하였다. 그러나 유혈의 참극은 더 커서 그날 밤 궁중을 점령하게 된 독립당은 반대당의 중요 인물을 모조리 제거하니 피비린내가 한양을 덮었다. 다음날 새벽에 이르러 독립당이 어명으로 사람을 각국 공영사관에 보내어 위문하고, 푸트 공사를 부르니 공사는 먼저 해군사관 버나드John B. Bernadou(한국명 藩於

그의 이야기는 거짓이 아닌 것처럼 보였다. 이에 대해 나는 어찌해서 그러한 계획을 나에게 털어놓느냐고 화를 냈다. 이 때문에 우리들 사이에는 잠시 날카로운 말이 오고 갔고 쉽게 그는 흥분을 가라 앉혔다.」

道)와 통역 윤치호 씨로 하여금 경우궁景祐宮에 찾아가 뵙게 하였는데 김옥균 씨는 이때 궁중에 들어온 버나드 씨를 보고 공사에게 선후책을 잘 부탁하여 달라고 말하였다. 12월 5일 오전 여덟시에 미국 공사, 영국 총영사, 독일 영사 처소에 각기 전영병前營兵을 30명씩 보내어 보호하여 데려다가 상감께서 접견하실 새 미국 공사는 김옥균 씨에 대하여 은연히 부탁하는 뜻이 있었고 영국 영사는 자못 편안하지 못한 기색을 밖에 드러냄이 있었다. 푸트 공사의 동정이 이렇게 깊었지만 민중이나 군대의 도움이 없는 갑신개혁은 일막의 비극으로 마치고 말았다. 푸트 공사도 그 후 얼마 아니하여 임무교대로 귀국하게 되었다.

Ⅶ. 보빙사절(報聘使節)과 양국친선

1. 민영익 특파

푸트 공사가 내조한 지 얼마 아니하여 민영익을 보빙대사로 미국에 특파하니 이는 한국 사신의 출양出洋하는 효시며 이로부터 한미 친선이 한층 더 돈독하게 되었다.

≪일성록≫을 보면 계미 6월 초5일(양력 7월 19일)에

『敎曰 미국 공사가 국서를 갖고 왔으니 교린과 우호 관계는 이미 돈독해졌으니 우리도 마땅히 보빙을 해야 되겠다. 협판교섭통상사무 민영익을 전권대신으로 협판교섭통상사무 홍영식을 부대신으로 삼아 앞으로 미국으로 가게 한다.』

다시 이튿날 부수찬 서광범으로 전권대신의 종사관을 삼아 같이 미국에 가게 하라 하였다.

이때 서울주재 미국 공사 푸트 씨가 서양으로 가는 민 대사 일행을 미국 정부에 소개한 글월 중에 아래와 같은 구절이 보임은 자못 흥미를 자아내는 바다.

『이는 이 나라 사람들이 서양으로 가는 시초라 (中略) 무릇 정치의 득실과 무역의 성쇠를 다음 과제로 설명하고 교제의 방법과 부강의 기술을 알게 하여 조선으로 하여금 개화한 나라의 상등上等으로 올리도록 하시오.』(당시의 한성순보 참조)[1]

이것은 새로 수교한 조선에 대하여 아무쪼록 친절 간곡하게 지도하고 계발해서 선진국 된 직책을 다하자는 성의가 말에 숨김없이 드러남을 보겠으며

1 한성순보 제5호(개국 492년 계미 11월 10일간刊) 각국근사各國近事 중 「미사신함美使信函」 소수所收

그 끝에 가서

『또한 농상農桑의 이익이나 광산의 부는 우리 합중국의 가장 부유한 주와 같고, 거기에 전국의 인구가 실로 1500만이기 때문에 외래품을 필요로 하는 사람의 수도 또한 적지 않다.』

고 함에 이르러는 한국의 부원富源과 장래 교역의 유망한 것을 성칭盛稱하여 미국인의 주의를 환기코자 하였고, 그는 최후에

『우리 정부는 사절을 후하게 대우하기를 구미열강의 예처럼 하고 조금도 소홀함이 없도록 하기를 바란다.』

고 하여 특히 부탁한 것은 사절의 환심을 사서 양국의 친교를 더욱 더 돈독히 하기를 원했다.

대사 일행은 전술한 바와 같이 전권대신 민영익, 부대신 홍영식, 종사관 서광범과 수행원 유길준, 고영철, 변수邊燧와 기타 배종陪從까지 모두 11명으로,[2] 그들이 보빙의 사명을 수행하기 위하여 예정대로 미국 길을 떠날 새 인천에서 출범하기는 1883년 7월 26일(음력 6월12일)이다. 대사 일행이 탑승한 미국 군함 모노케시Monocacy호(일찍이 신미辛未 강화 포격에 참가하였던 미함 5척 중의 하나로서 2개월 전 미국 공사 푸트 씨의 내조來朝 시에도 탑승하였던 것이다)는 인천을 떠난 후 나가사키로 갔었는데 이때 서울주재 미국 공사 푸트 씨는 나가사키주재 아시아함대 사령관 크로스비Crosby에게 전신으로 명하여 민 대신 일행을 요코하마까지 배송陪送하라고 하였으나 민 대사의 사양으로 그 일이 중지되고 보통 기선으로 요코하마에 갔었고 거기에서 다시 미국으로 건너갔다 한다.

2 본문에 열거된 민영익 · 홍영식 · 서광범 · 유길준 · 고영철 · 변수邊燧(樹) 외 한국인으로 현흥택 · 최경석이 수행하였고, 외국인으로 중국인 오예당, 일본인 미야오카宮岡恒次郎, 미국인 로웰Percival Lowell이 수행하여 총 11명이 된다.

민 대사가 요코하마에 있는 동안에 미국인 1명을 비서로 고빙하였는데 그 사람은 후일에 가서 ≪조선≫, 즉 The Land of Morning Calm의 저자요 하버드 대학 총장의 형이요, 또 근년에 이르러는 태양계의 신행성인 명왕성(Pluto)를 발견한 퍼시벌 로웰Percival Lowell이었다.[3]

민 대사가 태평양을 건너서 샌프란시스코에 도착하기는 같은 해 9월 2일(신력)이었다. 거기서 미국 육군 대표자의 환영과 샌프란시스코주재 상업회의소 및 샌프란시스코시의 대환영을 받았고 샌프란시스코를 떠나 9월 12일 시카고에 이르러 미국 남북전쟁에 위엄과 명성을 올리던 쉐리단Philip H. Sheridan 장군의 환영을 받았고 시를 관광한 후 13일 밤차로 시카고를 떠나 워싱턴으로 향할 새 쉐리단 장군은 그 휘하 그레고리Gregory 대령을 시켜 민 대사 일행을 배송케 하였다.(이상은 해롤드 노블 著 The Korean Mission to the United States in 1883에 의거함)[4]

---

3 그의 동생 로렌스 로웰Lawrence Lowell은 하버드 대학 제22대 총장이었다. 그리고 그는 다음과 같이 형의 전기를 저술한 바 있다. *Biography of Percival Lowell*, The Macmillian Company, New York, 1935.

4 Harold J. Noble, *The Korean Mission to the United States in 1883, The First Embassy Sent by Korea to an Occidental Nation*, Transactions of Korea Branch of the Royal Asiatic Society, 18(1929):1-21. 한편 월터Gary Dean Walter, ≪1883년 미합중국에 파견된 대조선국 특별사절단에 관한 연구≫, 아세아학보 제6집, 1969년 6월 간행, pp.174-222 참조.

2. 대통령 알현식謁見式

민 대사 일행은 1883년 9월 15일에 워싱턴에 도착하여 미국정부의 국빈으로 알링톤 호텔Arlington Hotel에 유숙하게 되었고, 당일로 국무장관대리(그때 대통령과 국무장관은 부재하므로) 데이비스John Davis 씨를 방문하였다.[5] 그런데 미국 정부 측에서는 민 대사의 배종陪從으로 한 · 청 · 일 모든 언어를 겨우 조금 알고 동양 사정에 호기심을 가진 청년 해군사관 포크George C. Foulk 씨를 선정하였는바 그는 일찍 미국 아세아함대에 복무하여 4년 동안에 두 번 순항하였고 이때는 미국 해군도서관에 근무하고 있더니 민 대사의 배종이 됨에 이르러서는 대사를 따라서 워싱턴으로부터 미국 동부의 각 도시를 유람하였으며, 민 대사가 귀국할 때는 주한미국공사관부駐韓美國公使館附 무관武官으로 임명되어 대사와 함께 한국에 왔었고 그 후에 대리공사까지 되었다.

상술한 것과 같이 대통령과 국무장관이 임시로 뉴욕에 가서 체재하므로 데이비스 국무장관대리 등의 인도로 민 대사는 뉴욕에 가서 제21대 대통령 아더Chester A. Arthur에게 국서를 봉정할 새 그 봉정식을 거행한 장소는 뉴욕 23가 쪽에 있는 제5아비뉴 호텔Fifth Avenue Hotel이었었는데 9월 18일 오전 11시에 대통령은 모닝 예복을 입고 호텔 대청 중앙에 정립하였으며, 그 오른쪽에는 프렐링휴젠Fredrick T. Frelinghuysen 국무장관이 서 있었고, 그 왼쪽에는 데이비스 국무장관대리가 서 있었으며 기타 대관과 해군 사관들이 빙 둘러서고 있으니 그 중에는 포크 씨도 섞여 있었다.

이렇게 서서 기다릴 즈음에 한국 사절 일행은 민영익을 선두로 하고 열을

5 데이비스는 그 때 국무차관보였다.

지어 들어왔다. 민영익이 입은 조관복朝官服은 아주 값비싼 것인바, 자색 비단의 장활長濶한 외투의 벌어진 사이로 백설같이 하얀 바지가 보이며, 황금으로 기이하게 아로새긴 넓적한 요대腰帶를 띠었고 가슴과 등에는 자두빛 바탕에 희게 수놓은 두 마리의 학과 또 여러 가지 찬란한 빛으로 가장자리를 선 두른 포폭布幅을 붙였더라. 그리고 또 그의 머리에는 비단과 대와 말총으로 만든 예모를 썼었는데(조선 예속에서 공식석상에 반드시 쓰는 것), 그 다음에서 있는 부사 홍영식이 입은 조관복은 민 대사의 것과 대체로 같으나 흉배에 수놓은 학이 단 한 마리인 사실로써 그 지위가 민 대사보다 낮은 것을 표시하였다. 또 그 다음에 서광범이 입은 옷은 단순히 흰 바지와 자두빛 관복과 사모를 썼더라. 그 뒤에는 로웰이 야회복으로 들어 와서 섰고, 그 다음에 유길준은 유녹색(道袍?)를 입었고, 변수는 흑색(團領?)을 입었고, 고영철은 청색(團領?)을 입었더라.

사절 일행은 대통령을 향하여 일렬로 섰다. 대사의 지시로 그들은 함께 무릎을 꿇고 손을 머리위로 들고 이마가 땅에 닿도록 서서히 앞으로 굽혔다. 이와 같은 자세로 2,3분 동안을 머무른 후 일어나서 방으로 들어갔다. 이때 대통령과 대관들은 사절을 향하여 머리를 깊이 숙여서 인사하였다. 예를 마침에 국무장관이 앞으로 나와 민 대사를 인도하여 대통령에게 소개하매 양자가 서로 악수하고 잠시 얼굴을 익힌 후 통역을 통하여 서로 몇 마디 인사를 나누었다. 그 다음에 홍영식 및 기타 일행을 국무장관이 대통령에게 마찬가지로 소개하였고, 거기 있던 미국측의 대관들도 또한 조선 사절에게 소개시켰다(서양 예속에는 낮은 사람을 높은 사람에게 먼저 소개함. 역자 주).

(상술한 대통령 알현식의 당일 광경은 1883년 9월 19일자 「뉴욕 헤럴드」 신문에 게재된 것임)

3. 국서와 신임장

대사 민영익은 조선말로 장중하고 유쾌하게 대통령 앞에서 공식으로 예사禮辭를 드렸다.

『저희들 민영익과 홍영식은 북미합중국 대통령각하를 알현코자 이곳에 찾아 왔습니다. 저희들은 각하에게 대조선국 정부를 대표하여 충심으로 각하 및 합중국 인민의 건강과 행복을 비는 바이오며 우리 양국민은 이미 서로 우교友交를 맺어 친선 지속할 것을 맹세하였으니 우리 양국의 국민은 영원히 변함이 없이 평화와 행복 속에서 살게 되기를 바랍니다. 저희들은 각하에게 우리 정부의 공한公翰 2봉을 봉정하려 하오니 1봉은 대조선 국왕폐하로부터 각하에게 보내는 답서요, 1봉은 신임장이온데 이것을 함께 접수하심을 허락하소서.』

대사의 예사가 통역된 후 아더 대통령은 그 두 공한을 받았는데 대통령에게 보낸 고종의 신한宸翰은 다음과 같았다.

『북미합중국의 특명전권대사 푸트 편에 보내 주신 각하의 서한은 심심한 관심을 기울이는 가운데 받아 보았습니다. 그리고 그 내용에 대해서도 만족스럽게 생각하는 바입니다. 작년에 체결한 조약은 지금 비준하여 실시하게 되었으며 이 조약의 자연적 결과는 우리나라의 기쁘고 다행히 여기는 바이며 각하의 공사 푸트는 우리나라와 친밀한 관계를 가졌는바 그는 공평하고 정직한 인물로 그의 처사가 항상 우리정부의 의견과 합치하고 있습니다. 그는 합중국 정부가 그에게 맡긴 사명에 관하여는 장차 충분한 활동으로써 실현하리라고 믿습니다. 우리 양국 간의 친교는 날로 긴밀해질 것이며 본인은 그 결과가 모든 사람에게 즐거움이 될 것임을 믿습니다. 각하의 인자한 영도 하에 북미합중국 국민이 영원한 복을 누릴 것을 소원하는 바입니다.』

개국 492년 6월 11일(1883년 7월 14일)

대조선국왕폐하 어명국새御名國璽

외아문독판 민영목閔泳穆 부서副署

제2공한은 신임장이니 그 내용은 아래와 같다.

『대조선국왕폐하로부터

북미합중국 대통령 체스터 A. 아더 각하에게

우리 양국 간에 체결된 조약의 비준이 지금은 이미 교환되었고 또한 우호적 관계가 성립되었으므로 확실히 만족하다는 것을 각하에게 전달하기 위하여 본인은 특명전권공사로 민영익을, 부사로 홍영식을, 지금 귀국에 특파합니다. 본인의 신념을 그들에게 충분히 인지시켰으므로 그들은 주어진 임무를 만족하게 수행할 것으로 믿으며 양국 간의 우의를 도모하고 완전한 협동이 달성되기 위하여 그들을 신임하여 주시기를 바랍니다.

본인은 각하가 내 의견에 대하여 십분 동의해 줄 것을 의심치 않는 바입니다.』

개국 492년 6월 11일(1883년 7월 14일)

대조선국왕 어보御寶

외아문독판 민영목 인印

이 문서를 받고서 대통령은 답사를 술述했는데 조선말로 틀림없이 번역하여 민영익에게 들려주었다.(이상은 미국 오레곤 주립대학 동양사 교수로 있던 헤롤드 제이 노블의 前揭 논문을 번역하여 내었음)6

6 원래 미국외교자료(Foreign Relations of the United States, 1868) p.250에 들어있다.

4. 대통령 답사의 내용

당시 미국이 한국에 대해서 어떠한 태도와 의견을 가졌는지는 무엇보다도 민 대사 일행을 열렬하게 환영해 준 미국 관민의 태도와 아울러 국서 봉정 시 대통령의 답사에 나타난 의견을 근거로 유추해 볼 수밖에 없는데 대통령의 답사는 아래와 같다.

『대사와 부사 귀하

대조선의 국왕 및 정부의 대표로서 귀하를 봉접 하는 것을 나는 크게 기쁘게 생각하며 이 자리를 빌려 충심으로 환영하는 바입니다. 우리는 귀국이 무수하게 둘러싸인 크고 작은 섬들과 산물, 그리고 미국 독립 당시의 인구에 비하여 두 배 이상 되는 주민을 가진 아름다운 반도국에 대하여 잘 알고 있습니다. 우리 양국의 영토 사이에 가로막힌 대양은 기선의 도입과 개발로 말미암아 안전한 교통의 대로를 이루어 귀국은 우리의 이웃이 되었습니다. 지리적 위치로 보아 북미합중국은 동양의 어느 나라보다도 먼저 우의와 상업적 관계를 발전시켜야 될 것으로 생각하며 그것은 곧 우리들 모두를 위해 유익한 것이 되리라고 믿는 바입니다.

우리 미합중국은 역사가 증명하는 바와 같이 국력과 부, 그리고 무진장한 자원을 배경으로 하고 있는 까닭에 다른 국민을 지배하거나 혹은 그 영토를 획득하려고 하지 않습니다. 다만 우호관계와 정직한 교역을 주고받고 하려는 것을 노력할 뿐입니다.

우리는 귀국과 사귀게 됨으로써 미국에 이익을 주리라고 믿으며 귀국은 우리의 농기구와 농사 방법, 공업 기술의 개량 진보된 것을 알게 되면 이는 곧 귀국이 미국에 준 이익을 보상하는 대가를 우리도 충분히 가지고 있다는

데 만족히 여길 것으로 믿습니다. 그뿐 아니라 우리나라의 교육제도와 법률에서도 귀국의 채택할 부분이 있을 줄로 생각합니다.

귀국이 우리나라와 최초로 수호의 조약을 맺게 된 것은 가장 적절하고 유익한 일이라고 생각합니다. 귀하는 귀국 왕에게 본인의 경의를 전해주심은 물론 귀국 사신의 내방에 의하여 본인과 미국 국민에게 영광을 베푸신 데 대하여 충심衷心으로 감사드리는 심정을 전해 주시기 바랍니다. 귀하 등이 우리나라에 체재하는 동안 건강과 즐거움이 함께 하시기를 빌어 마지않는 바입니다.

본인과 우리 국민이 귀하들을 뜨겁게 영접하는 것은 아무쪼록 미국에 대하여 귀하들이 유쾌한 기억을 가지고 귀국하시도록 하는 데 그 목적이 있습니다.』7

대통령의 이 답변을 분석하여 보면 첫머리에 사절을 환영한다는 인사말과 지리, 산업 및 인구로 보아 한국을 모르지 않는다 한 것과 태평양으로 인해 천애天涯에 막혀서 단절되었던 한미 양국도 교통기관의 발전에 의하여 이웃이 되었다 함과 미국과 동양 제국은 이로부터 더욱 더 우의와 통상을 발전시켜야 할 것을 표시하였다.

그러나 미국은 조금도 다른 국가에 대하여 지배나 또는 영토적 야심은 없고, 다만 평화 사이에 통상무역의 이익 증진을 위해 노력한다는 그 국시國是를 역설하고 이로부터 한미는 통상뿐만 아니라 조선이 장래 합중국의 농공 내지는 교육, 법률에서도 채택함이 있기를 은근히 종용하였으며, 그는 다시 나아가 한국이 서양의 다른 나라보다도 미국과 제일 먼저 조약을 체결한 것을 칭찬하고 귀국 사신의 내방에 의하여 미국 상하가 아주 만족하였다는 것

7 미국외교자료(Foreign Relations of the United States, 1868) p.249.

과 이것을 귀국 왕에게 아뢰어 양국의 친선을 한층 더 돈독케 하자는 것이며 최후로 사절의 환심을 얻기 위하여 관민이 함께 노력한다고 하였다.

이때 미국은 사절의 접대 및 왕복 경비를 해군성에서 지출하였다 하거니와 민 대사 일행은 미국의 관대에 대하여 아주 만족하였었다.(이상의 대통령의 답사는 노불의 저서 중 미국외교자료 250면 인용)

5. 미국 문물 시찰

대통령의 답사가 끝나자 대통령은 사절과 악수하였다. 이때 사절 일행은 프렐링휴젠 국무장관과 메이슨Theodore B. Mason 중위, 포크 소위 등에게 동반되어 알현식장에서 물러나올 새 응접실 문 밖에 나와서 다시금 정지하여 돌아서서 대통령을 향하여 들어올 때와 마찬가지의 경례를 행하였다.(1883년 9월 19일「뉴욕 헤럴드」신문 게재)

같은 날 즉 18일에 이 특별 사절은 전술한 관원들의 동반 경호 하에 여객선(Fall River Line 소속)으로 보스톤Boston으로 여행하여 그 다음날 아침 7시에 도착하였는데 그날은 외국 박람회와 공업제조회관을 관람하였다. 그 이튿날은 최근 농사 개량의 유용한 것을 증명하며 농장 건물을 시찰하기 위하여 월콧J. W. Wolcot의 모범농장을 방문하였다. 농사에 관한 사건은 최경석의 특별한 홍미를 끌어서 그는 이에 전심專心 주의를 하였다. 같은 날에 사절은 또 기차로 로웰Lowell에 갔었는데 거기서 이 일행은 주요한 회사의 공장에서 조직에 관한 여러 가지 방법을 보게 되었다. 9월 22일에는 매사추세츠Massachusetts 주지사와 보스턴 시장市長을 방문하였고 또 그 시의 여러 가지 공설 기관을 시찰하였다. 오후에 사절 일행은 그의 외국 비서인 퍼시벌 로웰 집에서 향응을 받았으며 9월 24일 그들은 다시 뉴욕으로 돌아왔다.

이 사절이 뉴욕에 돌아오기 전에 있어 미리 브루클린 해군 기지의 업셔John H. Upshur 제독이 시 당국 및 뉴욕 상인과 협의한 후 이 특별 사절을 영접도 하며 또 여러 가지를 관람시키기 위하여 시찰과 방문에 대한 순서를 작정하였었다. 그래서 그들은 여러 곳과 여러 기관 중에서 특히 뉴욕 병원과 서부연합전신국과 뉴욕 소방대, 우편국 건물(홍영식의 특별한 홍미를 끌게 된 것)

과 주단상회綢緞商會 건물과 크람프Cramp 조선소와 하버마이어Havemyers 제당회사와 이브닝포스트 신문사, 웨스트포인트 육군사관학교 등을 방문하고 시찰하였다.(국무장관 프렐링휴젠이 푸트 공사에게 보낸 공식 서한 제27호에 의거함)

9월 29일 토요일에 사절 일행은 뉴욕을 떠나서 그날 오후에 워싱턴으로 돌아왔다. 워싱턴에 돌아온 뒤 그들은 모든 편의를 제공받고 미국 정치의 실제 운용에 관한 지식을 배울 수 있게 되었다.

국무장관과 담화하는 중에 조선 사절은 문무文武 제반사諸般事에 있어서 유능한 인물을 고문관으로 삼아 그들의 의견을 좇아서 조선 정부를 개혁할 것에 대하여 원조하겠다는 약속을 얻었다. 최경석은 농무성農務省으로부터 각종 종자를 다량으로 얻어 귀국할 때 조심해서 서울로 가지고 왔다.

여러 가지 빛깔의 비단옷과 이상스러운 말총 모자를 쓴 조선 귀족들이 공원에서 거니는 것이나 혹은 펜실베이니아 거리로 마차를 타고 달리는 것을 우연히 보게 된 워싱턴 시민들도 미상불 경이의 눈을 크게 떴을 것이다. 구경하는 사람의 상상 속에 새 아라비안나이트 중에 있는 인물의 출현을 보는 듯한 느낌이 있었을 것이다.

미국 수도로부터 이 특별사절이 최후로 떠나기 전에 그들은 10월 12일에 대통령 관저에서 국무장관의 소개로 아더 대통령과 관저에 있는 관원 수명에게 작별 회견을 행하였다. 전권대신 이하 그 일행이 합중국에 체재하는 동안에 공사적으로 받은 친절한 여러 가지 후의에 대하여 넘치는 감사의 예를 표시하였다.(국무장관 프렐링휴젠이 푸트 공사에게 보낸 공한 제27호에 의거함)

6. 민 대사의 세계일주

사절 일행의 고별이 끝나자 대통령의 명으로 프렐링휴젠 국무장관은 민영익 및 그 수행한 2인에게 조선으로 가는 선표船票를 제공하였는데 그 배는 얼마 후에 지중해와 수에즈 운하를 경유하여 동방으로 향하는 미국 기선 트렌톤Trenton호이다.(프렐링휴젠 국무장관이 푸트 공사에게 보낸 공한 第27호)

이 선표를 반갑게 받아 가진 민 대사는 서광범과 변수를 자기의 수행으로 선정하였고 다른 사람들은 샌프란시스코로 해서 바로 귀국토록 결정하였다.

포크 해군소위는 자기 나라에 온 이 진귀한 손님에 대하여 특별한 관심을 가졌었는바 이것은 그가 주한미국공사관부 해군무관으로 임명되었으므로 사무적 필요에서 그렇게 한 것보다도 자기 개인의 심리적 경향이 한층 더 그렇게 관심을 가지게 한 것이다. 포크는 이 트렌톤호로 민 대사와 동반하여 가기로 명령을 받았으니 이때까지는 조선은 물론이요 북경이나 동경에도 미국 해군무관이 없었다. 11월 19일 혹은 19일 경에(1883년 11월 1일 챈들러가 포크에게 보낸 공한에 의거함)8 트렌톤호의 선장 피디안R. L Phythian의 지휘로 민영익, 서광범, 변수와 포크 소위 등을 선객으로 태우고 제물포를 향하여 뉴욕을 출발하였다. 이 항행 중에 서광범과 변수는 그들이 본 필요한 사물에 대하여 쉬지 않고 열심히 기록하였으며 백과사전 같은 자료에서 포크 소위의 번역으로 그들은 세계의 정치적 또는 진보적 역사에 관한 많은 지식을 수집하였고, 민영익은 관찰과 교양에 유효한 기회를 희생해서 그의 가지고 온 공자의 서적을 읽고 있었다. 비록 민 씨가 그의 의사를 표현하는 말로는 한국의 발전

8 챈들러W. E. Chandler는 해군장관이었다. 그런데 민 대사 일행이 뉴욕항을 출발한 정확한 날짜는 11월 16일이었다.

을 위하여 온 정력을 다 쓰는 것같이 성실한 듯하나 포크 소위는 일찍이 민씨의 마음은 약하고 변하기 쉬운 성격을 가졌다고 보았다.(1883년 11월 1일 포크 소위가 프레링휴젠 국무장관에게 보낸 공한) 이와 같은 그의 인격적 결함은 조선 장래의 복리福利에 대하여 길조를 암시하지 못하였다. 트렌톤호가 마르세이유에 도착하였을 때 사절 3명은 포크 소위의 안내로 배에서 내려서 17일 동안 프랑스와 영국을 여행하였는데 특별히 파리와 런던을 방문하였고 그들은 1884년 1월 25일에 배로 동지同地에 돌아왔다.(1884년 1월 10일과 2월 11일, 선장 피디안이 포크 소위에게 보낸 공한)

이러한 방문과 또 나중 로마를 두루 돌아다닌 기록을 이용할 수 없는 것이 얼마큼 저자는 유감으로 생각하나 조선 사절 일행이 유럽에서 상당한 환영을 받았을 것은 의심 없는 일이다. 트렌톤호가 이렇게 유유히 동양을 향해서 항행하는 동안에 사절의 다른 일행은 세계의 다른 일방에서 급속히 귀국 중에 있었던바 홍영식을 비롯하여 로웰과 동반하는 그들은 12월에 경성에 도착하였다.9

9 정확히는 1883년 12월 19일(음력 1월 20일)에 제물포에 도착하여 다음날 20일에 입경하였다.

7. 사절과 문화적 영향

민영익 사절단의 보빙이 주권자를 통해서 양국의 친선을 실현하였거니와 그들의 왕래가 근대 문화상 어떠한 영향을 끼쳤는지는 매우 흥미를 끄는 문제이다. 우편제도의 창시와 신식 농장의 설치 같은 것이 사절의 미국에 다녀온 뒷일이며 기타 고문 교사 및 기술자로서의 미국인을 초빙하게 된 것도 아마도 이때 사절과 관계가 있었던 것을 알아야 하겠다. 그러나 문화사로 보아 가장 깊은 의의를 가진 것은 이 사절이 신교新教 전래에 대하여 일대기연을 짓게 된 것이니, 그 내력을 말함에는 얼마큼 번거로움이 많으므로 이후 기회에 미루기로 하지만10 어쨌든지 이 사절이 문화상으로는 중대한 의의가 있는 것은 누구나 수긍할 바이다.

부사 홍영식이 돌아온 후 어떤 친구를 보고 나는 눈이 부시는 듯한 광명 속에 갔다 온 것 같다고 말하였다. 그러나 그는 종사관으로 갔던 서광범과 함께 갑신개혁당의 영수領袖가 되었고 대사 민영익은 이와 반대로 사대당事大黨에 속하여 쿠테타 당시에 혈제단상血祭壇上 최초의 희생이 되었는바 민영익이 이에 이르게 된 이유에 대하여 그 정적인 김옥균은 갑신일록 중에

『민영익이 구미를 다녀온 이래 부청附淸의 뜻이 더욱 굳어져 일본인을 증오하는 빛이 밖에 드러났다.』

고 하였다. 그러나 그 당시에 있어 민영익과 색채가 같고 홍영식과 아주 다

---

10 민 대사 일행이 워싱턴으로 가는 도중에 차안에서 볼티모어시의 가우처Goucher 대학 총장으로 있던 가우처John F. Goucher 목사와 만나 이야기를 나누게 되었다. 이것을 계기로 가우처 목사는 한국에 대한 선교문제를 심각히 생각하게 되고, 감리교 해외선교본부에 기부금을 보내기까지 하였다. 이에 대해서는 백낙준 박사 저 ≪한국개신교사≫ 연세대학교출판부, 1973년 11월 간, pp.81-82 참조.

른 김윤식 씨는 그 일기 중에 그들을 평하였으되

『이에 먼저 민영익, 홍영식이 미국에 출사하였다가 돌아오매 서양 제도를 깊이 흠모하고 중국을 멸시하며 공맹륜상孔孟倫常의 도까지 아울러 배척하여 사연肆然히 기탄忌憚하는바 없었다……』[11]

고 하였다. 이것은 얼마큼 혹평에 지나치는 듯하나 그들이 미국에 다녀온 이후 심기일전하게 된 것을 증명하고도 남음이 있다.

그가 어쨌든지 트렌톤호가 도착하기 약 1개월 전에 홍영식은 대군주폐하로부터 우정국총판으로 임명되어 우편제도를 세우고 우편국을 지었으며[12] 인근 제국과 우편 사무에 관한 조약을 맺으라는 분부를 받았으나 그는 우편 사무를 조직하는 도중에 있어 별로 한 것도 없이 그치고 말았다.[13]

거의 동시에 폐하는 서울 근방에 있는 얼마의 토지를 분할해서 미국에 있는 동안 그 방면의 특별한 연구를 하게 된 최경석을 이 농장의 감독관으로 임명하였다. 새로 임명된 최경석은 미국 농무성에서 얻어 온 종자를 다 심었더니, 그것이 잘 생장해서 무성했다. 정부에서 필요한 것은 모두 독점하여 실험을 해서 큰 이익이 있는 것을 나타내었으며, 잘 익은 뒤에 거둔 제1년의 수확은 전부 다시 종자로 심기로 되어 다량의 종자는 설명서를 첨부하여 250개소에 배포하였다. 그 이듬해에는 궁중과 외국주재관에까지 잘 재배한 채소

---

11 속음청사 하권(국사편찬위원회, 1960년 11월 간행) 소수所收 「추보음청사」에 들어있다.

12 우편국을 새로 지은 것은 아니고, 전동 소재의 전의감을 개수하여 청사로 사용하였다.

13 홍영식은 1884년 4월 23일에 역정국총판驛征局總辦에 임명된 뒤 1884년 11월 18일(음력 10월 1일)에 우정국을 개설하였고, 또 그동안에 경성내우정왕복개설규법, 경성인천간왕복우정규법, 우정국사무장정, 동직제장정同職制章程 등의 법규를 완비하였던 것이다. 따라서 홍영식이 별로 한 것이 없다는 본문의 말은 적당치 않다. 이에 대해서는 진기홍陳錤洪 저 ≪구한국시대의 우표와 우정≫, 경문각, 1964년 4월 간, pp.20-22참조.

를 많이 공급하였고, 그뿐 아니라 캐나다로부터 수입한 우량종의 가축을 기르기 시작하였다. (이상은 1885년 9월4일 당시 서울주재 미국 대리공사 포크가 국무장관 베야드Bayard에게 보고한 공식 서한 제225에 의거함)14

길고 재미있는 항해가 끝나고 트렌톤호는 1884년 5월 31일에 제물포항에 도착하여 민 대사 일행은 다수 관헌의 환영을 받으며 6월 2일 서울로 들어왔다. 제물포에서 서울로 오는 도중에 서광범이 포크 소위에게 말하기를 민영익이 외국에 있던 때의 생각과는 딴판으로 서양의 진보주의에 대하여는 장차 큰 세력을 가지고 반동을 할 터인즉 매우 무서운 일이라고 하더니 그 예언이 적중하게 되었다.(그 당시 포크가 국무장관에게 보고)15

그러나 민영익은 서울에 도착한 다음날에 푸트 공사를 방문하였는데, 그가 외국에 가서 본 것과 돌아와서 본 자국自國의 대조가 너무나 현격하므로 그는 공사를 향하여 이렇게 말하였다.

『나는 암흑계에 나서 광명계에 갔다가 또다시 암흑계로 돌아왔다. 나는 아직 나갈 길이 똑똑히 보이지 아니하나 멀지 않아 보이기를 바란다.』

라고 부르짖었다 한다.(1884년 6월 17일 푸트 공사가 프렐링휴젠 국무장관에게 보낸 공한)

---

14 최경석의 사업에 대해서는 졸고拙稿, 「농무목축시험장의 설치에 대하여」, 개정판 ≪한국개화사연구≫ 소수, 일조각, 1974년간, pp.203-218 참조.

15 이에 대해서는 前揭 포크의 ≪갑신정변보고서≫ 참조.

8. 복명復命과 군신의 대화

구미를 시찰하고 세계를 일주한 민영익 사절은 미국에 3개월 동안 체재하며 구주를 17일 동안 두루 돌아다니고 갈 때는 태평양을 건넜고, 올 때는 대서양을 건너서 인도양을 지나 거의 만1년 만에 다시 제물포에 돌아와서 6월 2일로써 서울에 들어온 것은 앞에서도 서술한 바이나 그러면 사절의 복명은 언제 어떻게 했는가 이것이 알고 싶다.

한국측 사료로서 ≪승정원일기≫를 보면 갑신(1884) 5월 초 9일 2경에 고종이 중희당重熙堂에 납셔서 전권대신 민영익과 종사관 서광범을 접견했는데 왕이 전권대신에게 명하여 앞으로 나오게 한 후에 군신 사이에 한 재미있는 대화가 발견되었다.

임금: 먼 길을 잘 갔다 왔느냐?

민영익: 폐하의 도움으로 무사히 갔다 왔습니다.

임금: 미국 대통령을 몇 번이나 보았느냐?

민영익: 들어갈 때 한번 보았고 갈 때 한번 또 보니 2번입니다.

임금: 대통령을 어디서 보았느냐?

민영익: 그때 워싱턴에 있지 않으므로 뉴욕에 찾아가서 뵈었습니다.

임금: 그 접대의 예절이 매우 후하다던데 과연 그렇더냐?

민영익: 과연 대단히 후대하오며, 각국 공사에 비하면 특히 예를 더 하더이다.

임금: 여기 있는 미국 공사를 보아도 그 나라 인품의 관후한 것을 미루어 알 수 있지. 미국 부강이 천하제일이라 하니 경이 이번 목도한즉 과연 그렇더냐?

민영익: 그 나라는 땅이 넓고 생산량이 풍부하고 사람이 모두 저마다의 일에 충실하며 그러므로 상업상의 일이 최고로 왕성하기 때문에 비교할 나라가 없나이다.

임금: 옳다. 몇 나라를 갔다 왔느냐?

민영익: 작년 11월 초3일 미국 뉴욕으로부터 발선하여 19일 포르투갈 소속 섬에 정박하고, 12월 초 1일 영국 소속 섬에 정박하고, 11일 프랑스 마르세이유에 머물러 4일 있었고, 15일 프랑스 수도 파리에 이르렀다가 당일 출발하여 영국 수도 런던에 이르러 8일간 머무르고 파리로 다시 와서 7일 머물다가 마르세이유에 가서 다시 배에 올라 갑신 정월 초 9일 이탈리아에 정박하여 16일 로마에 이르러 이틀 머무르고, 29일 이집트에 정박하여 2월 초 3일 이집트 수도에 가서 4일 동안 머무르고, 13일 영국에 속한 아덴에 정박하여 3일 동안 머무르고, 24일 인도에 정박하여 13일 동안 머무르고 3월 11일 세일론에 정박하여 5일 머무르고, 23일 싱가포르에 정박하여 5일 머무르고, 4월 초6일 영국령 홍콩에 정박하여 9일 머무르고, 일본 나가사키를 거쳐 지금 겨우 도착했나이다.

임금: 여행 거리가 총 얼마나 되느냐?

민영익: 우리나라 거리로 7,8만리 가량 되나이다.

임금: 갔다 온 곳 중에 어디가 가장 경치가 좋더냐?

민영익: 서양은 다 프랑스 수도 파리를 제일로 삼으나 신이 본 바론 미국 뉴욕이 가장 뛰어난 듯하니 파리는 번성하고 아름답지 않은 것이 아니지만 그 웅성雄盛함은 뉴욕만 하지 못한 것 같더이다.

임금: 역시 무비武備를 숭상하더냐?

민영익: 서양 부강은 오로지 상업을 위주로 하매 만일 전쟁의 조짐이 보이

면 반드시 항을 닫고 각국이 서로 권하여 화해시키는바 미국은 군비를 숭상하지 않고도 자연히 막강하외다.

임금: 대통령이 바뀐다더냐?

민영익: 신이 나오기 전에 듣지 못했고 대통령은 3년(4년?)이면 만기가 되며, 만일 대중의 촉망을 받으면 다시 하는 예도 있으나 바뀔 때에는 이하 여러 인원이 일체 바뀐답니다.

임금: 의원은 바뀌지 아니하지, 최근 프랑스도 대통령이 되었다지?

민영익: 그러하외다.

임금: 여러 나라를 들러보다가 혹 그 군주를 보았느냐?

민영익: 보지 못했나이다. 영국에 이르렀을 때 그 군주가 마침 타지에 가고 안내원의 인도로 그가 거처하는 궁궐을 일람했나이다.

임금: 영국 군주는 여왕이냐?

민영익: 그 나라의 제도는 혈속으로서 군주를 삼는 고로 남자가 없고 여자만 있으면 어떤 때에는 여왕도 되나이다.

임금: 미국 수사제독水師提督이 같이 나온다더니 그러했느냐?

민영익: 함장이외다.

임금: 함장은 무슨 관명인가 일본대장 중장 소장이냐?

민영익: 함장은 소장의 아래이외다.

임금: 미국 궁궐 제도가 어떻더냐?

민영익: 궁궐은 매우 험險하고 또 작아서 도리어 상민商民의 집만도 못하니 미국뿐만 아니라 각국이 그러하며 험소라 함은 구라파의 장려壯麗함을 이름이요 아시아 제국에 비하면 동일시하기 불가능한 말입니다.

임금: 뱃길의 오랜 여정에 병이나 근심은 없느냐?

민영익: (缺) 다행히 무탈하오나 그간 세 번의 대풍파를 만나 매우 위험할 지경을 지냈나이다.

임금: 수행원 모두 다 무탈하냐?

민영익: 다행히 다 무탈하외다.

임금: 갈 때 (缺) 그러더니 지금 오니 또 용이한 듯하다.

민영익: 폐하의 생각이 이에 닿아 황송하고 감격하여 이를 데가 없습니다. 최초 서양을 나간 사신이요 최고 문명지대를 순시하고 돌아온 민영익의 사명은 이로써 끝막음을 하였다.

9. 사절의 의의

고종은 특히 미국에 호의를 가지사, 저번에 부사 홍영식과 동선同船하여 온 미국인 로웰도 그 실은 폐하의 초청에 의하여 한 겨울을 조선에서 지내려고 온 것이지만 그 후 대사 민영익이 타고 온 트렌톤호의 선장 피디안과 그 외 10인의 사무관도 역시 폐하의 초대에 의하여 정부의 귀빈으로 서울에 왔었다. 그들이 대궐에 들어가 배알할 때 국왕이 미국 정부의 한국 사절을 환대한 그 후의에 대하여 감사하는 뜻을 표시하였고, 또 그들이 서울에 체류하는 동안은 공사양방公私兩方으로 아주 융숭하게 대우하였다.(1884년 7월 19일 푸트 공사가 프렐링휴젠 국무장관에게 보고한 공한 제85호)16

그뿐 아니라 국왕은 사신으로 나갔던 모든 사람의 관직을 승진시켜 보빙의 공로를 표창하였는데 이때까지 아무 관직을 가지지 않았던 변수에게는 주사主事를 시켜 국왕을 알현할 수 있도록 하였다.

(주의: 변수는 후일 갑신정변의 중요한 관계자이었고 뒤에 일본에 망명하였다가 다시 서재필 등과 같이 미국에 건너갔으나 불행히 철로에서 치어 죽었다. 근일 어떤 출판물에 邊燧를 卞秀로 적은 것은 잘못이다. 역자주)

민영익은 외부협판外部協辦으로 있던 것이 근위대인 우영사右營使로 영전되었고 서광범도 나라에서 베푸는 특전으로 휘장徽章을 탔으며 국왕을 근처에서 모시는 중요한 지위[承旨]를 가지게 되었다.

특별 사절의 환귀로써 근대 한국사의 짧은 장면이 끝이 났다. 어쨌든지 트렌톤호가 도착한 후 수개월 동안은 정부에서 자발적으로 몇 가지 개혁안 즉

---

16 로웰은 3개월간 서울에 체류한 뒤 귀국하여 *Choson: The Land of the Morning Calm*, Ticknor and Company, Boston, 1885라는 한국을 소개하는 책을 저술하였다.

그 뒤에 다시 볼 수 없는 개혁에 착수하였다. 그리고 이 사절의 효과의 하나로는 대군주와 정부가 공평무사하고 우의적인 미국의 정책을 바로 깨닫게 되고, 깨닫게 된 그 효과는 국왕이 특히 미국인의 조언과 고취鼓吹를 믿게 되어 시운이 글러지는 과정에 있어서 오히려 미국인 고문, 미국인 육군 장교, 미국인 교사, 미국인 광물사와 기술자가 한국에 초빙되었다. 특수한 이권을 미국인에게 주었고, 국왕께서 항상 미국 대표에게는 꽤 어려운 문제까지 문의를 하였다. 사실상 이 특별사절은 한국 독립의 확인이었는데 대체로 한국 정부 수뇌자들의 국가적 이상이 결핍한 때문으로 해서 청국의 정책이 변화되어 한국 정부의 사실적 독립을 크게 무효로 만들었다.

이 사절의 결과에 대한 이야기는 그것만으로 한 연구거리이다. 그러나 마지막으로 이 사절 일행에 참가했던 사람 혹은 직접 관련이 있던 사람들의 그 후 경력에 대하여 간단한 서술을 하는 것도 탈선은 아닐 것이나 다만 그들의 대다수는 비극으로 끝을 맺었다.

Ⅷ. 미국 초기의 대한정책

1. 반도와 열강의 경쟁

푸트 공사가 내조來朝하고 민영익이 보빙 대사로 워싱턴에 특파되어 양국의 친선이 돈독하게 된 것은 전술한 바와 같거니와 조선에 대하여 당시 미국의 정책이 어떠했는지 좀 더 자세히 구체적으로 알고 싶다. 일찍 미국의 정치학 잡지에 발표된 테일러 데넷Tyler Dennett 씨의 논문은 ≪미국 초기의 대한對韓정책≫이란 제목 아래 1883년으로부터 1887년에 이르기까지 반도를 중심으로 한 열강 관계와 미국의 태도를 가장 조리 있게 설명하였는데 얼마큼 아전인수 식으로 자국을 위하여 보호하려는 경향이 없는바 아니나 어쨌든지 그 때 미국의 정책을 살핌에 있어서 일대 참고가 되므로 여기 그것을 번역하여 게재하는 바,[1] 특히 외우畏友 신봉조 씨에 대하여 많은 감사를 표시할 것은 매일 분망한 교수 시간이 있음에도 불구하고 짬을 내어 번역해 준 그 호의와 노력이다. 다만 여러 가지 사정상 그 번역문을 그대로 싣지 못한 것은 매우 미안하나 또한 어찌할 수 없는 일이며, 그 번역문을 소개하면 아래와 같은 것이다.

한국에 대하여 우리의 가장 흥미를 끄는 역사적 문제는 「어째서 미국 정부가 배신적 태도로써 조선을……?」 하는 것이니 이에 대하여 즉석에 답변하면 합중국은 그런 일은 도무지 없다 할 것이다. 미국 정부가 의리와 신의 없이 굴었다고 널리 인정하게 된 것은 곧 미국의 대한對韓 초기 정책에 관하여 일반적으로 명확한 지식을 가지지 못했다는 표징이니 그러므로 우리는 본문

---

1 Tyler Dennett, *Early American Policy in Korea 1883~1887, The Service of Lieutenant George C, Foulk*, Political Science Quarterly, Vol 38, 1923년 3월 간.

제를 충분히 연구할 필요가 있다.

미국의 대한정책을 종래보다 좀 더 엄밀히 검토함에는 도저히 초기와 후기를 분리할 수 없다. 극동 외교사란 그 형상조차 볼 수 없음은 이에 대한 사실을 개괄하기가 극히 곤란한 때문이다. 우리는 이 논문에서 슈펠트 제독이 1882년 조선을 서양에 소개하던 그때의 사정과 그 다음해에 청국 일본 및 조선에서 일어난 사건에 대하여 대강 논술하고 그 다음은 다소간이라도 정규의 외교 관계가 성립되는 1883년에서 1887년에 이르는 4개년 동안에만 한하여 고찰하려고 한다.

(前略) 경쟁의 제1단계는 1876년 일본의 승리인 강화조약에서 발단하니 그 조약 중에는 「조선은 자주방邦으로 일본과 평등권을 향유함」이라고 규정한 것이 곧 그것이다. 경쟁의 제2단계는 미국 정부가 외국 관계에 한하여 한국의 독립을 시인하게 된 슈펠트 조약의 조인에서 전개된 것이다. 이와 같이 일본의 경쟁을 긍정함으로써 합중국은 한반도에서 얼마큼 제4관계자가 되었고 기타 3자는 청국, 일본 및 한국 자체이다. 그러나 이와 동시에 다른 두 관계자가 출현하였으니 그가 영국과 러시아다.

영국의 우려는 한국이 청국으로부터 완전히 분리할 때에는 구주에서 자신의 적인 러시아의 손에 떨어질까 함이 있어 더욱 영국 자신의 당시 이해관계는 버마나 서방에 있었으므로 청국의 호의를 사가며 청국의 주의를 동북 방면으로 전향케 하는 것도 미상불 득책이었던 때문에 교묘한 정략적 수단을 취하여 북경으로부터 이홍장을 통해서 맹렬히 활동하였다. 1882년에는 영국인이 오히려 청국인보다도 한국 문제에 대하여 많은 흥미를 가졌던 터이며, 그 유력한 증거는 영국이 대한對韓 경쟁의 선두자로서 나타났던 것이다. 그러나 사심 없는 초기 외교의 슈펠트 조약을 비준함으로써 이 문제를 사실상 촉진시킨 것은 합중국이었다. 또 한쪽으로 제정 러시아가 가까운 장래에 한국에 대하여 영토적 야심을 나타내리라고……기대하던 바 1885년경까지는 러시아가 마수를 뻗지 아니하였다.

2. 당년當年외교와 중요인물

초기 수년간의 한미관계를 돌아 보건대 극동의 요충인 한국을 지배하려고 직간접으로 청국, 영국, 러시아 및 일본의 사각 경쟁이 있었는바 이러한 열강의 진용이 끊임없이 변하였던 것도 또한 알아야 하겠다. 영국은 처음에 청국을 이용하더니 다시 일본을 위해서 저버리게 되고 러시아는 먼저 영국과 항쟁하다가 20년 후에는 화해하였고 또 그 후에 일본과도 타협하였으며 그 결과는 매번 청국에 불리하였으나 다만 변치 않는 독소는 청·일 양국 사이에 조장되는 적개심뿐이었다.

경쟁자 각국은 항상 미국 정부로 하여금 어떠한 의무나 책임을 지워서 반도에 대하여 제각기 요구하는 특수 이익을 지지하게 하려고 노력하였으니 이 사실이야말로 곧 미국의 정책을 해석하는 열쇠이다. 당시 서울은 대단히 실족하기 쉬운 지대이므로 미국 외교관들은 누구나 항상 조심하지 않을 수 없었다. 그러나 외교관들 중에 완전히 성공한 이가 몇이 되지 않는다는 이유로 미국 대표자에게 크게 불명예 될 것은 없다.

그런데 이때 특히 명심할 만한 다른 사건은 미국이 청국 이민에 대하여 1882년 이후에 갑자기 편견을 가지게 된 것으로 이 때문에 청국에서 선교반대의 소동이 끊임없이 일어났고, 그 결과 합중국에서는 또 다른 방면으로 청국 반대의 태도를 취하게 되었다. 이렇게 미국과 청나라 사이의 관계는 원만하지 못함에 반하여 미국과 일본의 관계는 순조롭게 진행함을 보게 되었으니 미국의 대일對日무역이 급속히 증가된 것과 일본은 또 자력으로 가중한 조약의 개정에 대하여 동정同情을 환기한 것 등이다. 미국에 있어서 약자가 항상 신뢰할 수 있는 이 동정은 무력한 중화민국이 지금 이를 요구하는 것과 꼭 마찬가지로 전세기말엽前世紀末葉 25년간에 일본도 이를 갈망하였던 것이다.

이 최초 5년간 미국의 대한정책에 관계한 미국인은 블레인Blaine, 프렐링휴젠Frelinghuysen, 베야드Bayard 등 모든 국무장관과 정식으로 임명한 주한공사는 푸트Lucius H. Foote, 파커William Parker, 딘스모어Hugh A. Dinsmore 등이었으며, 대통령으로 말하자면 가필드Garfield와 아더Arthur 및 클리브랜드Cleveland였는데, 앞의 두 사람은 대한정책에 있어서 하등 중대한 영향을 미치지 않았으나 후자는 너무나 신중한 태도를 취하였다. 그러나 상술한 사람들보다도 실제적으로 더욱 크고 중요한 공헌을 한 이는 해군소위 포크George Clayton Foulk이었다. 포크는 1883년 가을에 미국을 방문한 한국 사절을 경호하기 위하여 임명된 무관 2명 중 하나로 그의 일이 이로부터 시작된 것이다. 포크는 서울주재 해군무관으로 임명되어 1884년 6월 취임한 때부터 1887년 6월 퇴임할 때까지 이홍장과 원세개의 세 번에 걸친 항의로 해서 미국해군성에서는 포크더러 출두하여 보고하라고 몇 번이나 소환 명령을 내렸다. 포크는 거의 2개년이나 대리공사의 직무를 행하였으므로 명목만 없을 뿐이요, 실질상에 있어서 이 동안은 한국주재 미국 수석대표였다. 포크에 대하여 한층 더 흥미를 끄는 사실은 그의 큰 적인 원세개와 서로 서른 미만이란 그 연령의 비슷한 점이었다. 포크는 또한 꼭 같이 젊은 두 영국 외교관인 웨이드Thomas H. Wade와 해리 팍스와도 비교할 수 있다. 그러나 이 두 인물은 포크와는 달라서 자국 정부의 인정을 받아 지위를 보존하고 승진하였을 뿐 아니라 나중에는 자국민 사이에 명성을 획득하게까지 되었다. 포크도 영국의 국기 아래 있었다면 그들처럼 크게 출세하였을 것이나, 1880년대 미국의 제도 하에서 그는 헌신짝과 같이 버림을 받았다. 스스로 취한 쓸쓸하고 외로움과 은혜를 잊은 정부로 인해 희생된 그는 수년 후에 일본에 가서 죽었는데 아마 상심한 결과인 듯하거나와[2] 우리는 그의 생애에서 단순한 외교나 정치보다도 진진한 소설적 흥미를 느끼는 바 있다.

---

2 대리공사직에서 물러난 뒤 포크는 일본으로 건너가 일본 여자와 결혼하고 처음에는 미국무역상사(American Trading Company), 뒤에는 교토 소재 동지사대학에서 수학을 교수하였다. 그러나 오래전부터 건강이 좋지 못하여 1893년 8월 37세의 젊은 나이로 사망하였다. 포크의 인물과 활동에 대한 연구서적으로는 Yur-Bok Lee(이여복), *Diplomatic Relations Between the United States and Korea, 1886-1887*, Humanities Press, New York, 1970이 있다.

3. 청국책동清國策動과 고문顧問

포크가 조선에서 중요한 자리를 차지했을 때 그가 취한 태도는 어떠했는지 우리는 여기에 대하여 어느 정도까지 추측할 수 있을 뿐이다. 일찍 미국에 특파된 한국 사절의 표면상 이유는 보빙 및 서양 문명의 시찰이었으나 그 이면에는 필경 숨은 동기가 있었을 것이다. 이 사절의 수석은 당시 한국 정국에 있어서 친청당親淸黨을 이끌던 왕비의 조카 민영익이니 그를 사절의 수석으로 임명한 것은 아마도 이홍장이 미국으로 하여금 반도에 대한 청국의 종주권을 지지케 하려는 제2차 노력임을 표시한 듯하다.[3]

(原註: 이홍장의 제1차 노력은 슈펠트와 조약을 체결할 때 그 조문 중에 「조선은 중국의 속방」이라는 1조를 삽입하려다가 슈펠트의 반대로 인해 실현하지 못하고 겨우 조선국왕의 미국 대통령에게 보내는 편지로써 만족하였었다.)

민영익이 워싱턴에 도착한 지 얼마 아니하여 프렐링휴젠 국무장관에게 한국 정부로부터 초빙할 미국인 고문에 대하여 문의함이 있은 것을 보면 이상 추측이 더욱 명백하여 진다.

(原註: 조선 사절이 방문할 때까지도 슈펠트 조약은 상원외국관계위원회에 있어서 비준되지 않았다. 이 조약이 비준되기 전에 민영익은 귀국하였으므로 합중국은 이홍장의 요구를 지지하지 않겠다고 한 것을 알지 못하였다.)

이홍장과 민영익파派의 요구는 완강한 왕에게 청국을 신뢰하도록 권유하는 고문顧問이었다. 그러나 국무성에서는 대사의 문의를 평상시대로 생각하여 그 이면에 잠재한 계획에 대해서 프렐링휴젠도 조금이라도 의식하지 못한 모

---

3 이것은 지나친 억측이다. 민영익은 미국에서 돌아온 뒤에 친청당으로 기울어졌고, 그전에는 개화당에 속해 있었다. 그리고 한미조약을 체결할 때와는 달리 보빙사는 한국 정부가 독자적으로 파견한 것이다.

양인데 물론 『우리 미국인은 쾌응하노라』 하고 사절에게 보증한 것만은 사실인 것 같다. 민영익은 이 문제를 가지고 다시 슈펠트 제독과 직접 교섭을 한바 제독은 한국의 고문이 됨에 대하여 조건을 제출한 것이 있어서 국왕에게 전달하여 곧 재가까지 얻었다. 그리하여 한국 사절이 합중국으로부터 떠날 때에 그들을 스스로 생각하되 슈펠트 제독이 멀지 않아 조선에 와서 정치 고문은 물론이요 아마 군사적 지도자가 되리라고 하였으나 제독은 그 후 1886년까지는 조선에 이르지 아니하였으며 아무 직임도 받은 일이 없었다.

(原註: 슈펠트가 서울에 온 후 이홍장은 그를 위험시하여 서울에서 떠나도록 미국 정부에 향하여 교섭하였으며, 슈펠트는 시종일관 청국의 종주권 주장을 반대하였다. 물론 이때는 해군에서 퇴역한 사적 자격으로서 한 것이다.)4

사절의 고문 초빙과 그 후 한국 국왕 및 정부의 정식 요구에 응하여 다수의 미국인이 무릇 1887년간에 한국에 건너와 행정 교육 및 군사의 모든 방면으로 관직을 띠고 활동하였지만 시간이 늦은 것과 그들의 무능함으로 해서 이들을 초청하게 된 숨은 목적에 대해서는 아무 효과를 내지 못하고 말았다.

한국 사절의 도미한 직접 결과의 하나는 민영익의 요구에 의하여 포크 소위를 주한미공사관부 해군무관으로 임명한 것이니 그때는 아직 북경이나 동경에도 미국 해군무관은 없음에도 불구하고 서울에만 둔 것은 사절이 공식으로 요청하였기 때문이다. 포크는 국무성과 해군성으로부터 크게 유망하리라 예상하던 한미 무역의 가능 여부를 조사 보고하라는 훈령을 받아 그의 직무는 한층 더 번잡하였다. 국무장관 프렐링휴젠은 포크에게 편지를 보내었는데 그 내용은 아래와 같다.

『귀관이 조선 정부 및 그 국민으로 더불어 가능한 범위에서는 최선의 관

---

4 슈펠트Robert W. Shufeldt 제독이 내한한 것은 1886년 10월이었고, 한두 달 체류한 뒤 귀국하였다.

계를 유지하려고 진력할 것은 의심치 않는 바이며, 특히 항해 교육과 기타 귀관이 잘 아는 유사한 문제에 관하여 그들이 전문적 지도를 요구하게 되면 귀관이 조선에서 현재 집행하여야 할 공무에 방해가 없는 한, 언제든지 응할 것은 의심치 않는 바이다.』

4. 포크와 한성외교 분야

일찍이 포크가 민영익 사절단이 탑승한 트렌톤호를 호위하여 구주를 잠시 유람하고 수에즈 운하를 통과할 새, 그가 포트 사이드에서 1884년 2월 26일부로 슈펠트 제독에게 사절 일행의 여행에 대한 장문의 편지를 보냈는데 그 중에 아래와 같은 재미있는 이야기가 있다. 이를테면

『사절이 파리에서는 스위스 영사를 만나 스위스 시계의 이익이 막대하다는 설명을 들었고, 런던에서는 일본 공사로부터 조선은 사실상 청국의 속방으로 행동한다는 무례한 비난을 들었다. 처음에 우리는 조선 사절이 구주를 방문한 결과로 혹은 미국에서 받은 좋은 인상이 감쇄되지 않을까 하는 염려가 있었던 터이나 사실은 정반대였다.』

고 포크는 첨부해서 말했다.

『그리고 사절은 런던 박물관에서 인도의 모든 왕후로부터 영국에 보낸 공물과 1860년 북경이궁北京離宮에서 집어 온 전리품을 보고 큰 자극을 받았으며, 또한 포크가 백과사전의 일절에서 과장함이 없이 이집트의 부채負債를 읽어 줄 때 그들은 미국에 대한 애착심이 한층 더 생기게 되었다.』

포크는 신실하고 유쾌한 마음으로 자기 맡은 직무를 다해가면서 많은 흥미를 가지고 한국어를 연구하기 시작하여 급속한 진보가 있었다. 3년 후 그가 한국을 떠날 때에는 당시 외국인 중에서 한국어에 대한 조예가 가장 깊었으므로 이 어학의 소양이 그로 하여금 국왕과 정부의 신용을 넓게 얻은 중요한 원인이었다. 처음에 포크가 서울에 도착한 후 민영익 등이 그를 위하여 준비해 준 집은 서울의 중앙이어서 교통이 자못 편리하여 한국 관리의 내방도 빈번하였으므로 이와 같은 한국 관리의 친밀한 외교로 해서 포크는 이홍

장과 친청파의 의혹을 면치 못하게 되었다.[5] 더구나 이때 미국 정부는 청국이 요구하는 종주권을 원조할 수 없다고 성명하였던 즉 이 미국의 정책과 아울러 미국을 대표한 포크가 그들 의혹의 대상이 되지 않을 수 없었다. 당시에 있어서 법리상 독립뿐 아니라 사실상 독립을 얻으려는 한국인의 희망에 대하여는 포크의 동정심이 많고 컸으나 이로해서 친청파의 왕비와는 반대로 청국의 전횡하는 세력을 전면적으로 배제하려던 국왕에게 신뢰를 받게 되었다. 이 경쟁은 국왕과 이홍장 사이에 일대 갈등을 생기게 하였다. 국왕 편에는 틈만 있으면 어떤 형식으로든지 자국의 이익을 꾀하려던 일본이 있었다.

그러나 당분간 일본은 사실상 독립을 희구하는 국왕파에 대하여 동정을 가지고 방관하였으며 러시아의 정책도 동일하였다. 그러므로 이러한 세력 배치의 결과는 포크로 하여금 국왕편뿐 아니라 일본과 러시아편에 서게 하는 동시에 청국과 영국에 대하여는 반대편에 서게 하였다. 표면상으로는 중립을 표명하였으나 실제에 있어서는 미국의 정책도 또한 이러하였다.

서울의 정치적 정세는 포크가 거기 간여하려고 할 때에는 벌써 너무 얽혀서 거의 소망이 없었다. 이홍장은 미국의 지지가 도무지 확실하지 못한 것을 보아 알아차리고 자기 개인의 대표로서의 그 막하에 있던 독일인 묄렌도르프 Paol Georg Von Moellendorff를 한국에 파견하였으니 묄렌도르프는 일찍이 여러

---

5 구한말외교문서 미안美案 I (고려대학교 아세아문제연구소 1967년 6월 간행) 문서번호 164, 고종 22년 1월27일(양력 1885년 3월 31일)부 미국 대리공사 포크가 독판교섭통상사무 김윤식에게 보낸 「사변(갑신정변)중 유실遺失한 미관비품美館備品 및 복福 중위中尉 소유물의 수환搜還요청에 의하면 포크는 입동笠洞에 거주하고 있었다 한다. 입동은 서울 청계천 수표교 부근이었다. 한편 前揭, 포크의 ≪갑신정변보고서≫ 중에 있는 다음과 같은 내용은 참고가 된다. 「정변이 일어나기 전에 본인은 정치적으로 매우 흥미가 있는 각종 정보를 상관인 공사에게 항상 보고하고 있었다. 공사에게 이러한 보고를 하는 것은 본인의 임무이고, 또 그에게 만족을 주고 있었다고 생각된다. 본인은 서울시의 중심부에 거주하고 있어서 한국의 각급 관리들과 친밀하게 지낼 수 있었다. 결국 이것은 유익한 정보를 수집하는 중요한 구실을 할 수 있었다.」

곳의 독일 영사관과 청국 해관海關에서 파란곡절이 많은 이력을 가진 인물이었다. 이홍장은 그를 통하여 외교와 재정의 두 방면을 지배할 목적으로 한국 해관의 감독 겸 외아문협판에 취임시켰으나 묄렌도르프는 한국인뿐 아니라 이홍장까지 배반하게 된 오만한 부덕한不德漢인 것이 필경 탄로 나게 되었다.6

그런데 국왕은 자기 사절이 합중국에서 받은 환영과 슈펠트 조약의 비준 및 기타 서울에 있는 대미 외교의 지위가 북경과 동경에 있는 그것과 상등한 것으로 인정하고 용기를 내어 어디까지 청국의 간섭에 반항하는 중이었다.

---

6 묄렌도르프의 인물과 활동에 대해서는 그의 부인 Rosalie von Moellendorff가 편찬한 *P. G. Von Moellendorff-Ein Lebensbild* (Leipzig, 1930)를 번역한 고병익 역 ≪묄렌도르프의 수기≫, 진단학보 제24집, 1963년 8월 간행을 참조할 것.

5. 1884년의 한국정변

민영익은 최근 실제로 서양을 시찰하고 큰 충동을 받았으나 귀국한 후에는 공연한 보수당이 되었다.(퍼시필 로웰이 1886년 「월간대서양(Atlantic Monthly)」에 발표한 ≪조선정변≫이란 제목 하에 민영익을 평하여 가로되 그는 쇄국주의자요 배외주의자라고 하였는바 처음에는 그가 청국편을 들어서 외국인을 배척하려했던 것이 사실이나 그 후 그가 취한 경로가 동요되어서 (全然) 배타적이라고는 할 수 없다. 1887년 이홍장, 원세개 및 외교부에서 미국 정부에 교섭하여 포크를 소환시키려고 할 때 민영익은 국왕과 더불어 수차례 포크의 유임운동을 하였다.)[7]

민영익은 역시 이홍장의 편인 전집정前執政 대원군과 그 주의主義 색채를 같이 하였다. 그러므로 포크와 민영익이 가까이 교섭하는 동안에 아주 절친한 정분이 생겼으나 한국 정계에서 진보적 주의를 가진 이는 실제로는 민영익이 아니었다. 미국 갔다 온 사절 중 몇 사람과 근래 일본에서 들어 온 유학생 중 수명이 진정한 진보주의자였다. 1884년 8월말에 돌발한 청불전쟁으로 말미암아 한국 사태는 한층 더 착잡하게 되었으니 청국에서 프랑스와 대항하기 위하여 한국인을 구원병으로 소모召募한다는 풍설이 전파되며 시국이 어수선하였는데 이 전쟁으로 해서 청국이 동쪽을 돌아볼 여가가 없는 기회를 타서 청년 진보파가 일대 음모를 꾀하였다. 청불교전 후 2개월이 되지 아니하여 서울주재 일본 공사는 한국 정부에게 청국이 가진 동등의 이권을 일본에게도 양여하라고 요청하였고, 일본은 그 다음에 국왕이 공식으로 청국으로부터 독립하였다는 성명서를 발표하기를 권고하였다. 1884년 가을에 사태는

---

7 Percival Lowell, "A Korean Coup d'Etat," *Atlantic Monthly*, 58, 1886, pp. 518-618.

급속히 진전하여 드디어 유명한 12월 4일의 정변이 일어났는바 이것은 아마도 한국의 진보파가 일본 공사로부터 사주를 받고 또 확실히 원조를 얻어 국왕을 모시고 반도 정국에서 청의 세력을 축출할 목적 하에 보수파 민영익 등을 암살하려는 계획이었다.(原註: 포크가 1885년에 보고한 ≪갑신정변보고서≫에 이 사변을 적었으되 일본인의 공모란 것은 쓰지 않았다. 이것은 그가 조선에 온 후 경험이 아직 부족한 것과 또 그 당시에 몇 주일 동안 서울에 있지 않았던 까닭에 이 공모를 알지 못한 모양이다. 그가 서울을 떠나기 전에 모종의 중대한 음모가 계획 중이라고 푸트에게 구두로 보고하였지만 푸트는 이 음모를 중대시하지 않았다).[8]

24시간 동안은 음모자들이 성공을 거두었다. 민영익은 구사일생으로 겨우 남은 목숨을 보존했으나 너무나 중상을 당하여 육체적 정신적으로 원기를 회복치 못하였으며 일시는 그가 발광이나 하지 않을까 하는 염려조차 없는바 아니었다. 국왕은 일본 병사의 호위를 청하였는데 왕은 사실상 진보파의 수중에 유수동양幽囚同樣이 되었다. 일반적 개혁에 관한 몇 가지 명령을 발하였으며 일본인에게 경부철도부설권을 양여하였고, 또 청국에서 독립하였다는 성명까지 하였다. 그러나 그 다음날에는 다수 청군의 출동으로 인하여 130명에 지나지 못하는 일본 병사는 궁중에서 퇴각하지 않을 수 없었다. 그러나 폭민暴民이 일본인을 습격한 사건을 해결 짓기 위하여 한 달 후에 일본 사신이 서울에 나타나게 되매 청국 당국은 이 담판을 주시하여 한국을 권유해서 사죄배상 및 공사관의 재건과 기타 호위병영 등의 조건을 포함한 한성조약에 조인하게 하니 때는 1885년 1월 9일 이었다.

---

8 포크나 푸트 공사는 정변이 일어날 것을 익히 알고 있었다. 그러기 때문에 포크는 정변의 발생을 막아 보고자 양파 간의 조정 역할을 한 일도 있고, 정변이 일어나기 한 달 전인 1885년 11월 1일 남도지방으로 여행을 떠났던 것이다. 졸고 「갑신정변에 대한 일고찰」, ≪개화당연구≫ 소수 참조.

6. 대한책對韓策 일전기一轉機

청불전쟁이 있는 동안 일본은 상술한 이익을 획득하고도 한 걸음 더 나아가 한국 독립에 대하여 무조건 성명을 청국 정부에 요구하는 심산이었던 듯하니 이것은 실로 10년 후 하관조약下關條約에서 증험證驗하게 되었다. 1885년 4월 천진에서 이토 히로부미伊藤博文가 이홍장과 담판을 개시하려 할 때에 청불전쟁은 국부적이나마 청국의 승리로 종결되었으므로 이토는 일본이 한국에서 청나라와 동등 권리를 얻음으로써 만족할 수밖에 없었다.

정변 후 2년 반은 미국이 한국 사정에 관하여 정책을 고려하는 기간이었다. 그리해서 이 혼란의 기간에 심사숙고하여 결정한 미국의 그 방침은 후에 가서도 도무지 변하지 않았다.

1884년 12월 말에 푸트는 포크를 자기 대신으로 임시공사의 일을 맡겼던바 얼마 후에 정식으로 대리공사의 사령辭令을 받았다.

1월 9일 조약의 조인이 끝나자 푸트는 즉시 미국으로 출발하였다. 포크는 그 후 18개월간을 한국에서 단독으로 미국 정부의 외교와 겸兼영사의 대표자이었다.(原註: 1884년 7월 7일의 외교 및 영사 법령으로 조선에 있는 전권공사의 자리를 강등시켜 변리공사 겸 총영사로 하였는데, 푸트 씨는 자기의 지위가 낮아지게 되매 사임하였다. 그러나 국무성은 그에게 휴가를 주어 귀국케 하여 조선인에게 그 지위가 낮아진 것을 발설하지 말라고 부탁하였으니 이는 국왕이 서울주재 미국 사신의 지위가 낮아진 것을 알게 되면 불쾌히 생각할까 두려워함이다. 그러므로 푸트는 다만 휴가로 가는 것 같이 떠났으며 이처럼 미국 정부에서 주한공사의 지위를 강등시킨 것은 미국 정책에 있어 중대한 전기를 표시함이다. 1883년 1월이나 2월에 전권공사로 임명한 것은 한국에 대한 지식이 결여된 때문에 그리하였으며 다만 봉급을 삭감하지 않은 사실로 보아 혹은 미국 정부가 재고려한 결과 너무 눈에 띌까 해서 그리한 듯하다. 그러나 1년 반이 되도록 판리공사조차 서울에 보내지 않고 또 외교의 책임이 푸트에게 전임된 것으로 보아서 미국은 국왕 및 기타 관계당파가 혹시 무슨 세력을 공사에게 빌까하는 점을 염려하여 그것을 피하려는 눈치를 표시하였다.)

푸트를 사직하게 한 이유의 하나는 봉급 5천불로는 지위에 상응한 경비가 부족한 것이며, 또한 공사관의 서기 1인을 두는 봉급까지도 정부에서 지불하기를 주저한 까닭이다. 포크의 형편은 한층 더 곤란하여 그는 사재로 가진 것이 없고 다만 대리공사의 봉급뿐이었다. 그뿐 아니라 1884~5년도 외교비의 충당금을 이미 다 써 버렸으므로 본국에 청구하였던 회계 1200불은 국무성으로부터 거절되었다. 이는 그의 신용상 중대한 손상이었을 뿐더러 크게 낭패가 되었다. 서울에 있는 미국 대표는 아주 그 면목을 잃게 되었다. 포크는 일신상 생활비도 빚을 갚기 위해 내주지 못하게 되었으니 어떻게 사교상 그 지위의 위신을 유지할 수 있었으랴. 그럼에도 불구하고 포크는 세력 있는 탁월한 지위를 만들어 놓아 이 2개년 반 동안은 역사가의 주의뿐 아니라 소설가의 시선을 끌 만한 가치가 있다.

7. 밀약과 사관士官초빙

연극의 둘째 장면에는 러시아의 마수가 움직이게 된 것이다. 12월 4일 정변 직후 묄렌도르프는 자기의 후원자인 이홍장도 모르게 제멋대로 생각하여 외교상 모험을 시작하였으니 만일 이 사건이 성공하였다면 역사는 여러 해가 단축되었을 것이다. 국왕과 외부 고관에게 알리지 않고 묄렌도르프는 러시아와 일종 밀약을 맺었는데 그 내용은 한국 정부의 청으로 러시아로부터 다수의 사관들을 초빙하여 한국 군대를 교련시킨다는 것과 또한 한국은 러시아에 대하여 블라디보스토크가 겨울에 결빙으로 항구가 폐쇄될 때 송전만松田灣(Broughton Bay)에 있는 영흥항永興港(Port Lazareff)을 해군 근거지로 빌려준다는 약속을 하였다. 이 계획이 사실이라면 러시아는 반도에 대한 보호권을 충분히 획득한 것이었다. 영국이 1885년 4월 15일에 거문도巨文島(Port Hamilton)를 점령한 것도 아마 이 밀약의 소문이 원인이 된 것 같다. 묄렌도르프의 협상에 관하여는 동경주재 러시아 공사관 서기관 스페이에르Alexis de Speyer가 1885년 6월 하순 서울에 와서 처음으로 한국 정부에 정식 교섭을 하였는데 그는 국왕이 이 밀약을 확인할 것과 또 정부는 러시아국 교련 사관의 영접에 적당한 준비를 취할 것을 요구하였다. 말썽이 많은 이 사건에 대하여 포크는 배후에 앉아서 한국 외부와 국왕의 고문이 되었던 것으로 생각한다. 이때 포크는 이 담판의 기록을 얻어서 워싱턴에 전송한바 국왕은 이미 공식으로 미국에 글월을 보내 한국 군대를 교련시킬 3명의 미국육군 장교를 파견해 달라고 청하였으며, 또한 그 장교가 오기 전에 미리 미국 상회로부터 상당한 수량의 무기와 탄약을 구입하였으므로 아마 미국 정부는 이 보고에 대하여 직접 관심을 가졌을 줄로 믿는다.9 러시아는 3명뿐 아니라 100명 이상을 보내겠다고 제의하였음에 대하여 한국외부대신은 스페이에르에게 답하되 이 일에 관해서는 벌써 미국 정부에 교련할 사관을 청하였노라고 하매 러시아 대표인 스페이에르는 아래와 같이 폭언을 하였다.

"귀국이 미국과 약속을 저버려도 아무 손해가 없겠으나 러시아와 위약할 때는 곤란이 당장 목첩目捷간에 다닥칠 것이다."

하고 그는 일종 협박을 하였다. 이 말은 이때뿐 아니라 그 후도 동양에서 여러 번 되풀이하였지만 어쨌든지 러시아 대리인은 자기의 목적을 달성할 수 없으므로 마지막에 염증이 생겨서 서울을 물러갔다. 얼마 안 되어 러시아는 아주 이와는 딴판의 외교적 대표자를 또 다시 한국에 보내서 일찍 러시아가 중국과 관계를 맺을 때 쓰던 화해정책을 조선에도 쓰기 시작하였다. 포크는 항상 미국인에게 적의를 가지는 묄렌도르프의 해직을 요구하였더니 그 후 이홍장은 묄렌도르프를 해고하기 위하여 일찍 천진과 상해에서 영사로 있던 미국인 데니O. H. Denny를 자기의 일종 사설私設 대표자로 추천하였다. 국왕은 데니가 미국인인 것과 또 포크의 찬성이 있는 까닭에 그를 초빙할 생각이 있었다.

그 당시 한국 관세는 로버트 하아트 경Sir Robert Hart의 관리 하에 속하였는데 청국 해관에서 발군의 공로가 있던 메릴H. F. Merill이란 한 미국인이 파견되어 왔다. 메릴은 하아트로부터 임명될 때 분명히 한국을 청국에 병합하는데 진력하라는 부탁을 받았고, 데니는 역시 청국을 위하여 동일한 공헌이 있기를 기대한 바이다.[10] 이홍장은 당시 겨우 26세 된 청년 원세개를 또 파견하여 그 권한은 정하지 않았으나 어쨌든지 막대한 권력을 가진 청국주재관으

---

9 졸고, 「미국군사교관의 초빙과 연무공원」, ≪개정판 한국개화사연구≫ 소수 참조.

10 데니가 내한한 것은 1886년 5월이었다.

로 서울에 내주하게 된 바 데니와 원세개 사이에 시기가 생겨서 이홍장의 계획을 얼마큼 좌절시켰다. 국왕이 이들 청국임관의 진의를 알게 되자 왕은 청국이 계책을 진행하는 도상에 온갖 장해물을 설치하고 또 포크를 향하여 그의 조언을 구하였다.

8. 포크의 고심과 미국의 퇴영退嬰

데니는 포크에 대해 질투하게 되니 그것은 자기가 갈망하는 세력의 자리를 포크가 가진 까닭이다. 원세개도 포크를 자기의 목적달성에 대한 일대 장애물로 간주하였다. 그의 목적이란 (다른 것이 아니라) 한국을 청국에 부속시켜 만주와 비슷한 지위에 두자는 것이다.

이러한 암투가 계속되는 동안에 미국 정부는 비록 완전히 공평무사하였다고는 할 수 없어도 육군 장교의 파견을 지연함으로써 아주 명백히 퇴영적 정책을 표시하였다. 장교의 파견은 한국이 미국에 간청하였을 뿐 아니라 일본과 청국까지도 이를 요망하던 터이나(천진조약 제2조에 『……청 · 일양국은 모두 교관을 한국에 파견치 못할 것』이라고 규정함에 의하여 한국군대 교련의 사관은 청 · 일 이외 제3국에게 의뢰할 수밖에 없으므로 청 · 일 양국까지도 미국에 요망한 것이다.) 결국 미국 의회에서 승인안이 통과되지 못했기 때문에 미국 정부에서 정규의 육군 장교는 보내지 않고 그 대신에 정규병은 아니나 군사 교련을 받은 수명의 미국인을 보내었다. 그들은 (비록 조선에 나왔으나) 현저한 역할을 하지 못하고 또 중요한 세력을 얻지도 못하였다.

11월 4일의 정변 및 거기 가담했던 인물이 미국 실업가들로 하여금 더욱 한국 정형情形을 정밀히 조사케 하였다. 그러나 그들은 겁을 내게 되고 또 한국의 부원富源이 과대평가되었던 것을 믿게 되었는바 미국의 대한무역은 보잘 것 없게 되었고, 또한 대부분은 일본을 통해서 행하였다. 포크는 혼자서 거의 중대한 책임의 전부를 맡지 않을 수 없었으며, 당시 건강도 좋지 않았고 더구나 본국 정부에서 송금 수표를 승인하지 않으므로 재정 곤란이 극도에 달하여 공사관에 서기 1명도 두지 못하였다.

대리공사로 일한지 거의 14개월 후 1886년 2월 18일에 포크는 국무성에 청원하여 교대를 구하면서 자기로서는 직무의 성질상 벌써 외교적 책임을 이 이상 더 계속해 맡기에는 부적당하다고 진술하였다. 국무성도 민감한 이 정세를 충분히 인식한듯하여 포크의 방침을 승인하고 후임자가 도착하기까지 계속해서 집무하라고 하였다. 교체를 청원한 후 2일에 그는 그 당시 정국에 대하여 아래와 같이 자기의 의견을 국무성에 또 제출하였다.

『여하한 난관이 도중에 가로막혔을 지라도 조선은 결국 독립 국가가 되지 않으면 안 되겠고, 조선이 받아야 할 적당하고 가치 있는 유효한 원조는 서양 제국의 원조요 청국의 원조는 아니다. 청국은 미신적이요, 이교적인 문명과 보수주의로 인하여 자기 자신이 현재와 또는 앞으로 오는 여러 해 동안을 두고 고통을 받을 것이니 청국의 지도란 것은 자국과 동일한 이 고통을 조선에 더욱 던져 줄 뿐이다.』(국무성 한국관계문서 소수 포크 보고 권3)

포크의 개인적 의견은 사리에 당연하나 오히려 학문적이요, 이론적임을 면치 못한다. 한국은 청국의 공격에 저항하기에는 도저히 불가능하였으며, 또한 미국은 청국병폐를 간섭하여 제거하려는 성의를 조금도 나타내지 않았던 까닭이다. 포크는 러시아나 ○○○의 간섭이 위험한 것을 느끼지 못한 듯하니 이때에는 아직도 그 위험이 그렇게 나타나지 않았던 까닭이다.[11]

윌리암 파아커William H. Parker가 미국 판리공사辦理公使로 신임되어 1886년 6월 6일에 서울에 도착하였다. 포크는 즉시 그에게 공사관의 사무를 인계시키고 그 후 얼마 있지 않아 한국을 떠나 몹시도 쇠약하게 된 몸을 휴양하려고 일본에 갔었다. 그는 여전히 전문적으로 공사관부公使館附 해군무관海軍武官이었다.

---

11 ○○○은 데빌의 논문에 일본국으로 되어 있다. 일제 강점기 신문에 연재될 때 총독부의 검열로 ○○○로 되었을 것이다.

9. 폐립음모와 상원의원

청국은 천진조약(1885년)에 의하여 반도에서 일본의 동등 권리를 승인하였으나 이홍장은 한국의 사태를 평온하게 방임해 버릴 의사는 아니었다. 그리하여 임오군변으로 3년 전 청국에 호송되었던 전前집정 대원군을 원세개와 함께 한국에 돌려보냈다. 대원군의 환귀는 한국 정치에 또 다른 파문을 일으켰다.(原註: 임오군변을 선동한 장본인은 대원군인데 배외파의 이익을 꾀하며 또한 미국, 영국과의 조약을 반대하는 것이 그 목적이었다)

대원군은 비록 다른 외국인과 함께 청국인까지 몰아서 쫓아낼 배타주의자였으나 실리적 인물이라 잠시는 청국과 어울려 일본 및 기타 국가를 반대하여 당당하게 일대 승부를 거는 것도 사양하지 않았다. 그는 또한 왕비와 왕비가 속한 민 씨 집안의 공연한 정적이었으므로 그의 환귀는 민일파에게 자극을 주는 것은 물론이요, 청국의 한국 지배에 항거하는 왕비의 세력을 꺾으려 함이다. 그때 이홍장은 아마 그의 지위를 충분히 보장하면 왕비를 억제할 수 있을 줄로 생각하였다. 1886년 여름에 대원군은 원세개의 참모와 원조를 빌려서 국왕, 왕비 및 왕세자를 잡아 가둬서 폐위를 행한 후 왕의 맏조카를 세자로 봉하고 자기 자신이 다시 집정이 되어 통치하려는 목적을 가지고 일종의 음모를 꾸몄다. 비록 보수적이나 대체로 친청파이었고 민 씨 일족에 대한 충성도 누구 못지않은 민영익으로 인하여 이 음모는 그만 실패에 돌아가고 말았다.(原註: 당시 한국에 있던 서양인들은 누구나 다 잘 아는 이 음모에 관하여 상세한 내용은 데니가 1888년 2월 3일 간행한 ≪청한론(China and Korea)≫이란 한 소책자 속에 실려 있다. 이것이 오레곤 주 선출 상원의원 미첼Mitchell의 연설 중에 삽입되어 1888년 8월 31일 의회 의사록에 인쇄되었다. 데니는 그 후 상원의원 미첼에게 자기가 이홍장에게서 받은 대우에 대하여 불평을 말하였으므로 미첼 의원은 미한 외교 통신에 관한 발표를 요구하는 결의와 함께 청국의 한국 간섭에 대한 문제를 제출하였다. 미첼은 그뿐 아니라 중국 이민문제를 토의하는 중에서도 청국을 신용하지 않기를 희망한 듯하다. 미첼의 결의는 외교위원회에 넘겨졌으나 그 후에는 다시 나오지 않았다. 그 때 미국 정부는 한국 문제를 상원 혹은 기타 부처의 토의안으로부터 제외하였던 것이니, 이것은 아마 이민문제로 발단되어 점점 커지는 배청적 편견을 될 수 있는 대로 완화시키려는 때문이었던 것 같다.)

포크는 자기가 일본에 도착한 후는 의심 없이 자기의 외교적 임무는 해제되리라고 생각하였으나 새 공사는 아주 절망적으로 부적임자인 것이 판명되어 폭동 미수의 위기 중에 자기의 책무를 수행하지 못하게 되었다. 이러한 사정을 알게 되자 파커는 즉시 해임되어[12] 군함을 타고 조선을 떠났으며 포크는 조선에 다시 돌아가서 공사관의 책임을 맡으라는 해저전신海底電信에 의한 지령을 받았다. 포크는 여전히 건강이 좋지 않았고 또한 8개월 전에 그가 고백한 외교적 무능도 아직 그대로 남아 있었다. 그는 원세개의 적의와 데니의 시기와 영·청 연합의 반대와 이홍장의 싫어하고 꺼리는 것을 보았으되 임명 받는 대로 서울에 돌아왔다. 1887년 이른 봄에 잠시 휴가를 얻은 이외에는 포크는 같은 해 7월까지 머물러 있었다.

---

12 파커 공사는 술주정뱅이어서 일을 수행할 능력이 없어 해임되었던 것이다. 이에 대해서는 졸역 ≪개화기의 한미관계≫ (일조각, 1973년 9월) pp.216- 219 참조.

10. 한청관계와 미국 정부

국왕은 반갑게 포크를 맞이하고 자유로 그에게 자문 하였다. 그러나 외아문 당국은 완전히 원세개와 친청파의 지배하에 있었다. 포크는 다시 (미국 정부에) 교체를 청한 결과 락힐W. W. Rockhill이 1886년 12월 11일에 대리공사로 파견되었으나 포크는 의연히 공사관부 해군무관으로 머물러 있었다. 그동안에 슈펠트 제독이 (서울에) 왔었음으로 제독은 국왕의 고문이 되리라는 풍설이 돌았었다. 원세개의 지도와 확실히 이홍장의 후원을 받은 친청파는 대규모의 반대 운동을 꾸며서 미국 정부에 대하여 포크의 소환을 권하려 하나 포크는 국왕의 총애를 받으므로 이 대항은 사실상 국왕에게 대항하는 셈이었다. 음모가 성숙됨에 따라 이홍장은 또다시 반도에 대한 청국의 간섭 권리가 있다는 것을 미국 정부로 하여금 승인케 하려고 꾀하게 되었다. 1905년 일본의 요구로 워싱턴 정부가 서울에 둔 미국의 외교적 시설을 철거하였지만(당시) 청국 정부도 이것을 갈망하던 것이다.

(原註: 서울에 있는 미국 공사관을 철거하며 북경을 통해서 한미 외교를 하려는 요구는 극동으로부터 국무장관 베야드에게 제시된 제1회 교섭문제 중의 하나였다. 덴비는 이 방침을 찬성하였으나 베야드는 이것을 고려하기를 거절하였다.)

한국 외아문에서 포크에 대하여 1884년 갑신정변의 음모에 참가하였다는 혐의로 고발을 하였는데 그 근거는 1885년 미국외교자료집(Foreign Relations of the United States) 중에 들어 있는 포크가 이 음모에 관하여 국무성에 보낸 보고에 의함이다. 락힐은 강경히 포크를 옹호하였고, 외아문으로부터 고발에 대한 서면적 취소를 받았더니 1887년 4월 1일에 딘스모어Hugh A. Dinsmore(락힐의 후계인 미국 공사)가 도착할 즈음에 포크는 재고발을 당하였으며, 청국 정부는 또다시 북경에 있는 미국 공사관을 통하여 포크를 아주 교체하라는 요구를 하였다. 이때 서울에서는 한국인의 감정이 고조되어 심지어 외국인 배척 소동의 위험까지 있었는데 포크의 생명을 위협하는 암살시도도 있었으리라고 믿는다. 포크는 변장을 하고 궐내에 들어가서 밤마다 임금과 서로 상의를 한다는 황당한 풍설이 나돌았다. 사실인즉 포크는 1886년 가을에 일본에서 돌아온 후 얼마 안 지나서 궁내와 소원하여졌으나 국왕이 심복의 사자를 보내서 자주 물어보는 밀명에 대해서는 거절할 수 없었다. 그런데 국왕은 미국 정부에 대하여 한국 외아문의 고발을 각하却下하라고 간절히 바랐으나 베야드 씨의 입장으로는 포크를 개체改遞하라는 외아문의 공식 요구를 묵살할 수 없었다. 베야드는 이 고발에 대하여 믿지 않는다는 의사를 표시하였고, 포크의 행동을 정당시하였지만 외교관으로서 그 주차국의 환영을 받지 못하므로 그를 미국 해군사령관에 보고하게 하였다. 이 문제는 실로 한 시험거리니 청국의 요구를 듣는다면 그들의 종주권을 인정하는 셈이라고 딘스모어가 지적한 사실을 베야드는 무시하기로 하였다. 이것은 정말 베야드의 재결裁決에 있어 중대한 의미를 가진 바 미국은 이 중대한 문제에 있어 청국에 양보하였다. 청국이 이렇게 얻은 권위를 만일 원세개가 그 후 경솔한 행동으로 잃어버리지 않고 이 승리에다가 다른 승리를 더하여 한국에 대한 지배권을 사실로 강화시켰다면 아마 적당한 시기에는 베야드나 그 후임자들도 청국의 종주권을 완전히 승인하였을는지 모른다.

11. 포크와 결론

포크가 한국에 있던 마지막 시기는 지극히 극적이었다. 그는 자국을 위하여 오랫동안 과로한 결과 건강을 상하였고 한국 국왕으로부터 머물러 달라는 청을 받았으나 암살하려고 위협하는 청국인은 그를 포위하고 있으며, 또 영국과 청국에 친근한 서양인들에게 절교를 당하였는데 누가 자기의 친우인지 누가 자기의 적인지를 확실히 분별할 수 없었다. 지금까지 누차 사직원을 제출하고 본국 정부의 결재를 기다리며 또한 평소 자기의 가장 경애하던 인물의 대다수가 은혜를 잊는 자가 되어 실로 비통을 느끼지 않을 수 없는 가련한 정경情景이었다. 그러므로 소환의 명령을 받을 때 포크는 분명히 구원을 얻은 것 같이 생각이 되어 해군으로부터 휴가를 청하여 일본에 건너가서 일본 여자와 결혼하였고, 그 후 해군에서 은퇴하였다. 한국 국왕으로는 포크와 같은 친하고 신뢰하던 인물을 잃어버리는 것이 애석하여 그에게 고문의 직을 주게 하고 다시 오기를 종용하였으나 락힐과 해군 동료들이 한국의 초빙을 받지 말라고 충고함으로 이를 거절하였다. 만일 그가 반도에 돌아왔다면 아마 필경 암살을 당하고 말았을 것이다.

포크는 신임장을 봉정한 한국 군주에게 충성을 다하였음에도 불구하고 도리어 한국 정부에서는 환영을 받지 못했는데 포크가 국무성에 대하여도 동일한 충성을 다했는지는 자못 의문이다. 포크는 대한정책상 개척자의 전위로서 자처하였으며 국무성도 그의 활약과 공헌을 시인하여 그에게 대해서 공세적 태도를 취하지 않기로 결정한 모양이다.

당시 포크의 실각을 목도한 미국 공사 딘스모어는 이 문제에 대해서 1887년 6월 25일부의 국무성에 보고한 내용 중에 이런 말이 있다.

『참말 미국인치고서 이 땅의 국민들과 같이 있는 한에는 어느 정도까지 이들의 괴롭고 힘든 처지나 형편과 국내 자치에 관한 요구에 동정과 흥미를 가지지 않기는 전연히 불가능한 일이다. 그러나 지난번 보고(5월27일부) 중에 이미 말한 「결국 지금 조선 독립의 전도는 암담하다」는 일반적 관측에 이르러는 의연히 변함이 없다.』

고 진술하였으며 이로부터 다년간을 두고 다시 살펴보아도 포크가 소환된 뒤에는 독립의 서광은 더 비치지 않았다. 지금 이하의 관찰로써 결론을 맺으려 한다.

1. 최초부터 미국은 동경과 북경에서 취한 태도와 같이 서울에서도 정치적으로 세력 균형을 지지하여 왔는데 미국의 입장으로는 일본이나 청국이나 어느 편에든지 저울추를 기울일 수 있었다. 그러나 청·일뿐 아니라 영국과 러시아에 대해서도 결국은 반목하게 되는 간섭 정책을 취하기 전에는 사실상 한국 독립을 옹호하는 데 하등의 효익效益이 없었을 것이다. 음모가 끊임없이 양성되는 동양 궁정에서 미국 정부는 엄정 중립을 꾀하였으니 이것은 미국이 그 외교 대표자에게 보낸 훈령으로써 증명할 수 있다. 미국은 한국 독립을 찬성하면서도 실제에 순응할 준비를 하여 한국이 청국간섭을 대항하기에 무능력한 것을 알게 될 때 1887년 드디어 청국에 양보하였으니 이것은 이로부터 18년 후 일본에 양보한 것과 마찬가지다.
2. 미국이 국제관계, 특히 극동 관계에 있어서 너무 자만한 고립 정책을 취한 것이 거의 무익하게 된 실례를 우리는 목도하고 있다. 한국을 구원함에 있어 국제적 보장 외에는 다른 도리가 없었던 바 이 보장은 슈펠트 조약에 의하여 반도를 개방하기 전에 이미 얻었어야 할 것이다. 그 후 수년간은 이 보장에 대하여 일·영·러 등의 책임 당국자로부터 선후해서 제의하였고, 이 제의는 미국 정부에 보고되었다. 그러나 미국은 이 보

장이 가져올 문호 개방은 원하였으나 그 책무의 분담은 원하지 않았으니, 말하자면 미국은 무엇을 얻으려고 하면서도 거저 그것을 얻으려고 하였다. 이 보장을 유효케 함에는 극동에서 미국의 해군력을 강화하는 동시에 외교공작工作도 이 신국면에 적응하도록 개조할 필요가 있었지만, 1880년대의 미국으로서는 이 모험을 할 준비는 없었다.

3. 미국의 대한 정책의 내용을 충분히 이해하려면 하와이제도와 사모아에서 취한 동시대 정책과 비교해서 보는 것이 필요하다. 그러나 이런 비교는 여기서 취급할 바 아니요 다만 아래와 같은 말로 족할 줄 믿는다. 지금까지 적어 온 기록을 통해서 살피건대 당시 미국인 특히 국회의원 중에는 오늘날 와서 보면 분명히 착잡한 외교 관계에 대해서 투철한 견식을 가졌던 이가 없었다. 미국 국민은 국제관계를 마치 국내 문제와 같이 취급하여 왔었고 또한 취급하려 하였다.

(原註: 데넷씨의 ≪미국 초기의 대한對韓정책≫이란 소논문의 소개를 이것으로 끝마친다.)

IX. 주미 최초 한국공사

1. 주미 전권대신 박정양

지금까지 미국측의 사료를 많이 소개하였으나 이로부터 조선측의 사료를 소개하는바 주미 최초 한국 공사 박정양이 손수 적은 ≪미행기美行記≫와 ≪미속습유美俗拾遺≫ 및 기타 서찰, 전보를 기준으로 하고,[1] 공문서로는 ≪승정원일기≫와 ≪일성록≫, ≪통서일기統署日記≫를 아울러 첨부하여 이에 관한 내외국인의 유용한 저서까지 조사하여 아무쪼록 당시 사신파견의 광경과, 이로해서 생긴 국제관계를 우리 눈앞에 어렴풋이나마 재현케 하려 함이니, 대체로 봐서 한미조약 이래 한국과 청나라 사이에 말썽이 된 것도 이 공사파견이었고, 일전一轉하여 미국과 청나라 간에 힐난이 생긴 것도 이 공사파견이었으며, 재전再轉하여 국제 시선의 초점이 된 것도 이 공사파견이었으니 이렇게 일대 충동을 일으키던 외교계 중대 문제의 귀추는 어떻게 되었는가는 자못 세상 사람들의 흥미를 자아내는바 크다 할 것이다.

한미조약이 성립된 지 6년 동안에 한국에 내주한 미국 공사는 전후 5인의 교체를 보게 되었으며 이때까지 미국에 왕주往駐한 한국 공사는 한명도 없었다. 그러다가 포크가 주한 미국 공사 임시대리를 두 번째 끝마치고 일본에 간 해, 즉 고종 24년 정해 6월 29일(서력 1887년)에 이르러서야 비로소 내무협판 박정양으로 주미 전권공사를 삼아 워싱턴에 파견할 새, 동시에 내무협판 심상학으로 유럽주재 전권공사를 삼아 부임케 하였다. 이 주미 공사 박정

---

1 박정양의 문집 ≪죽천고竹泉稿≫는 24권으로 되어 있다. 그중 권19는 「미행기」이고 권22는 「미속습유」, 각종 서한은 권17에 들어 있다. 박정양의 후손 집에는 대부분의 죽천고를 보관하고 있으면서도 권19와 권22, 권17만은 없다. 후손의 말에 의하면 문일평 씨가 본서를 쓰기 위해 빌려간 뒤에 돌려주지 않았기 때문이라고 한다.

양과 유럽주재 공사 심상학의 임명된 전교傳敎를 보면 이러하니,

『미국과 교빙을 튼 지도 몇 해가 되었으나 우리나라에서는 아직 주미 사신을 보내지 않아 실로 결례가 되었다. 협판내무부사 박정양을 전권대신으로 특파하여 앞으로 미국의 수도에 주차駐箚케 하고 일을 처리토록 하게 한다.』

고 하였고 같은 날에 또,

『영국, 독일, 러시아, 오스트리아, 벨기에 다섯 나라와 차례로 조약을 맺어 우의를 점차 돈독히 하였으니 관리를 파견하여 수도에 주재하게 하지 않을 수 없다. 협판내무부사 심상학을 전권대신으로 특파하여 앞으로 이들 5개국의 수도에 주차하면서 일을 처리토록 하게 하라.』

라고 하였다. 그러나 유럽주재 공사, 다시 말하면 영국, 독일, 러시아, 오스트리아, 벨기에 주차 공사인 심상학은 신병으로 곧 체임遞任되고 그 대신에 내무협판 조신희가 임명되어 박정양 공사와 같이 가게 되었다. 박 공사는 봉명한지 1개월 1주를 지나서 8월 초8일에 국왕에게 하직을 고하고, 서울에 주재한 외국 사신들과 작별한 후 국서를 모시고 남대문 밖에 나가 장차 미국을 향하여 떠나려 하더니, 뜻밖에 청국의 항의로 인해 박 공사가 출발하지 못하고 국서를 기영빈관畿營賓館에 봉안한 후 도로 성내에 환입하였다. 청국의 항의는 무엇이냐 하면 한국이 서양에 공사를 파견함에는 먼저 청나라 조정에 상의함이 옳을뿐더러 한국은 해외에 한 명의 무역상도 없거늘 사신을 파견, 주재하도록 하여 부질없이 국가 재정을 소비하려하느냐 하고 너무 걱정을 하므로 고종은 인의隣誼를 고려하여 특히 청국 황제에게 문의問議함을 아끼지 않았다. 그러나 미국에서는 청나라 정부의 무례에 분개하여 북경주재 미국 공사 덴비Charles Denby를 시켜 직접으로 청나라 정부에 항의하기를 「한미 양국이 서로 공사를 파견하는 것은 청나라 정부의 주선으로써 이미 체결된 한미조약에 명시하였음에도 불구하고 청나라 정부가 지금 와서 간섭하고 참견

하는 것은 부당하다.」라고 책망하였고, 서울주재 미국 공사 딘스모어는 원세개에 대하여 힐난하기를 「전년 한국 정부가 사신을 일본에 파견할 때 청나라는 이에 대하여 하등의 이의가 없다가 오늘날 미국에 공사를 파견하려 할 때에 갑자기 이의를 제기함은 미국과 일본을 차별대우하는 것이라」고 일갈하였다. 이 결과 청나라 정부에서는 9월 초7일에 마침내 구미 사신파견을 찬성하였으나 다만 사신의 호칭으로 전권全權은 타당하지 않은 듯 즉 주차駐箚로 개칭하는 것이 옳겠다고 주장하였다.

2. 사명使命과 영약삼단另約三端

청국이 한국 정부에 대하여 사신의 호칭을 전권에서 주차로 개칭하라고 권고한 것은 다른 까닭이 아니라 이때 까지도 은연히 상국으로 자처하던 그들은 이러한 핑계를 하였으니 「중국이 각국에 파견한 공사의 칭호는 전권이 없고 주차뿐인즉 이제 한국이 전권을 파견하는 것은 이치에 부합하다」 함이다. 외무독판 조병식이 낙동駱洞 청나라 관사에 나가 원세개를 거쳐 북양아문에 교섭을 거듭하였지만, 이홍장의 답전은 언제나 공사는 파견하더라도 전권의 칭호만은 불가하다고 고집하였다. 그러므로 같은 달 9월 23일에 이르러 한국 정부에서 이 전권공사의 호칭에 대하여 청나라 정부와 직접 교섭을 개시하기로 하고 한편으로는 이홍장과 협의하고 또 한편으로는 원세개에게 조회하여 빠른 답변을 촉진한 결과 25일에 이홍장의 회전回電이 원세개에게 도착했는데 이번에는 전권의 호칭이 좋다고 찬의를 표시하였으나 뜻밖에 또 3단의 영약另約을 제의하였으니, 3단의 영약이란 무엇이냐 하면

1. 한국 공사가 그 주차국에 가면 먼저 중국 공사를 찾아보고 그의 지도로 외무성에 같이 갈 것.

1. 조회나 공사적 연회자리에 한국 공사는 마땅히 중국 공사의 다음에 앉을 것.

1. 중대 사건이 있을 때는 반드시 먼저 중국 공사와 미리 협의할 것.

등이니 이는 모두 속방이 응당 행해야 될 체제體制로 각국과는 관계가 없으며, 또 각국이 간여할 바 아니라고 하는 식의 중국식 대기염을 토하였다. 최초 사신파견 문제에 반대하다가 미국의 항의를 만나 움츠려지고, 그 다음 전권 칭호에 반대하다가 한국의 반대에 또 그만 움츠려지고, 최후에 영약삼단

을 제출하여 겨우 일시적 면목을 호도하려고 한 것은 생각하면 군색한 일이다.

어쨌든지 한·청간의 말썽이 되었던 구미歐美 사신파견 문제는 이른바 영약삼단으로써 낙착을 지었으므로 박 공사는 드디어 9월 27일에 길을 떠날 새 훈유訓諭와 위임장을 받아 가지고 경기감영京畿監營 집사청執事廳에 나와 머물렀다. 훈유에는

『미국주차 전권대신 박정양에게 다음과 같이 훈유한다. 짐은 경이 원래 충성스럽고 부지런하고 총명하여 정성으로 나라와 사회를 위해 힘써 일함을 알고 있어 이에 미국 수도에 주차하는 전권대신으로 특파한다. 경은 그 나라에 가면 그 나라와 친목과 화호和好를 도모하도록 힘쓸 것이며, 항상 일을 논의할 때에는 모가 나지 않도록 하여 타협을 이룩하도록 하여라. 반드시 견문을 넓혀야 할 것이고, 본국의 문제와 관계되는 일이 있게 되면 즉시 아뢰도록 하며, 아울러 우리나라 상민 중에서 그 나라에 가서 체류하는 자가 있으면 보호할 것이며, 특별히 통상을 일으키는 방도도 강구토록 하여라. 그 나라의 정부와 국민의 실정도 수시로 조사하고 그 나라에 주차하고 있는 중국과 각국 공사, 영사와도 또한 친밀히 교제하여 각국의 사정도 널리 탐문하여 일일이 보고하는 것이 짐이 바라는 바이다.

대조선개국大朝鮮開國 496년 짐어극지朕御極之 24년 8월 초7일 한양 경복궁에서 친필로 서명하고 옥새를 찍다. 독판교섭통상사무 조병식이 명령을 받들다.』

또 그 위임장에는 아래와 같은 말씀이 적혀 있으니,

『미국주차 전권대신 박정양에게 다음과 같이 유시한다.

대조선국 대군주는 종2품 협판내무부사 박정양을 특파하여 전권대신으로 임명한다. 경은 오직 충성스럽고 성실하고 총명하며 짐이 친히 신뢰하고 있

는 터이다. 이에 대미국 수도에 주차하여 국서를 바칠 것을 명한다. 아울러 외교와 통상의 문제도 처리하여 더욱 더 우의를 돈독히 하기를 명하노라. 대조선국 개국 496년 8월 초7일 독판교섭통상사무 조병식 칙명을 받들다.』

28일 제물포에 이르러 그 이튿날 申正(오후 4시)에 미국군함 오마하Omaha호를 탑승하니 이 배는 주로 미국서 내주來駐한 공사, 영사를 보호하기 위하여 인천 나가사키 간을 내왕하던 것으로 그 함장 조지가 자청해서 한국 공사를 태운 것인데, 군함이므로 선세를 받지 않았고 박 공사가 배를 탈 때 함장 이하 사관과 병졸이 군복으로 좌우에 열립하고 군악을 취주하며 태극기를 높이 달고 예포 15방을 터트려 일등 공사의 예로 그 대우가 아주 융숭하였다 한다.

함의 크기로 말하면 길이가 50보요 넓이가 십여 보라 한즉 1척의 중함中艦에 불과하였으며 대포가 14문이고 해군이 3백 명이요, 기타 화부, 수부, 기관수 및 사환자使喚者가 있는데 그들은 대개 중국인이었다 한다.

3. 공사일행 도항渡航

≪미행기美行記≫를 보면 주미 공사의 일행은 아래와 같았다.

협판내무부사 주미 전권대신 박정양의 자는 치중致中, 호는 죽천竹泉, 신축(1841년)생 (당년 47세) 반남인潘南人이다. 참찬관 원임 규장각시교 이완용의 자는 경덕, 호는 일당, 무오(1858년)생 (당년30세) 우봉인牛峰人이다. 서기관 전환국 위원 이하영의 자는 치행, 호는 금산, 무오(1858년)생 (당년 30세) 경주인이다. 친군후영문안 이상재의 자는 계호, 호는 월남, 경술(1850년)생 (당년 38세) 한산인이다. 번역관 전보국주사 이채연의 자는 명오, 호는 석거, 신유(1861년)생 (당년 27세) 경주인이다. 수행원 전사과 강진희의 자는 진옥, 호는 청운, 신해(1851년)생 (당년 37세) 진주인이다. 진사 이헌용의 자는 경장, 호는 난사, 신유(1861년)생 (당년 27세) 우봉인이다. 무변 이종하의 자는 춘식, 을사(1845년)생 (당년 43세) 전주인이다. 근솔跟率 김해 김노미는 신유(1861년)생 (당년 27세), 양천 허용업은 을묘(1855년)생 (당년 33세).

위로는 공사 참찬관 서기관 및 수행원과 아래로는 근솔(하인)에 이르기까지 통틀어 일행이 10명이었는데 그 중에 무변 이종하는 두흔(마마자국) 얼굴에 두 눈이 감은 것 같고, 근솔 김노미는 추한 용모에다가 애꾸였으므로 그 일행이 입은 특수한 복식과 아울러 처음 보는 외국인에게 기이한 인상을 주었을 것이다.

박 공사 일행이 탑승한 미국함대는 10월 초2일(양력 11월 16일)에 제물포를 출범하여 수백리쯤 항행하다가 청국함대 7척을 봉착하니 미국함대에서 그 장두檣頭에 청국 용무늬 깃발을 달고 예포를 터뜨리매 수사제독 정여창이 미국 성화기星花旗를 내걸고 답포를 울렸다. 초4일(11월 18일) 이른 아침에 부산에 정박하고 하륙하여 잠시 휴식하였으며, 당시 부산은 먼저 개항한 곳이건만 그 상업의 상황이 조용하고 썰렁하여 도리어 제물포에 미치지 못했다 한다. 이날 오후 4시에 다시 부산을 떠나 대마도를 끼고 이키壹岐를 지나서 그 다음날 1100리 되는 나가사키항에 도착했다. 여기서 오래 전부터 머물고 있던 미국 의사 알렌Horace N. Allen을 만나니 그는 이때 조선에 온 지 4개년에 조선말을 좀 하므로 공사 일행을 주선하기 위하여 참찬관에 임명된 바 8월 초순 전에 그 처자를 데리고 먼저 서울을 출발하여 상해, 홍콩 등지를 거쳐 나가사키에 와서 사신 일행을 기다린 터이며, 더욱이 기이한 인연이라 할 것은 왕년 전권대신으로 조선에 와서 한미조약을 체결한 슈펠트 제독이 같은 시에 체재하다가 미국 영사와 더불어 박 공사를 내방한 것이다.2

공사 하선下船 시의 의식은 상선上船 시의 그것과 마찬가지로 태극기를 달고 예포를 울렸으며, 선세를 받지 않았으므로 박 공사는 전후 수차례 그 함장 조지에게 선물을 주었는데, 부산에서는 그들을 초대한 후 생우生牛 닭고기, 계란 기타 과실 같은 식료, 나가사키에서는 은전 50여원 외에 호피, 세렴(촘촘하게 엮은 발)같은 물품으로써 하였다. 이로부터 잠시 동안 공사 일행은 두 파로 나누어 박 공사는 이삼찬, 이번역 및 무변 이종하를 대동하고 민판서 영익을 찾기 위하여 초7일 독일 상선으로 홍콩을 향하여 닻을 올렸으며, 서기 수행원 및 알렌은 근솔 2명을 데리고 요코하마에 가서 박 공사가 돌아오기를 기다려 거기서 같이 미국으로 건너가기로 약속하였다. 그리하여 박 공사는 홍콩에 이르러 빅토리아 여관에 유숙하던 민영익을 만나보고,3 민 씨

2 슈펠트의 아들 메이슨 A. 슈펠트Mason A. Shufeldt 중위가 방문하였던 것 같다. 그는 해군무관으로 사절단에 참가하고 싶다고 제의하였던 것이다. 이에 대해서는 졸역 「개화기의 한미관계」 제13절을 참고할 것.

3 민영익은 한러밀약설이 폭로된 이후인 1886년 8월에 청국으로 도피하였다가 귀국한 뒤 다음해 즉 87년 6월 다시 도피하여 홍콩에 체류하고 있었다.

와 같이 홍콩 영국 총독 터뷔를 방문한 후 이곳의 풍물을 구경하며 즐기며 7,8일 머무르다가 17일에 영국상선을 타고 홍콩을 떠나 요코하마에 도착하기는 24일이었다. 그런데 박 공사가 홍콩에서 떠나던 그날 민영익에게로 온 대내大內의 전보를 보고 비로소 유럽주재 공사 조신희가 이미 초8일에 본국을 출발한 것을 알았다. 그러나 박 공사는 홍콩을 경유할 조 공사를 기다릴 사이도 없이 바쁘게 요코하마로 와서 모든 것을 준비해 가지고 26일(양력 12월 10일)에 미국을 향하여 발선하였는데, 그 배는 홍콩에서 타고 온 영국배 오순닉澳順溺(Oceanic)호요, 선세는 요코하마에서 샌프란시스코까지 상등석 일본화폐 175元, 중급석 80元, 하등석 50元이었다.

4. 요코하마에서 워싱턴으로

박 공사는 요코하마에서 발선하던 그 전날 밤에 홍콩에 있는 민영익으로부터 전보를 접수한바 그 내용은 유럽주재 공사 조신희가 이미 홍콩에 도착하였다는 것인데 박 공사는 이 전보를 보고 조 공사와 서로 흔악欣握하지 못하는 것을 한탄하면서 이튿날 출범하였다. 박 공사가 출범할 때 동경과 요코하마에서 선상까지 전송하던 내외국인 중에 주일 조선 서리공사 김가진이 있었으니 제1대 주차일본 변리대신 민영준이 정해 6월 동경에 도임하였다가 8월 서울에 돌아온 후 병을 칭하여 나아가지 않았으므로 참찬관 김가진이 서리의 임무를 보았던 것이다.(민하정閔荷汀 종신록從臣錄)

박 공사가 탑승한 영국배(오순닉호)는 태평양을 횡단하는 큰 배인 만큼 그 길이는 100보 가까이 되고 그 넓이는 30여보가 되었다 하니 제물포에서 나가사키까지 타고 온 미국함대 오마하호에 비하면 거의 배나 크다.

요코하마에서 샌프란시스코까지 무릇 19일이 걸렸는데 그 동안 호호망망한 수면과 하늘일색의 대해에 띄운 선창생활은 단조롭기 짝이 없으나 오히려 가끔 서양 선객들의 격구 운동하는 것을 바라보고 흥미를 느낀 일도 있었으며, 어느 때는 서양 남녀가 서로 껴안고 춤을 추는 것을 구경하고 이상하게 여겼다. 11월 초2일 산호도珊瑚島에 이르러 동서양구東西兩球의 시간표준이 바뀌어 한국과 미국의 주야가 상반됨을 듣고 그것을 일기에 논평한 후 초2일을 겹쳐 쓴 것도 공사에게는 신지식을 체험한 것이며, 또 하와이에 이르러는 열대의 더위에 땀을 흘리며 세계는 광대하며 기후와 계절로만 규정할 수 없다고 말하였을 뿐 아니라, 공사는 하와이 같은 작은 섬이 오히려 능히 만국 사이에 독립 칭제稱帝한 것을 목도하고 놀랐다. 하와이에서 샌프란시스코에 도착하기는 일주일 후인 11월 14일(양력 12월 28일) 상오 8시인데 장두에 태극기를 높이 내걸고 배를 정박하였다.

요코하마에서 여기까지 이르는 일만 육천 여리 수로(3로 중 최고 먼 거리로 우회하였음)에 아주 피곤하게 된 박 공사 일행은 같은 배의 3등석에 있던 승객 중에 천연두가 발생하여 상륙을 허가하지 않으므로 선내에 4일 동안 있었다. 그러다가 18일에 가서 해관에서 한국 공사가 탑승한 관계로 일등석 승객만은 상륙을 허가하니 그 선객들이 공사의 은택을 감송하는 뜻으로 만세를 고창하였다 하거니와 이날은 서력 1888년 1월 1일이었는데, 샌프란시스코 박겟가 제28번지 팔레이스Palace호텔에 투숙하였다.

이 호텔은 높이가 8층에 방이 천여 칸인데 남녀 사환이 500명이고, 매일 손님이 1천여 명이 되며, 3끼 식사와 1일 숙박비는 그때 금화로 상등은 10원, 하등은 3원이라고 ≪죽천일기≫에 적혀 있다.

18일(서력 1월 2일)에 샌프란시스코주재 16개국 영사 중에 한국과 이미 통교를 맺은 일본, 청나라, 영국, 독일, 프랑스, 벨기에, 러시아 영사와 본주지사와 동同시장 및 세관장 2명에게 박 공사가 명함을 보내었더니 그 이튿날에는 청국 총영사와 부영사가 명함을 박 공사에게 보내어 사례하고 일본 영사는 박 공사를 찾아와서 보았으나 통역이 없어서 서로 말을 하지 못하였으며, 항구의 세관장 2명과 동시장과 철도회사 전무와 프랑스 영사가 차례대로 박 공사를 내방하였다. 뉴욕에 있는 명예 한국 총영사 프레이저Everett Frazar는[4]

4 프레이저(1835~1901 한국명 후예절後禮節)는 상인이었다. 1883년 민영익을 대표로 하는 보빙사가 뉴욕을 방문했을 때 접촉을 하여 1884년 1월 뉴욕주재 명예총영사가 되었다. 한국에 각종 기계를 팔아 이득을 취하였는데, 특히 발명가 에디슨Thomas A. Edison으로부터 한국에 전기를 가설할 수 있는 권리를 얻고 기술자와 전기재료를 보내 1887년 말 경복궁 안에 있는 건청궁에 전등을 켜게 했다. 1891년 7월 모스Morse에게 명예총영사 자리를 빼앗긴 일이 있으나 6년 뒤인 1897년 4월 다시 그 자리를 차지하였다. 그리하여 1901년 1월 사망할 때까지 전후 11년간이나 근무하였다. 그는 “*Korea and Her Relations to China, Japan*

미국인으로 1883년 계미 12월에 한양 조정에서 재뉴욕 총영사를 임명한 자니, 이때 전보로써 공사의 내착을 탐문하였는바, 공사는 매우 만족히 여겨 그에게 곧 답전하여 사의를 표하였다.

21일에 쌀티퍼시픽회사의 급행열차를 타고 워싱턴을 향하여 출발하니 샌프란시스코에서 무릇 7일 여정이며, 차임은 한 명 당 89원 75전씩으로 정하여 일행 10명이 편의상 3등 1실을 온통 매수하여 같이 거처하였다. 그리하여 3차례 환승한 후 미대륙을 횡단하여 10,500리 되는 워싱턴 정거장에 26일(1888년 1월 9일)도착하였는데 제14가 106번지 업비태業斐太 호텔에 투숙하였다.

---

and the United States, Orange, New Jersey, 1884"라는 소책자를 발간한 바 있다.

5. 박 공사와 미국 국무성

업비태(앰버서더) 호텔은 규모가 굉장히 준걸한 것이 비록 샌프란시스코의 팔레이스 호텔에 미치지 못하나 역시 하나의 큰 여관이며 하루 숙박비가 상등 10元, 중등 4元, 하등 2元이었다고 한다.

박 공사가 워싱턴 정거장에서 차에 내리자 업비태 호텔 주인이 마중 나와서 그 호텔로 안내할 뿐 미국 국무성에서는 소속 관리 한 명도 정거장에까지 내접하는 이가 없었으므로 공사는 이상하게 여겨 누구에게 물은즉 그는 대답하되 미국은 본디 각국 공사가 올 때에 영접하는 관례가 없다고 전하였다. 다만 이날에 뉴욕주재 명예 한국 총영사인 미국인 프레이저가 워싱턴 각 여관에 전보로써 공사 일행의 안착 여부를 탐문한 것은 참으로 멀리 떨어져 있지만 막역한 친구라는 감이 있어 눈이 번쩍 띄었는바 여기 대해서 박 공사는 곧 안전한 도착의 답전을 발신하였더니 프레이저는 이틀 후에 박 공사를 찾아와 방문하였다. 일찍이 공사 일행이 샌프란시스코에 도착했을 때부터 친절하게도 전보로 위문하던 프레이저에게 대하여 박 공사는 아주 호의를 가져 이와 같이 말하였으니,

"귀하는 비록 외국인이나 우리나라의 파견 사신이므로 처음 봄에도 퍽 은근한 것이 많았고, 더욱 그가 영사의 교지와 훈조訓條 및 우리 외무아문과 주고받은 문서까지 가지고 와 보임은 신실하고 가상한 일이다."

또 그 위인이 매우 위풍이 늠름한 위장부였는데, 업비태 호텔에 공사와 함께 머물다가 12월 초 1일 공사와 함께 미국 국무성에 가기로 허락하였다. 박 공사가 미국 국무성에 조회를 보내기는 워싱턴에 도착한 바로 다음날인 11월 27일(서력 1888년 1월 10일)이었는바 그때 국무장관은 베야드Bayard요 조회는

한문으로 원문을 삼고 영문으로 번역 첨부하였으며, 그것을 가지고 국무성에 가기는 이완용 참찬參贊, 이채연 번역飜譯 및 미국인 알렌인 바, 그들은 국무장관을 보고 국서 봉정할 시일을 물어서 약정하려 하였다. 미국 관례에는 각국 공사가 처음 와서 국무성에 조회한지 일주일 후에야 시일을 택하여 국서를 봉정하기 때문에 12월 초1일(서력 1월 13일)에 전권대신 박정양이 몸소 국무성에 나가 먼저 국서의 부본副本을 드리고 다시 시일을 정할 뜻으로 약속하였다. 이때 미국 국무성에 보낸 조회문을 다음과 같이 게재하여 참고하려 한다.

『대조선 흠차주차欽差駐箚 미국 전권대신 박정양이 조회하는 일은 본대신이 국왕의 명을 받들어 귀국 수도에 주차하여 우의를 더욱 돈독히 하고 외교교섭을 협의하고 있습니다. 아울러 장차 대통령을 뵙고 갖고 온 국서를 바칠까 합니다. 또한 한문 부본副本과 번역문 1통을 귀대신貴大臣에게 교부할까 합니다. 청컨대 귀대신께서는 대통령 접견 시일을 알려주시면 좋겠습니다.』(죽천고 22권 소수)

이튿날 28일에 미국 국무성에서 박 공사에게로 답조가 왔는데 상술한 12월 초1일에 전권대신이 몸소 국무성에 와서 국서 부본을 체정遞呈하고 대통령 알현의 시일을 약정하자고 하였으므로 박 공사는 그날 정오에 참찬관 이하 모든 일원과 미국인 알렌 및 프레이저를 데리고 국무성을 방문한 즉 차관 브라운Sevelon Brown이 응접실로 인도하였고 조금 있다가 장관 베야드가 나와 악수의 예를 행하고 차례로 의자에 앉아서 두어 마디 인사가 끝난 후 박 공사는 다시 의자에서 일어나 국서 부본과 영문 번역본을 아울러 손수 장관에게 드리매 장관도 역시 일어서서 그 국서 사본을 받았다. 그리고 대통령 알현식은 이달 12월 초5일 午初(오전 11시)에 공사 일행이 먼저 국무성에 와서 장관과 같이 백악관에 들어가서 국서 정본을 봉정하기로 약속하고 공사는 자기 여관으로 돌아왔다. 이날 뉴욕주재 영사 프레이저도 대통령 알현식에 다시 참가하기로 하고 자기 집으로 돌아가고 말았다.

6. 청清 공사의 힐문詰問

국서 봉정 전에 일대 변화가 생겼으니 그는 워싱턴주재 청국 공사가 박 공사에 대하여 힐문한 것이었다. 박 공사가 맨 처음 서울을 출발할 때에 청국 북양대신 이홍장으로부터 이른바 영약삼단을 제출하였음은 앞에서 이미 언급한 바거니와 박 공사가 워싱턴에 도착하자 가장 말썽이 된 것은 이 삼단 중의 하나인 선부동부先赴同赴였는데, 이것은 한국 공사가 처음으로 그 주차국에 이를 때는 먼저 청국 사관을 찾아 청국 공사와 같이 국무성에 가는 것이다. 그러나 박 공사는 청국 공사관을 먼저 방문하지 않았으니 청국 공사 장음환이 28일 그 참찬관 팽광예, 서수붕과 수행원 이춘관 등 3인을 보내어 선부동부의 일을 질문하므로 박 공사는 답변하기를

『자기가 본국에서 출발할 때 북양전보가 원袁총리에게 왔다 함을 듣기는 했으나 너무 선박의 기한이 급박하여 우리 정부의 명령을 받지 못 하고 떠났은즉 자의로 단행하기 어렵다.』

고 하매, 청사관원清使館員들도 과연 그렇겠다 하고 물러갔다. 이때 박 공사와 청사관 참찬관 팽광예 사이에 서로 필담으로 의논하였는바 그 중 몇 절을 뽑아서 소개하면 다음과 같다.

팽광예: 귀관이 며칠에 길을 떠났으며 항해 중 평안하셨습니까?

박정양: 9월 그믐에 출발하여 그저께 비로소 이 땅에 이르렀소.

팽광예: 귀관이 이곳에 와서 반드시 먼저 중국 사서(공사관)를 찾을 터인데 지금 수일이 되도록 왕림하시지 않으시므로 우리공사관이 늘 마음에 걸려 이처럼 불영不佞 등을 시켜 먼저 와서 문후케 하나이다.

박정양: 귀공사 대인의 성념盛念은 감송感誦함을 이기지 못하오.

팽광예: 올해 추동秋冬 간에 우리 공사가 총리아문과 북양대신 이홍장의 공문 전보를 받은바 모두 귀관이 사명을 받들어 미국에 오는 것이었고, 9월 26일 북양대신 이홍장의 전보에 의하면 귀국 왕께서 귀관이 미국에 이르러 먼저 중국 공사관을 찾아서 중국 공사와 같이 미국 국무성에 가는 것을 윤허하였다 하므로 우리 공사관이 이미 이달 9월 26일 미국 국무성에 조회하기를 귀관이 도착하면 같이 가서 뵙겠노라 하였더니 오늘 우리 관청에 온 국무성 조회를 본즉 벌서 귀관과 함께 접견 기일을 정했다 하니 귀관이 중국 공사관에 보고하고 또는 우리 공사관과 국무성에 동부하는 여부를 명시함을 바랍니다.

박정양: 중국 공사를 진배進拜 할 때에 어첩御帖을 사용하며 또는 공문왕래에 정문呈文으로 칭할 것은 이미 우리 정부의 명령이 있었으나 귀 공사관에 먼저 가서 미국 국무성에 동주하는 등의 일에 이르러는 다만 북양의 전보가 온 줄 알뿐이요. 길을 떠날 때에 우리 정부가 원세개 총리로 더불어 다시 온당하게 정한 후 통지한다 하더니 지금까지 소식이 없소.

팽광예: 북양대신의 전보의 삼단 중에 1. 요사밀상要事密商은 이후에 속한 일이요 1. 공회석에 중국 공사의 다음에 앉는 것은 각국 공사의 부임한 선후 순에 의하므로……이들은 구애할 바 아니나 다만 중국 공사관에 선부하여 미국 국무성에 동부하는 일절에 있어서는 귀관이 귀 정부의 명문을 받지 못했은즉 그 영약另約을 존중하여 행하려는지 명백히 알려 주소서.

여기 대해서 박 공사의 답변이 있었고, 또 팽 참찬의 질문이 있어서 필담이 얼마 더 계속되다가 팽 씨가 최후에 일어나 돌아갈 때 청 공사에게 보이기 위하여 담초談草를 가져갔다. 이튿날 팽, 서 양인이 편지로써 어제 담판하던 선부동부의 일을 따지므로 박 공사는 어제 하던 말대로 회답하였으며 그 이튿날에 가서 팽, 서 양인이 또 다시 편지로써 국서 봉정 시 의식 절차를 물었으므로 답서를 보내고 참찬관 이완용을 시켜 청공 사관에 가서 전일 그들의 내방한 것을 사례케 하였더니 공사 이하 모든 인원이 외출하여 만나지 못하였다.

7. 무례한 청국간섭

이때 박 공사가 청 공사관의 참찬관인 팽광예, 서수봉 양인에게 보낸 전후 수차 답서 중에[5] 전자는 정해 11월 29일부로 하였고, 후자는 12월 초2일부로 하였던 바 제1차의 답서 전문은 그 내용이 다음과 같으니,

『처음 미국 땅에 들어왔더니 찾아오는 사람이 없었는데 어제 편지를 보내 주셨으니 이는 모두 각별하다고 하겠습니다. 한 집안과 같은 우의가 없으면 어찌 이렇게 될 수 있었겠습니까? 이 몸이 아픈 것은 오랫동안 피로 때문이어서 깨끗하게 낫기는 힘들 것입니다. 내일 국무성에 가는 일은 이미 시간이 정해졌으므로 물러설 수는 없습니다. 병이 더 심하지 않으면 당연히 거동해야 될 것입니다. 그런데 삼단의 문제는 서울을 출발할 때에 천진으로부터 원 총리 앞으로 전보가 왔다고 들었습니다만 배의 출발 시간이 촉박하여 우리 정부로부터의 공문서를 받지 못하고 떠났으며 또 선중에서도 별다른 지시를 받지 못하였습니다. 어제 말씀드린 것은 대개 이러한 내용이었습니다. 어찌 감히 한 집안 사람에 다른 이야기를 하겠습니까? 이런 시기에 있어서는 선처를 하여 밖에 쓸데없는 문제를 일으키지 않도록 하는 것이 실로 한 집안의 본의이니 단지 바라고 싶은 것은 중국 공사관에서 바다와 같은 아량으로 용서하십시오. 직접 찾아가 설명하지 않고 단지 앉아서 은혜를 구함은 죄송스러운 일입니다만 말하지 않는 것도 모두 이해해 주실 것을 믿고 감히 속마음을 드러냈습니다. 어제의 필담지는 옮겨 쓴 연후에 보내 주면 좋겠습니다.』

상술한 답서는 박 공사가 미국 국무성을 방문하기 바로 하루 전에 한 것

---

5 《죽천고》 권17을 보면, 박정양이 청국 공사 장음환, 참찬관 서수봉 · 팽광예 등에게 보낸 서한이 24통에 이른다.

인데 그 글의 뜻으로 보아 이른바 선부동부에 대해서는 전일 필담에서와 같이 슬그머니 거절하고 말았다. 그러나 그 후 답서는 박 공사가 미국 국무성에 다녀 온 하루 후에 한 것인데 그 전문 내용은 아래와 같으니,

『어제 편지를 써서 참찬에게 보낸 것은 감히 예절이라고 할 수는 없을 것입니다. 대개 마음속에 품었던 바를 물어 본 것입니다. 만나 뵙지 못했으니 감히 애호해 주는 뜻에 의지하여 또다시 번거롭게 진술합니다. 다른 날 국서를 대통령에게 바칠 때에 당연히 악수도 하는 것이 예이며, 대통령의 영접 의식이 조금이라도 다른 나라의 예와 같지 않으면 이는 경멸을 당한 것이며, 본 공사의 접견 절차가 조금이라도 이 나라의 관습에 어긋남이 있으면 이는 웃음거리가 될 것입니다. 귀공사관의 어제 지시는 진실로 염려에서 나온 것입니다. 스스로 거리끼지 않고 비밀리 인도해 주시기를 바라며 너그러운 양해를 구합니다.

지난번의 필담 기록은 옮겨 적는 것을 끝냈을 것이라고 생각됩니다. 사사로운 이야기이니 어떻게 그것을 기록하려고 하시는지요. 보내 주시기를 바라겠습니다.』

이 편지보다 하루 앞서 12월 초1일에 팽, 서 두 사람에게 보낸 답서가 있기는 있으나 그 글의 의미로 말하면 이와 비슷한 바 있어 박 공사 자기가 앞서 미국무성에 갔을 때 당신의 판단에 의하여 악수의 예를 행하였다 함이다. 그러나 국무장관뿐이 아니라 이후 대통령을 알현할 때에도 역시 악수의 예를 행하겠노라고 한 것은 확실히 1883년 보빙대사 민영익이 아더 대통령 알현 시에 있어서 한국식 숙배례肅拜禮를 행한 것에 비하면 진보적이라 할 것인바 이는 아마 청국 공사 관원의 부탁이 있었을 뿐더러[6] 미국 교통이 열

---

6 이것은 지나친 추측이다. 아마 알렌이 뒤에서 도왔을 것이다.

린 지 5~6년 동안에 적이 그 나라의 예속이 어떤 것을 짐작하게 된 때문인가 한다. 어쨌든지 이 답서를 보낸 지 이틀 만에 즉 12월 초4일에 이르러 박 공사는 본국 대내로부터 전보를 받았는데 그 내용은 선부동부 등의 일이었으니 그는 11월 28일 청나라 공사관 참찬관 팽광예, 서수붕 등이 박 공사를 내방하여 서로 필담할 때 박 공사가 이른바 선부동부에 대해서 본국의 명문明文을 보지 못했다고 하였으므로 주미 청 공사 장음환은 이 필담을 북양에 전보하였고, 북양에서는 서울에 주재한 원세개에게 전보하였고 원세개는 이로써 조선외아문에 힐문하게 되어 마침내 대내로부터 이같이 전보로 명하여 영약을 준행하라고 한 뜻이었다. 그러나 박 공사와 좌우에 있는 관원 일동은 청국의 무례를 분개하게 여겨 아무리 전보로 타이르고 그 뜻을 받들라 하였으나 준행하지 않았다. 이른바 영약삼단 중의 선부동부는 이리해서 흐지부지되고 말았음은 비록 외교상 작고 세세한 공이지만 조선측이 이긴 것만은 사실이다.

8. 영약另約과 미국 여론

영약문제로 청국이 무례한 간섭을 함에 대해서 미국의 태도는 어떠하였는가.[7] 민중의 소리를 대표한 일반 신문은 이를 가지고 상당히 떠들었고, 때는 마침 의회의 개회 중으로 의원 사이에 논란이 되었던 모양인데 의회의 여론 경향을 살피건대 대체로 이러한 점에 일치된듯하니 즉 영약은 한청 양국의 은밀한 관계요 제 3자인 미국에는 전혀 문제가 되지 않는다고 함이다. 대저 봉명 사신이 어느 외국에 가서 그 나라 외무부를 방문할 때 남의 지도나 소개를 받는다는 것은 국제 통례에 없는 일임에도 불구하고 청국이 이를 강행하려고 함은 그의 무지를 폭로함에 지나지 못한다. 그러나 청국이 나중에 온 일본에 대해서 이른바 조선의 종주권을 주장하던 것과 같이 이때 미국에 대해서도 그것을 주장한 것만은 사실인바 다만 그 주장의 정도가 전자에 비하여 후자는 얼마큼 박약하던 것이 다를 뿐이다. 그러면 이미 조약을 체결하고 사신 파견에 찬성한 청국이 무슨 일로 이와 같은 시대착오의 영약문제를 강조하여 국제신의에 배치되는 행동을 취하였는가? 이것이 자기모순이 아니고 무엇인가? 그러나 근대 청국 조정의 외교상 실책은 흔히 이 자기 모순에 기인했던 것을 알아야 하겠다. 청 공사 장음환이 영약삼단을 미국 국무성에 조회한 것은 박 공사가 도착하기 전의 일로서 부질없이 미국조야의 여론을 야기하였을 뿐이요 조금도 효과를 보지는 못했다. 국무장관 베야드 씨는 간단 명확하게 한청 양국 정부에 통첩하여 가로되

『합중국은 한청 관계를 알바 아니므로 양국을 마찬가지 독립국으로 대우

---

7 이에 대해서는 Spencer J. Palmer ed; *Korean-American Relations*, Vol. 2를 참조할 것.

하며 미국에 주재한 양국 사신은 국제관례에 의하여 각자의 정부를 대표한 독립 관리로 간주한다.』

고 언명하였다.(미국의 대동외교 377면 소수)8 베야드 씨는 당시 주한 미국 공사 딘스모어 씨에게 보낸 공문 중에도 이 영약 문제에 대하여 아래와 같이 말한 바 있다.

『박 공사는 1월 9일 워싱턴에 도착하여 이튿날 국서봉정을 위해서 대통령에게 알현하겠다는 조회를 본관에게 보냈기로 본관은 곧 같은 날(박 공사 일기에는 이튿날로 적혀 있음)에 승낙하는 뜻을 회시回示하였다.』

그 전일에 청국 공사는 청한 관계에 대하여 북경 정부로부터 접수한 훈령을 본관에게 보냈는데 그 공사는 공회시公會時에 자리의 차례 여하에 대해서는 아무 주장을 하지 않았다. 그러나 그것은 그리 중요한 사건이 아니었다. 하물며 본성에서 외교관의 자리 차례 여하는 도착하는 순서에 따라 정하는 규례임에랴. 국서 봉정의 전일에 청국 공사는 본관을 방문하고 한국 사절에 대한 미국 정부의 정성스런 접대는 자기 및 청나라 정부가 깊이 만족한다는 뜻으로 말하였다.

청과 한의 내밀內密관계는 합중국이 알 바 아니므로 정부는 청과 한을 제각기 다른 나라로 보아 그 사신을 각기 독립국의 대표자로서 대우할 터이다.(「한반도」 487항에 인용된 1888년 미국외교자료집)9

박 공사가 정해 12월 초2일(서력 1888년 1월 14일)부로 영상領相 심순택沈舜澤에게 올린 서신중에도 이 영약삼단에 대한 미국 여론의 동향을 적은 일절이 있다.

『대개 그 동안의 일은 미국에 당도한 뒤 먼저 알게 되었는데 중국 공사관

---

8 본서는 前揭, Foster, *American Diplomacy in the Orient*를 가리킴.
9 信夫淳平 著 ≪한반도≫ (동경당서점, 동경, 1901년 9월 간행)을 가리킴.

은 이미 이 삼단을 국무성에 알리고 신문에도 널리 보도하였다. 때마침 의회가 열리고 있어서 일반의 의견이 시끄러웠고, 그리하여 국서를 바치는 절차에 큰 지장이 있었다.』

박 공사가 이듬해 11월 23일부로 좌상左相 김홍집金弘集에게 올린 서신중에도 아래와 같은 일절이 있다.

『미국 땅에 당도하여 신문을 보고 크게 의심되고 염려되는 것이 있어 조사를 해 보았더니 중동中東의 새 문제였습니다. 이로부터 중동 즉 중국과 한국과의 문제는 타국의 간섭을 받지 않았습니다. 무릇 국왕의 명을 받들어 외교대표로서 어떤 나라에 가면 먼저 상대방 국가의 외무부를 방문해야 되고 타국의 공사관을 방문해서는 안 됩니다. 이는 상대방 국가의 외무부를 경시하는 것입니다. 이웃과 교류하는 도道는 오로지 예의와 공경을 제일의 요체로 합니다. 그러므로 상대방 국가의 외무부를 공경하지 않으면 상대방 국가의 외무부는 어떻게 왕명을 받들고 온 외교대표를 공경한 태도로 맞이하겠습니까? 또한 어떤 이가 말하기를 각국이 공사를 보냄에 있어서 지금까지 다른 공사와 함께 외무부를 방문한 예는 없었답니다……(下略)』

이것을 보면 영약에 대한 미국 여론과 박 공사의 태도와 추향이 어떠하였던 것을 짐작할 수 있다.

9. 국서봉정식國書奉呈式 광경

박정양朴定陽 공사는 청국 사신의 요청인 동부同赴는 조선에 대한 모욕이라 하여 단독으로 국무성에 교섭해서 예정대로 정해 12월 초5일(1888년 1월 17일)에 마침내 제22대 대통령 클리브랜드Grover Cleveland에게 알현하고 국서를 봉정하니 이는 실로 박 공사가 미국에 상륙한지 17일만이요, 워싱턴에 도착한지 9일만이다. 그날 국서 봉정식의 광경은 박 공사의 ≪미행기≫ 중에 자못 상세히 적혀 있는바 그것을 알기 쉽게 풀어서 말하면 다음과 같다.

『음력 12월 초5일은 아침엔 눈이 오고 저녁엔 흐렸다. 오전 11시경 업비태 호텔을 떠난 조선 공사 일행은 참찬관 이완용을 선두로 국서를 받들고 마차를 탔으며, 박 공사는 서기관 이하영, 이상재, 번역관 이채연(이상의 복색은 초모紗帽를 쓰고 흑단령黑團領을 입고 목화木靴를 신었으며)과 수행원 강진희, 이헌용(이상인의 복색은 갓을 쓰고 두루마기를 입었으며)과 무변 이종하 하인 2명(이상인의 복색은 군복이었으며)과 미국인 참찬관 알렌, 뉴욕 영사관 프레이저(이들도 서양 예복을 입었을 것이다. 筆者註) 등 모든 사람을 데리고 먼저 국무성에 가매 장관 베야드와 차관 브라운이 나와서 맞았다. 거기서 국무장관과 차관과 함께 대통령 관저에 이르러 문 입구에서 마차를 내려 장관과 차관의 인도로 들어갈 새 무변과 하인만은 밖에 두고 (일행이) 접객소에 이르러 잠시 휴식하였다. 장·차관이 안으로 들어가더니 조금 뒤에 대통령이 앞서고 장·차관은 뒤로 따라 나와서 대통령은 대청 한복판에 바로 섰다. 이때 박 공사가 적이 두어 발걸음 나가 대통령을 향하여 한번 머리를 끄덕여 예를 표하니 대통령도 역시 박 공사를 향하여 머리를 끄덕여 답례를 하였으며 참찬관은 국서를 받들고 박 공사의 왼쪽에 서 있었고 서기관 이하 차례로 나란히 서 있었는데 박 공사는 대통령에게 진사陳詞를 낭독하고 나자 참찬관이 국서를 받들어 공사의 앞에 나오니 공사는 궤櫃를 열고 국서를 삼가 내어 대통령께 드리매 대통령은 손수 받아 국무장관에게 교부하였으며, 이내 박 공사와 악수의 예를 행하고 나서 대통령은 답사를 낭독하였는데 통역이 박 공사에게 가까이 나와서 번역하여 드리매 공사는 적이 머리를 끄덕여 사의를 표시하였다. 다음에 참찬, 서기, 번역 및 수행원의 관직 성명을 낱낱이 소개하니 통변이 영어로 번역하여 대통령께 아뢸 새 참찬관 이하 차례로 머리를 끄덕여 대통령께 예를 하였고, 대통령도 역시 머리를 끄덕여 참찬 이하에게 모조리 답례를 하였다. 이런 의식이 끝나자 공사는 모든 수행원을 데리고 대통령 관저를 물러나왔다.』

미국은 민주국이니만치 구라파의 군주국과는 달리 사신 접견의 예절이 아주 간편하여 오직 성심으로 상대할 뿐이라고 박 공사의 일기 중에 적은 몇 마디 평가한 말은 오히려 그 민주국의 순수한 예속에 대하여 많은 존경과 사모함을 가졌던 표시이거니와 당일 공사 일행 중에 특히 주목을 끈 것은 알렌과 프레이저와 같은 미국인 두 명이 섞여 있은 것이니 프레이저는 전일에 와서 국서 봉정식을 보고 그날로 뉴욕 자기 근무처로 돌아갔는데 박 공사는 언제나 프레이저를 성실하고 근면하다고 칭찬하였다. 국서 봉정 시에 낭독한 공사의 진사는 다음과 같다.

『대조선 흠차주차欽差駐箚 미국 전권대신 박정양은 면전에서 아뢰옵니다. 우리 임금님의 칙지勅旨와 국서를 받들고 왔습니다. 앞서 대미합중국 대통령은 공사를 조선 서울에 주차시켰습니다. 절실히 원하옵기는 양국은 더욱 더 우의를 두텁게 하고 영원한 화평을 누리고 피차의 인민이 고르게 이익을 누리기를 아울러 기원합니다. 대통령의 만수무강하시기를 삼가 비옵니다.』

10. 정관시무定館視務 개시

박 공사는 국서를 봉정하고 백악관을 물러나오자 이날 오후 2시에 다시 이완용, 이채연 및 알렌[安連]을 데리고 신임 인사차 각국 공사와 각부장관을 순방할 새 미국 관례에 의하여 도임 순서를 따라 워싱턴주재 28개국 공사 중에서 먼저 하이티Haiti 공사를 찾았고, 포르투갈, 이탈리아, 벨기에, 영국, 멕시코, 러시아, 프랑스, 스위스, 하와이, 네덜란드, 에콰도르, 독일, 일본, 스웨덴, 노르웨이, 아르헨티나, 페르시아, 스페인, 중국, 칠레, 터키, 오스트리아, 코스타리카, 니카라과, 과테말라, 콜롬비아, 덴마크, 베네수엘라 등의 공사를 차례로 찾아서 문밖에 명함을 두었으며 그 다음에 각부 장관을 방문하였는데 국무장관 베야드는 아까 해당 부서에서 만났으므로 그는 찾지 않기로 하고 다만 재무장관, 육군장관, 해군장관, 내무장관, 체신장관, 법부장관, 농림부장관, 대법원장 및 그 부장 등 16명을 찾아서 각 공사관에서와 마찬가지로 문밖에 명함을 두고 돌아왔었다. 이날은 너무 분망하여 국서 봉정한 것을 미처 본국에 알리지도 못하였다가 이튿날에 가서 비로소 대내에 전신으로 아뢰어 「납오정서臘五呈書 상단기과上端已過 양단수기兩端隨機」라고 하였다. 이는 대개 12월 5일 국서를 봉정하였은즉 영약의 삼단인 동부同赴 1단은 벌써 지나갔고 그 나머지 양단인 자리의 순서를 매기는 것과 요사상의要事相議는 형편 따라서 좋도록 하겠다는 의미이다. 이날(초6일) 오후 2시 엽비태 호텔에서 새로 공사관으로 이주하고 정관시무定館視務하는 뜻으로 미국 국무성에 조회하니 그 조회문은 다음과 같다.

『대조선大朝鮮 흠차주차미국欽差駐箚美國 전권대신全權大臣 박정양이 조회하는 일은 본대신이 본월 초6일에 워싱턴 제15가 1530번지 피서옥皮瑞屋을 빌려 공사관으로 정하여 오늘 7일부터 일을 보기 시작하였습니다. 이에 귀장관貴長官은 이 사실을 아시기 바랍니다. 귀장관은 고루 국내외 관민 각국 공관에 분포하여 모두 알 수 있게 하도록 청합니다. 이를 위해 조회를 갖추었습니다.』10

이 공관은 붉은 기와의 삼층 양옥으로 남향의 신축이었으며 응접실, 집무실, 침실, 식당, 욕실, 변소, 창고까지 구비하였고, 최상층의 전면에는 노대露臺가 있었는데 거기에 장간長竿을 세우고 태극기를 높이 달았다. 임대료는 1년에 은화 780원이니 1개월에 65원이 되는 바 춘하추동 4기로 나누어 첫 달 15일에 3개월조 195원을 선불하기로 약정하였으나 공관 재정은 이 임대료의 지출에도 오히려 곤란했던 모양이다.

공관을 정하고 사무를 보게 된 후 각국 공사들이 방문에 대한 답사로 연일 내방하여 문박에 명함을 두고 갔는데 그 중에는 일본 공사(赤羽四郎)도 있었다. 그 이튿날에 박 공사가 청국 공관을 찾아갔고 또 그 이튿날에 일본 공관을 찾아갔더니 일본 공사가 아주 친절하게 대하였으므로 박 공사는 감격하여 같은 이웃 교의交誼가 다르다고 하였다. 얼마 뒤 홍콩으로부터 모셔 온 고종의 어진과 세자의 예진睿眞을 공관에 봉안하고 외방外方 도백道伯의 예에 의하여 초하루 보름마다 공사 일동이 망배望拜의 예를 삼가 행하여 연모戀慕의 정을 표하였다.

공관에는 한국에서 데리고 간 하인이 있으나 그 곳 사정에 생소하므로 특히 흑인 두 명을 고용하여 사역으로 썼었는데 최초에는 매달 35元씩 주다가 그 후 45元씩 주었다. 그러나 그들이 불미한 행동을 많이 하여 필경 쫓겨나

---

10 1889년에 간행된 워싱턴시 주소록(*Boyd's Directory of the District of Columbia*)을 보면 한국 공사관은 O가(O Street, N.W.) 1513번지였다. 뒤에 다시 Iowa Circle의 13가 1500번지로 옮겼다. 인용문 나오는 皮瑞屋은 Fisher의 집이란 뜻일 것이다.

고 말았다.

미국인 참찬관 알렌도 그 처자를 데리고 와서 공사관 근처에 집을 정하고 매일 공사관에 출근하여 같이 시무하였다. 이리하여 미국 수도에 한국 공사관이 생기게 되었다.

11. 공사관 생활 1년간

박 공사의 재미 1년간 생활, 다시 말하면 그가 최초 워싱턴에 도착하던 정해 11월 26일로 계산하여 이듬해 10월 16일 워싱턴을 떠나 귀국할 때까지 그 동안 공사로서의 박 씨의 생활이 어떠했느냐 이를 공사公私 양방면으로 나누어 살펴보면 전자에 있어서는 미국과의 관계보다도 청국과 서로 얽히어 관계된 것이 많았었는데 시종 두통꺼리였다. 그러나 후자에 있어서는 미국 문물 및 인간과의 자연스러운 접촉이었으므로 오히려 많은 흥미를 자아내는 바 있다. 더욱이 그것이 여명기 문화 수입에 어떤 영향을 미치게 했는지 예사롭게 간과하지 못할 바임에랴. 이 의미에서 여기서 잠시 정치관계를 떠나서 박 공사의 워싱턴 생활의 반면을 먼저 살필 필요가 있는 줄로 믿는다.

박 공사의 도임 시는 마침 신력의 새해 초인만큼 관민 간에 연유宴遊가 빈번하던 기간으로 예에 의하여 대통령과 각 주 장관과 또는 각국 공사의 초대를 받아 쉴 사이도 없이 연회에 출석하게 되었고, 기타 미국 문무대관의 장례식에도 참가하게 되었음은 이 나라 경조의 예속을 배울 좋은 기회였다. 박 공사는 재무장관의 안내로 당부서를 두루 살펴본 것을 비롯하여 국무, 농무 여러 부서와 국회의사당, 대법원 등 행정, 입법, 사법 기구를 차례로 시찰하였고, 교육 방면에서는 조지 워싱턴 대학과 기타 각종 학교를 관람하였고, 실업 방면에 있어서는 은행, 회사, 상점, 공장을 보았고, 의료기관으로 병원, 오락기관으로 극장, 보도기관으로 신문사 등 기타 박물관 식물원 할 것 없이 근대 문명의 첨단을 걷는 대도시의 온갖 시설을 모조리 견학하여 거기서 얻은 사실과 감상은 공사의 ≪미행기≫와 ≪미속습유≫에 적혀 있는바 특히 재무부 금고에 저장한 기억幾億으로 계산하는 금은화와 세입이 많음에 비하여 세출이 적으므로 국회에서 감세안이 제의되었다 함을 듣고 미국의 부요함을 찬탄하였으며, 또 남북전쟁의 파노라마를 구경하고 그 생동하는 전사의 엄청난 기지와 아울러 그 전쟁이 흑인 노예 해방이란 인도상의 문제에 기인한 데 대하여 그는 경탄하였다. 그러나 금일에 와서는 남북인이 화합하여 국정을 이끌어 나가게 되어 현 대통령도 남당인南黨人 출신임을 자세하게 말하였고, 바논Mt Vernon에 있는 워싱턴 분묘에 참배하여 건국 영웅의 면모를 동경한 것과 같은 것은 박 공사가 받은 모든 인상 중에도 영구히 기억할 만한 일이었으며, 미국 농무성에서 박 공사에게 모범농장을 관람시킨 후 곡물과 채소, 과일의 각양 종자를 증여한 것은 농업국인 한국에 가장 의의 있는 일이었고, 또 박 공사가 가장 감사하게 생각하던 바였다. 박 공사가 병들매 미국 관민 중에서 가끔 약이 되는 음식과 식물을 가지고 와서 위문함과 같은 따뜻한 인정미에 이르러는 감격하여 흐느끼지 않을 이 없다. 박 공사를 내방하거나 박 공사가 찾아가서 방문한 인물 중에는 정치가 외에도 군인, 학자, 교사, 상인, 신문기자 기타 남녀 명사가 많았었는데 일찍 한국 대리공사로 왔던 락힐과[11] 조선최초공사로 왔던 푸트도 있었다. 푸트의 집은 샌프란시스코에 있으며 당시는 상업을 경영하고 있었는데, 볼티모어 회사에 있다가 이때 은근한 뜻으로 박 공사를 내방하매 박 공사도 아주 흔연히 환대하였고, 미국은 민주국가이므로 비록 오늘은 집정대신이라도 내일에 가서 그만두면 평민과 같이 농업과 공업 그리고 상업을 영위할 수 있다고 융통 자재自在한 미국 습속을 칭찬한 것도 매우 재미있는 일이었다. 초기에 박 공사는 동양 예속을 고수하여 미국여자가 개최하는 연회에는 출석하기를 주저한 일도 있었으나 얼마 뒤에

---

11 락힐William W. Rockhill은 1886년 12월부터 87년 4월까지 대리공사를 지낸 바 있다. 박정양의 일기를 보면, 그의 이름을 낙힐樂黠이라고 쓰고 있다. 그는 한국에 나쁜 영향을 끼쳤던 사람이었기 때문에 박정양은 그것을 알고 그렇게 썼을 것이다.

는 그 나라의 풍속을 좇아 여자와도 교제함을 사양하지 않았다.[12] 항상 공사 일행이 나가게 되면 워싱턴 장안이 들떠서 이 진객의 특수한 의복과 평안하고 한가로운 행동을 구경하며, 신문기자와 사진사는 연방 촬영을 했는데, 하루는 공사 일행이 초모각대秒帽角帶로 시가를 유람할 새 미국 아동이 공사에게 돌을 던지며 조롱하며 웃거늘 호위 순경이 아동을 검속하니 공사는 곧 관서에 교섭하여 그 아동들을 석방케 하였다. 이로부터 한국공사의 인자한 소문이 널리 퍼져 더욱 더 환영을 받게 되었다는 일화도 있다.

12 「알렌Horace N. Allen」의 *Things Korean*, Fleming H. Revell Company, New York, 1908, pp.159-162에는 첫 번 연회에 참석하였을 때 남긴 일화가 있다.

12. 광물鑛物 기사 초빙과 영사관 증설

박 공사 시대에 한미 교섭은 극히 단순하였다. 그러나 기억할 사건이 전연 없었느냐 하면 그런 것도 아니다. 광물기사 초빙과 영사관 증설 같은 것이 있었다. 수년 전 서울주재 미국 공사 딘스모어로부터 워싱턴 정부에 청구한 미국 사관 초빙은 의회의 불승인으로 해서 오래 두고 끌어오다가 박 공사의 도임 시에 이르러 비로소 결정을 지어 한국에 오게 되었는데, 한국에 온 후 군부 고문관으로 무관학교장으로 또는 을미정변에 경복궁을 수호하던 제너럴 다이General Dye도[13] 그들 중의 한명으로 있었다. 그러나 사관 초빙은 박 공사와 직접 관계를 가지지 않은 사건인즉 여기는 다만 광물기사 초빙과 영사관 증설에 대해서만 말하려고 한다.

한국은 본래 황금국인만큼 옛날은 채광이 성행하였으나 국법으로 한 번 엄금한 이래 근세까지 내놓고 채광하지 못하였다. 그렇지만 경세에 관심이 있는 누군들 채광의 필요를 느끼지 않겠는가. 운양 김윤식이 영선사로 천진에 갔을 때 중국 정치가들이 운양에게 부금富金의 술術로 먼저 채광을 힘써 권하였으며,[14] 김옥균이 일본인 광물기사를 초빙하였던 일도 있었고, 그 후 정부에서 중국인과 합작하려던 계획도 있었다. 그러다가 이때 박정양이 미국 공사로 가는 것을 기회로 광물기사의 초빙을 위촉하매 참찬관 알렌과 서기관 이하영의 주선으로 1888년 미국에서 광산기계 한 대를 구입하는 동시에 미국인 광물기사 한 명을 초빙하게 되니 그의 이름은 피어스[皮於瑞]이며[15] 연봉

---

13 다이William M. Dye(한국명 茶伊)에 대해서는 前揭, 졸고, ≪미국군사 교관의 초빙과 연무공원≫을 참조할 것.

14 前揭, 김윤식의 「음청사」를 참조할 것.

15 William Ide Pierce를 말함. 그는 1888년 12월 한국에 왔다.

은 5000원이요 1개년간 계약으로 한국에 왔었던 것이다.

그리고 영사관 증설에 있어서는 그 동기가 국무장관 베야드와 하원의원 오닐[16]의 요청에 의해 생긴 것이니 하루는 오닐이 베야드의 소개서를 가지고 박 공사에게 와서 말하기를 필라델피아는 미국의 예전 수도라 각국 영사가 모두 있는데 한국만 영사가 없은즉 매우 서운한 일이니 한국 정부에서 영사를 파송하되 뉴욕 영사 프레이저의 예에 의하여 미국인으로 약정한다면 연봉이나 월급도 없을 터이고, 또 그 당사자에게는 입신출세의 길이 되리라고 하며, 같은 시에 사는 데이비스[截肥時][17]란 사람을 천거하였다. 박 공사는 도임 이래로 미국 인사의 제반 요청을 모두 완곡하게 거절하였으나 장관과 의원의 부탁만은 거부할 수 없다고 이 뜻으로 정부에 청하여 가로되, 『보수도 없고 이미 객지에 있어 적게나마 도움이 되니 만일 조정에서 하락을 하시면 베야드와 오닐 두 사람에게 영광스러움이 막대하겠으며, 데이비스는 비록 면접하지 못했으나 천거한 사람 두 사람이 이 나라의 권력 있고 명성과 덕망 있는 분인즉 그 가신可信할 인물임을 알 것이외다.』

하고 베야드와 오닐 두 사람의 내서來書까지 번역하여 드렸더니 외부독판 조병식이 대군주께 아뢰어 무자 5월 25일 칙유勅諭로 데이비스를 필라델피아주재 한국 영사를 삼았다는 본국 훈령이 왔으므로 박 공사는 미국 국무성에 조회하여 승인을 얻은 후 서기관 이하영을 데이비스에게 보내어 영사칙지領事勅旨와 영사유인領事諭印 및 태극기를 전달하고, 또 규칙 7조를 교부하니 그 것은 영사의 할 바를 지정한 것이었다. 이리하여 필라델피아에 한국 영사관 하나가 새로 생김을 보게 되었다. 데이비스로 영사를 삼은 같은 날 프레이저

---

16 펜실베이니아주 출신의 Charles O'Neill이었다.

17 R. H. Davis를 말함. 1888년 7월(음력 5월)에 필라델피아주재 한국 명예총영사에 임명되었다.

에게는 가선대부嘉善大夫(종2품)를 초수超受하고 금옥권자金玉圈子를 내리니 이는 본인의 희망을 좇아 박 공사가 조정에 청해서 그리 된 것이다. 프레이저는 외국인으로 보수도 없이 자택에 영사관을 두고 노력하던바 알렌의 먼저 찬 금옥권자가 부러워서 희구하는 의사까지 표시하였은즉 조선 정부에서 격외格外의 은전을 베푼 연후에야 더욱 더 그 성의를 움직일 수 있으므로 박 공사의 보고에 의하여 조정에서 이와 같이 프레이저의 지위를 높여 준 것이다.(校註: 그러나 1891년 7월에 필라델피아 영사직은 주미 한국 공사로 하여금 겸직케 하였다.)

13. 소위 영약위반과 박 공사 소환

영약삼단另約三端은 동부석차同赴席次 및 요사상의要事相議 등으로 그 중에 크게 말썽이 된 것은 동부사건이었고 삼단 외에 또 3조條가 있으니 즉 정문呈文, 주서硃書, 홍첩紅帖이다. 정문은 상관에게 올리는 보고서를 칭함인데 그것을 반드시 붉은 묵으로 쓸 것과 또 청나라 공사를 찾아볼 때 홍색명함을 사용할 것 등인데 청나라 정부는 의식의 말절末節까지 간섭하여 그 소위 상국의 지위를 유지하려고 고심한 것이다.

그러나 3조는 삼단에 비하면 그것이 다만 한청 양 공사 사이의 하나의 작은 예절에 불과하므로 국무성과 단독교섭을 단행한 박 공사로도 이 3조에 대해서 많은 타협책을 취하여 개관시무開館視務하자 가장 먼저 방문하고 동부하지 못한 이유를 설명하였으며, 또한 정문呈文이란 것을 보내어 모월 모일 워싱턴에 도착하여 모월 모일 국서 봉정한 것을 보고하였다. 그렇지만 청국 공관에서는 박 공사가 방문할 때 장복章服을 입지 않은 것을 실례라 하여 그 후 서면으로써 야릇한 힐문을 하므로 박 공사는 이에 대하여 그렇지 않은 것을 누차 변명하였으되 청국 공관의 오해는 끝내 풀리지 않은 모양이며, 이로 해서 한청 양兩공사 사이에 소통이 되지 않아서 왕래가 적었다. 어쨌든지 청국 공관에서는 다시 조약의 불이행을 문제로 삼아 박 공사에게 위약의 설명을 요구하므로 박씨는 전후 사실을 써서 또다시 정문을 보냈더니, 청국 공관에서는 이것을 북양대신 이홍장에게 보내었고, 이홍장은 다시 총리주찰 한국교섭통상사의 원세개에게 보내었고, 원세개는 이것을 가지고 한국 정부에 질문하매 한국 정부는 박 공사를 힐책하여 이러한 형식으로 앞뒤 몇 번이나 힐책을 되풀이 하는 동안에 박 공사는 두통이 생겨 병석에 눕게 되었다. 그러나 청 공사의 질문에 대한 박 공사의 변해辨解는 언제나 출발 시에 본국 정부의 명령이 없었다는 것과 도임 후 전훈電訓을 받았으나 그 사의辭意가 상세하지 않다는 것이며 그러자 국서 봉정의 시각이 되어 그만 영약을 이행하지 못했다는 것이다. 비록 군색한 변명이로되 이밖에 다른 뾰족한 수가 없는 때문이다. 1882년 한미조약에 의하여 한국이 획득한 통상 사신 파견의 자주 외교가 하마터면 유린을 당할 뻔하였다. 돌이켜 본국 내의 공기를 살피건대 청국의 간섭이 너무 가혹하여 원세개의 소위 위장違章 힐문이 빈번함에도 불구하고 조선 정부에서도 차차 압박에 대한 내성이 생겨 오히려 1년이나 끌고 온 것이며, 미국인 고문 데니가 ≪청한론≫을 저술하여 청국의 횡포를 공격하고 한국의 독립을 고조한 것도 이때 일이다. 청한론에 대하여 전일 고문으로 있던 독일인 묄렌도르프의 반박론도 있었지만 어쨌든지 이로써 그 당시 한국 정계의 생각의 일단을 엿볼 수 있다. 그러므로 박 공사의 본국 출발 시에 고종으로부터 영약삼단에 대하여 명확한 훈령이 있지 않은 이유도 추찰하기 어렵지 않다. 박 공사 일행이 이만한 배경이 있음으로 해서 이만큼 돌진을 시도한 것이다. 그러나 구주 5국 공사 조신희가 청국의 위세를 두려워하여 최후까지 임지에 가지도 못하고 홍콩에서 주저하다가 소환된 데 비교하면 박 공사 일행의 태도는 얼마큼 대담하다 하지 않을 수 없다. 그러나 마침내 청나라 정부의 항의에 희생이 되어 5국 공사 조신희와 마찬가지로 소환 당하게 되니 약소국의 비애가 또한 여기 있는 것이다. 그리하여 박 공사는 병으로써 돌아오는 형식을 취하여 서기관 이하영에게(이완용과 이채연은 먼저 귀국하였으므로) 공사대리를 맡기고, 미국 국무성을 통하여 음10월 13일(양력 1888년 11월 16일)에 클리브랜드 대통령에게 나가 고별할 새 대통령은 공사의 손을 잡고 슬퍼하면서 병을 위문하여 말하기를

"공사의 노력에 의하여 양국 교의交誼가 더욱 친밀하여진 오늘날에 홀연히

병으로 귀국하니 아무쪼록 속히 건강이 회복되어 다시 부임하기를 바라오. 그러나 후일 재도임시에는 이 좌석에서 서로 만나지 못할 것이 더욱 저오齟齬하외다."

하니 이는 그가 서력 내년 2월로써 임기가 끝나기 때문으로 이렇게 말한 것이다. 박 공사는 16일에 서기관 이상재와 반당伴倘 이종하와 하인 김노미를 데리고 워싱턴 정거장을 출발하여 귀국길에 올랐다.

14. 복명復命과 미국관美國觀

박 공사의 복명은 아주 지체되었다. 일본에 도착하자 머물러 기다리라는 처분을 받아 거기서 부질없이 3,4개월 동안 체재하였고, 서기관 이상재를 보내어 갖은 방법으로 청하기도 하고 재촉하기도 한 결과 겨우 입경하여 명을 기다리라는 관대한 은전이 있었으나 남대문 밖에서 또다시 70여 일 동안이나 처분을 고대하다 못해서 나중에 주미서기관 이하영을 급히 전보로 초치招致하여 변명한 연후에야 비로소 복명하게 되니, 때는 고종 26년 기축 7월 24일(1889년 8월 20일)이었다. 복명 시 군신 대화에 나타난 것을 보면 고종과 박 공사의 미국관이 어떠한 것을 짐작할 수 있다. 지금 그 대화를 소개하건대 아래와 같다.18

임금: 미국에 있을 때 그 나라 사람이 과연 우대하더냐?

박정양: 만국 교섭의 통례에 대소 강약으로 대우를 달리 하는 것이 아니요, 오로지 화평과 대등으로써 하며 미국은 인심과 풍속이 극히 순박하므로 우리나라 사람을 매우 우대합니다.

임금: 비용이 넉넉지 못하여 공관 창설할 때 어떻게 충당하였느냐?

박정양: 설치비용이 많지 못할망정 검루儉陋할 수 없사오며 물가가 우리나라보다 몇 갑절이나 높으므로 비용이 많이 들고 여러 가지 기구는 보잘 것이 없사외다.

임금: 공관을 그동안 옮겼다지?

18 ≪승정원일기≫에 실려 있다.

박정양: 이는 신이 간 이후 일 이온바 들은즉 전일 공관보다 넓다 합니다.

임금: 그 나라는 일본보다 몇 갑절이나 되느냐?

박정양: 그 나라는 우리나라 법으로 계산하면 동서는 8,550리요, 남북은 8,800리인 바 미국인에게 들은즉 땅의 넓음이 아시아의 중국과 유럽의 러시아에 못하지 않는다고 합니다.

임금: 미국에 있을 때 대통령 접대의 절차가 어떠하며 접견 시에 악수로 예를 삼는다지?

박정양: 그 접대의 절차는 각국 공사와 일례一例로 화흡和洽하오며 서양 풍속에는 악수로써 접견의 상례를 삼는 고로 신도 역시 그 나라에 들어가서는 그 예를 좇아 악수로써 예를 삼았나이다.

임금: 그 나라는 극히 부강하다하니 과연 그렇더냐?

박정양: 그 나라의 부강은 다만 금은의 넉넉함과 무장한 병사의 정예만이 아니라 오히려 내정의 갈력무실竭力務實함에 있으며, 재정으로 말하면 항구세가 첫째요, 그 다음은 담배와 술이며, 또 그 다음은 지조地租이며 그 밖에 각양 잡세도 작지 않다 하며, 근래 세입이 거의 3억7천1백40여만 원에 지나고 세출은 2억6천7백90여만 원인 즉 출입을 서로 비교하여 계산하면 남는 것이 4분의 1이 되는 고로 각 항구 수입세의 감액론이 있습니다. 혹은 각항구의 수입세를 감하면 수입품의 가격이 저렴하여져 국내의 제조업이 발달되지 못한다 하여 반대하므로 감세론이 마침내 시행되지 못한 바입니다. ……그 나라는 재원이 많으나 항상 절약하여 사용하기 때문에 날로 부요하여 각국의 제일이 되니 그 부요의 비결은 절약하여 사용하는 것에 있고 그 요결要訣은 규모에 있는바 미국의 규모는 주밀하고 정해진 제도가 있어 누구나 어기지 못

합니다.

임금: 그 나라 규모가 극히 주밀(허술한 구석이 없고 매우 찬찬함)하다더니 어떻더냐?

박정양: 관리로 말하면 국사를 자기 집의 일처럼 보고 각기 그 직분을 지켜 나태하지 않으며 백성으로 말하면 사농공상이 각기 그 일에 근면하여 무위도식하는 무리가 적으므로 재물이 부요하게 되고 이로해서 규모가 주밀하게 됩니다.

임금: 그 나라의 부요가 각국의 으뜸이 됨은 규모의 주밀함 때문이거니와 인심의 순박함도 또한 각국의 제일이 된다하니 과연 그렇더냐?

박정양: 각국 인심을 다 잘 알 수 없으니……미국은 교육 하나로 나라의 큰 정사를 삼기 때문에 인심이 저절로 순박합니다.

임금: 들은즉 그 나라 국무성은 각국 상민이 무단히 왕래하지 못하게 한다니 과연 그럴 터이지. 우리나라 외아문에는 각국 상민이 무단히 왕래한다니 이는 규모規模 없는 소치이지?

박정양: 우리나라 외아문에 각국 상민이 무단히 왕래하는 것은 규모가 없어서 그럴 뿐이 아니요. 우리나라 외아문은 개방 초기에 어쩌다가 그리된 것이며 내키지 않아 머뭇거리던 것이 관례가 되었습니다.

임금: 그 나라는 재용의 부요와 규모법도의 주밀이 과연 소문과 같지만 농업을 가장 힘쓴다 하니 실제로 그렇더냐?

박정양: 농업뿐만 아니라 사농공상이 각기 그 업을 힘쓰되 미국 남부가 가장 농업에 힘씁니다.

이로 보면 미국 부강의 유래한 바를 짐작할지니 한마디로 하면 사농공상이 각기 직분을 지켜 감히 그 정규를 위반하지 않는 데 있다. 이것이 박 공사의 미국관의 요점이다.

임금: 미국이 개국한지 얼마 아니 되었는데 그 정규政規가 이렇듯 하여 사농공상의 발달이 영국보다 더 앞선 듯하며 영국은 다만 상업으로 전무專務를 삼는다 하니 과연 그런지?

박정양: 영국은 땅이 좁고 사람이 많아 전적으로 무역에 의존하기 때문에 상민이 많은 것은 당연한 일입니다.

임금: 그 나라 항구에는 항구세가 흔히 종가오분終價五分을 한다고 하니 사실이냐?

박정양: 미국의 항세가 수출에 가벼움은 인민의 제조를 권함이요, 수입에 무거움은 외화의 폭주를 막으려고 함입니다. 그러므로 혹은 5분 혹은 1할 그 물품에 따라 인민에게 이롭게 할 물품은 그 세를 가볍게 하여 수입하고 인민에게 해롭게 할 물품은 그 세를 무겁게 하여 방지하며 비단과 술, 담배 등의 세금에 이르러서는 본本가격보다 지나치는 수도 있으므로 타국에서 처음 가는 상민은 세액에 본 물품을 충당합니다.

임금: 그 나라 백성의 집이 굉장히 웅려雄麗한데 대통령의 관사는 별로 화미華美하지 않다던데 사실이냐?

박정양: 대통령 관소가 인민의 사저와 큰 차이가 없사오며 부자에 비하면 도리어 미치지 못함이 많아 극히 검소하오나 다만 사저와 다른 것은 옥제屋制가 백색을 발랐으므로 사람들이 백악관白堊館이라고 부릅니다.

군신 간에 이와 같이 산업과 정치 및 풍속에 관한 일반적 담화가 있은 뒤 다시 미국 위치와 군제 및 외교에 대하여 국왕의 하문이 있었고, 박 공사의 봉답이 있었는데 이것을 보면 당시 국왕이 어떤 방면에 가장 관심을 가지고 있었는지 짐작할 수 있다.

임금: 그 나라는 지리智里(칠레)와 파서巴西[19]에 이웃하고 북은 영국과 러시아 등 근접 지대를 경계하여 이를 북미국이라 하지?

박정양: 남북 경계는 과연 성교聖敎와 같사오며, 그 나라는 비록 북미합중국이라 칭하나 아미리가주亞米利加州 전폭全幅으로 말하면 중앙이 됩니다.

임금: 그 나라는 육해군제陸海軍制는 심히 수비하지 않는다니 과연 그러하며 또한 상비 예비군이 있는지?

박정양: 그 나라의 상비 육군은 3만 명에 지나지 못하고 이 밖에 각 진대鎭臺와 현재 워싱턴에 있는 군사는 300명을 넘지 못하니 군사는 많다고 할 수 없습니다. 이밖에 또 민병이란 것이 있고 국내 각 지방과 각 마을에 병兵학교가 있어서 인민을 교련시키니 정부에서 군량을 구비함이 없이 국란이 있을 때 10만 정예병을 즉각 모집할 것이니 이는 소위 병을 민에 부침이요 대저 그 위국爲國의 마음은 관민이 차이가 없습니다.

임금: 병학교는 공립이냐? 사립이냐?

박정양: 공립도 있고, 혹은 사립도 있습니다.

임금: 하와이국은 소방小邦이라 내왕하는 사이에 다니면서 구경한 적이 있으며, 그 지방이 얼마나 되느냐?

19 파서는 Persia인데 혹은 파나마를 잘못 적은 것이 아닌가 생각된다.

박정양: 하와이는 태평양 중의 군도를 합하여 하나의 나라를 이룬 곳이니 유구국琉球國과 제주도보다 지날 것이 없는 듯 하오며…….

임금: 하와이는 작은 섬나라인데 미국이 영국으로 더불어 일찍 서로 다툼이 있었다고 하니 무슨 까닭이냐?

박정양: 영국이 하와이를 차지하려하매 하와이가 그 침략을 이기지 못하여 미국에 속하기를 원하니 대저 그 땅이 미국과 가까운 때문이외다. 그러나 미국은 남의 토지를 탐하지 않으므로 자주 독립한 채로 지금까지 보호합니다.

이로부터 다시 주미영사의 직업과 대통령 접견시의 예절 및 서울주재 주미 공사 딘스모어의 체임遞任에 대해서 군신 간에 한참동안 문답이 있었는데 그 말은 아래와 같다.

임금: 필라델피아 영사 데이비스를 얼마나 만나 보았으며 무슨 직업을 가진 사람이냐?

박정양: 서로 멀리 떨어져 있어서 자주 만나보지 못했습니다만 상업하는 사람입니다. 뉴욕 영사 프레이저도 역시 상업인이외다.

임금: 대통령 접견 시 예절이 어떠한지? 일본과 같더냐? 일본은 타국 공사를 접견할 때 검을 찬 군인들이 옆에 서있다고 하니 과연 그러한지?

빅정양: 대통령 접견 시 예의는 극히 간략하여 좌우 서 있는 자들이 없고, 국무장관과 차관 한 명이 앞에 있을 뿐이요, 일본은 비록 성대한 의식은 아니지만 대강 좌우에 사람이 있고 그 예의가 민주국과는 다릅니다.

임금: 주차 미국 공사 딘스모어는 이미 교체되고 새로 임명된 미국 공사는 곧 바뀐다 하니 무슨 까닭이며, 딘스모어의 말을 들은즉 우리나라 새로운 공사가 파견된 후에야 미국 새로운 공사가 역시 파견될 터라고 하니 진실이냐?

박정양: 미국은 내치를 전상專尙하고 외교는 그 다음이요, ……민주국이므로 사람이 각기 자주권이 있어서 정부에서 강제로 하지 못하며, 우리나라가 새로운 공사 파견의 일절에 이르러는 딘스모어의 말이 혹 그러할지라도 괴이할 것은 없습니다. 물론 어느 나라도 외국에 사신으로 나가는 자, 모두 외국 사신의 본국에 내주하기를 원할뿐더러 그것이 고관高官이요, 또 자신의 나라 보다 낫기를 바라는 사람의 당연한 심정이외다. 云云

이로써 박 공사의 복명은 험난하고 기구함 속에서 간신히 끝을 맺었다.

X. 주미 서리공사 시대

1. 200만 불 차관

1888년 박정양 공사가 본국으로 소환될 때 박 씨가 조선 정부에 주청하여 서기관 이하영으로써 공사서리를 보게 한 것은 기술한 바와 같거니와 (그 실은 정부에서 미국인 알렌으로 서리를 삼으라는 전령電令이 있었으나 그는 외국인이므로 체례體禮에 관한다 하여 다시 서기관 이하영을 주천奏薦하여 서리가 된 것이다.) 박공사의 귀국 후 워싱턴 한국공관에 남아 있는 분은 서리공사 이하영과 미국인 참찬관 알렌 등 3명뿐으로 (이때 참찬관 이완용과 번역관 이채연은 박 공사보다도 4개월을 앞서서 병으로 귀국하였다가 아직 부임되기 전이었다.) 그들은 밤낮으로 아득히 먼 고국을 바라보고 청나라의 횡포에 대하여 스스로 비분강개함을 억제하지 못하였다. 그리해서 일방으로 미국신문을 이용하여 한국의 의분을 선양하는 동시에 청나라의 도리 없음을 공격하기 시작하였는데 신문인들은 시세가 시세이니만치 아주 호기심에 끌려서 부쩍 떠들었다. 하루는 청국 서리공사 서수붕(뒤에 주한 청국 공사가 되었음)이 한국 공관을 내방하고 사과하여 가로되 신문의 시비는 우의상 온당치 못하니 앞으로는 서로 주의하여 게재하지 말자고 청하였다. 이때 서리공사는 서수봉에게 답하기를

『신문 사건으로 말하면 귀관이 먼저 게재한 것이지 내가 그리한 것은 아닌즉 지금이라도 잘 화협하게 지내려면 반드시 이홍장의 머리를 베어오라.』

고 까지 공갈하였다. 이 한마디에 의하여 양자의 감정이 얼마나 극도에 달하였던 것을 미루어 살필 수 있거니와 박 공사 일행이 맨 처음 본국을 출발할 때부터 청나라의 횡포를 응징하기 위하여 미국에 병사를 청하려는 은밀한 계획이 있었으므로 부산, 원산 및 인천 세 항구를 저당하기로 하고 워싱턴에 도착한 이후에 미국 모 은행단과 그윽하게 교섭을 계속하여 마침내 미화 200

만불의 차관을 얻었다. 이로써 군비를 삼아서 다시 미국에 청병을 꾀할 새 백방으로 운동한 결과 드디어 미국 인사 사이에 심후한 동정을 표하는 이가 생겨나게 되었으나 이것이 의회에 제출됨에 이르러서는 격렬한 반대에 부딪혀 필경 좌절되고 말았으니, 그는 다른 까닭이 아니라 한미국교를 맺은 이래 아직 이해관계가 얕을뿐더러 출병원호하는 것은 미국 국헌의 허용하지 않는 바다. 이로 해서 청병이 실패에 돌아가고 부질없이 운동비만 16만 5천불의 거액을 소모하게 되니 일이 이에 이르매 근심하고 분개하여 병이 되지 않을 수 없었다. 그런데 그 은행단은 200만불에 저당을 잡은 한국 세 항구의 내용을 알아본즉 빈약하기가 짝이 없어 애초부터 담보가 되지 아니하므로 소비액 16만 5천불을 공제하고 그 나머지인 183만 5천불의 반환을 요구하는 것이 차라리 나은 것을 깨닫게 되었다. 은행단이 어느 날은 병중에 있는 청년외교가 이하영을 초청하여 호의로 축배를 들어 권하여 가로되,

『군이 국가를 위해서 사용한 것인즉 소모액은 전액 탕감할 터이니 그리 알라.』

고 하였다는 미담까지 있다. 당시 워싱턴 모든 신문은 이 전후 사실에 대하여 많이 게재하였다 하거니와 오늘날 이들 신문이 남아 있으면 오죽 좋으련만 도저히 얻어 볼 수 없는 것이 유감이다. 서리공사 이하영은 이 청병운동이 수포로 돌아간 것을 극히 분개하게 여겨 대내에 전보로 알리기를 큰일을 이루지 못하였으니 차라리 죽느니만 못하외다 하였더니 대군주께서 이하영에게 안심잉주安心仍駐라는 전령이 있었다. 이로 보면 대내와 공관 사이에 깊은 연락이 일찍부터 있던 것이 명백하며 따라서 미국의 병력을 빌려서 청국의 횡포를 응징하려던 것은 거의 공연한 비밀이었음을 알 것이다.[1]

1 1888년 200만불의 차관문제는 실제로 있었다. 前揭 ≪개화기의 한미관계≫, pp.142–143 참조. 그러나 請兵운동에 대해서는 뒷받침할 사료를 찾을 수 없다.

2. 외교관 생활의 일면

박정양 이래 워싱턴 사교계는 한국 공사 일행에 대하여 언제나 일종 호기심으로써 맞이하였고 공사 일행도 연회에 임할 때마다 역시 이상한 눈으로 모든 것을 주시하였다. 하나의 예를 들면 공사 일행이 일찍 검찰총장 브래들리의 야간 연회에 갔을 때 이렇게 적은 일절이 있었으니

『주효낭자酒肴狼藉하고 관현管絃이 상주相奏하며 남녀가 서로 안고 춤을 추니 대저 음악이 있으면 무도가 있는 법이라. 가장 이상한 것은 가슴과 팔을 노출한 여인이 많다. 혹은 배자(주머니나 소매가 없는 옷) 비슷한 것을 입은 이도 있었고 혹은 수건을 목에 건 이도 있고 혹은 구슬과 옥으로 수식修飾를 삼아 목에 늘인 이도 있으며 또 혹은 머리털을 풀어 흩뜨린 이도 있으며 또 혹은 다래 머리를 뒤로 드리운 이도 있는데 부인 처녀 할 것 없이 다 모였으니 우리나라 안목으로 보면 자못 현아眩訝하다.』

고 하였다. 그러나 사람은 오래 교유하는 동안에 서로 이해하고 서로 동화되는 것이다. 더구나 유행을 따르며 추세를 좋아하는 청춘시절임이랴. 당시 겨우 30대를 넘을까 말까 한 서리공사 이하영은 워싱턴에서 외교관 생활을 한지 수년에 영어도 더욱 유창해지고 무도도 아주 능숙해져서 요즘 말로 「Modern Boy」가 되고 말았다. 어느 연회나 그가 참석하지 않는 데가 없고 또 누구나 그와 무도하기를 즐겨하였다. 상투 틀고 한국버선에 구두신은 서리공사가 무도장에 나타날 때는 언제나 금발여희金髮麗姬의 가장 환영하는 표적이 되었다. 홍등녹주紅燈綠酒 사이에 밤새는 줄도 모르고 한바탕 껴안고 춤을 추고나면 모든 울분이 다 사라진다. 이리하는 동안에 염복艶福(아름다운 여자가 잘 따르는 복)이 있는 서리공사는 미국 어느 유명한 부호 따님의 열렬

한 사랑을 받아 그 아가씨로부터 약혼의 간청이 있었으며, 서리공사도 그때까지 미혼의 신세이니만치 마음이 없는바 아니나 외국인과의 결혼은 당시 국법으로 엄금하였으므로 거절하였더니 하루는 그 아가씨 모친이 서리공사에게 청하기를, 자기 맏사위가 이태리 현 육군 장관인즉 그를 시켜 이태리 황제께 이 사의를 알려서 특별히 귀왕국의 칙허를 얻도록 주선할 터이니 내 딸과 결혼하는 것이 어떠냐 하고 조르는 바람에 변설辨說에 능한 서리공사로서도 한참 동안 대답에 군색하였다 한다. 이는 바야흐로 인생의 봄을 노래하는 청년 외교관의 이면 생활에 핀 연애의 아름다운 꽃이거니와 그가 서리공사로 워싱턴에 있는 시일이 비록 짧았으나 생래生來의 재기와 담략이 어느 곳에나 발로된 것을 보겠으니 전술한바 차관과 청병 같은 것은 그의 가장 큰 하나의 예이며 이런 정치적 의미를 떠나서 심상한 행사에 있어서도 또한 그의 재략이 번쩍였으니 이를테면 1,000인의 초대연 같은 것이 곧 그것이다. 한국 공사 일행이 항상 각 성의 장관과 원로 및 기타 상류층 상인의 초청을 받았지만 우리 공사관 측에서 한 번도 그들 대관과 사녀士女를 초대한 적은 없었으므로 회사回謝의 예로 어느 날은 커다란 연회를 벌여 음식을 차려놓고 워싱턴 각 방면에 초대장을 발송하여 모인 빈객이 거의 천 명을 헤아리게 되었는데, 그 중에는 각 성의 장관과 원로와 각국 공사와 기타 거상은 물론이요, 대통령 부인 및 그 자식까지 참석하였다. 대통령 부인의 참석은 워싱턴에 수도를 세운 이후 처음 보는 일이라고 그때 미국 신문에서는 극구 찬송하였다는 것을 보아도 이 연회가 얼마나 인기의 초점이 되었던 것을 짐작할 것이다. 그러나 그가 필경 박 공사의 일을 변명하기 위하여 귀국함에 미쳐서는 청일전쟁 후 주일 특명전권공사가 될 때까지 오랫동안 외교계와는 거의 절연하였다.

3. 철도모형과 미국문화의 유입

주미 서리공사 이하영이 1889년 박 공사의 변명을 위하여 일조一朝 귀국한 것은 기술한 바이나 이때 그는 정교한 철도 모형을 미국에서 사 가지고 와서 대군주폐하의 어람에 바친 후 모든 대신과 귀족 등에게 구경시켜 철도의 편리와 효용이 얼마나 큰 것을 알게 하였다. 그 모형으로 말하면 넓이가 6,7촌이요 높이가 8,9촌 되는 금속제품이었으며, 기관차 · 객차 · 화물차 등을 연결하여 이것을 한번 틀어놓으면 금속제 궤도상으로 활주하게 장치한 것인데 궤폭과 기타 가장 중요한 부분의 척촌尺寸에 대해서도 실물과 같은 모양의 상세한 해설을 붙였는바, 이것이 궁중에 철도 지식이 수입된 효시이다.[2] 이보다 앞서 일본에 내왕하던 신사信使로 말미암아 철도에 관한 이야기를 꿈결같이 어렴풋이 얻어들었고 또 미국철도에 대하여 구체적 보고는 박 공사의 ≪미속습유≫에도 적혀 있는 바나 모형에 의하여 실감을 가지게 한 것은 이때가 처음이다. 구중궁궐 깊은 곳에 거주하는 지존께서 이 모형을 보고 얼마나 호기심을 자아내었으랴. 아마도 이것이 직접 간접으로 한국철도에 대하여 어떤 영향이든지 미쳤을 줄로 믿는다. 후일에 가서 한국 철도의 원조인 경인선을 부설할 때 협궤식挾軌式을 취하지 않고 광궤식廣軌式을 취한 것은 미국의 영향이니 좀 더 자세히 말하면 인천에 있는 미국상인 타운센드Walter D. Townsend와 함께 요코하마에서 무역에 종사하던 미국인 모오스James R. Morse에게 경인선 부설을 허가한 것은 당시 외무대신 이하영이었고 부설 공사 중에 다시 모스로부터 양여를 받은 일본은 자국에 이미 설치된 철도와 마찬가지로

2 병자수호조약 체결 뒤 일본에 파견되었던 수신사 김기수의 일동기유日東紀遊에도 이미 철도에 대해서 설명하고 있다.

협궤식을 시행하려 하였음에 불구하고 당시 동경주차 한국 공사 이하영의 반대로 해서 협궤식은 실현되지 못하고 마침내 미국방식의 광궤식을 채용하였다 한다. 이 사실은 철도 모형의 구입과 아울러 미국제의 광궤식이 한국철도에 미친 영향의 뚜렷한 일례이거니와 이렇게 볼 때는 일찍 박 공사의 광산기사 초빙과 이때 서리공사의 철도 모형 구입 같은 것이 비록 세인의 눈에 띄는 것이 아니나 또한 미국 문물이 한국에 유입된 일단一端으로서 더구나 그것이 사절이 자진해서 수입한 것인 만큼 앞서의 보빙대사 민영익이 초래한 고문 기사 및 교사와 마찬가지로 문화사상 자못 주의할 바다.

광산과 철도는 반도이익권의 가장 큰 것으로 한때는 열강이 저마다 탐내던 바, 미국인 중에도 관심을 갖는 이가 있었다. 저 200만불 차관 시에도 일설에 의하면 최초에 미국인 참찬관 알렌을 시켜 미국 부호 제임스 H. 윌슨James H. Wilson에게 교섭을 할 새, 광산과 철도의 이권을 주기로 하고 200만불의 차관을 하려고 했다. 그런데 이때 윌슨 씨는 반半승낙을 하였지만 미국 정부에서 한국에 거액의 투자를 반대하는 고로 그만 중지되고 말았다. 이로 보면 차관이 성립되지 못하고 중도에 유산된 듯하며, 또 세 개의 항구가 저당이 아니요 광산 · 철도의 이권을 주기로 한 듯하니, 이 양설 중에 어느 것이 진정한 사실인지 알 수 없다.3 그러나 미국 정부에서 나중에 가서는 베야드 국무장관이 블레인 국무장관으로 바뀌면서 정책도 다소 달라져 한국에 대해서도 유의하는 듯한 경향이 있었다.

광산이나 철도뿐이 아니라 한국에 있어서 미국 문화의 수입 경로를 살펴보면 크게 두 갈래로 나눌 수 있으니 하나는 선교사계系요, 또 하나는 비선교사계이다. 전자는 선교의 한 방편으로 학교, 병원 등을 설립하였는데 그들

---

3 후자인 광산·철도의 이권을 주고 차관을 하려고 하였다. 이에 대해서는 졸역 ≪개화기의 한미관계≫, pp.142-143을 참고할 것.

이 경영하던 모든 기관 및 그들이 생활하는 가정을 통해서 미국의 사상이며 풍습이 유입하게 되었고 후자, 즉 비선교사계로 말하자면 흔히 한국 정부에서 초빙한 고문, 교사, 기술자와 또는 기타 기업가 등에 의하여 된 것이니 정치 · 군사 · 교육으로부터 전등 · 전화 · 전차 · 금광 · 철도 · 수도시설에 이르기까지 근대 문명의 첨단을 걷는 모든 편리한 기구가 어느 것이든 최초 미국인의 손길을 거치지 않은 것이 없었다.

4. 미국박람회 출품

1888년 박 공사가 본국으로 소환된 이래 다시 정식공사를 임명하지 않고 서기관이나 참무관으로 임시서리를 보게 하였는바, 최초에는 서기관 이하영이 그 직임을 맡았고, 이듬해 이하영이 귀국한 뒤에는 참찬관 이완용이 그 직임을 맡고,4 그 다음해 이완용이 귀국한 뒤에는 서기관 이채연(번역관으로 서기관이 됨)이 그 직임을 맡았더니, 그 다음해 이채연 마저 귀국함에 이르러서는 한국 정부에서 사복정司僕正 이승수로 참무관을 삼아 공관의 일을 보게 하였다. 그러다가 다음해 즉 갑오(1894년) 정월 초8일에 가서는 이승수를 미국주차 변리대신으로 승임시키니, 박 공사 소환으로 이에 이르기까지 대략 6년 동안은 서리공사 시대라고 이름 한 것이다. 이 서리공사 시대에 있어서 200만불 차관문제가 비록 성립되지 못하였으나 일대 사건임에는 틀림없고, 다음에 꽤 주목을 끈 것은 1893년 미국 시카고 만국박람회의 출품이다. 한미통상 후 정식초청을 받아 출품하여 보기는 처음이므로 여기 대해서 알아볼 필요가 있는 줄로 믿는다. 47개국이 모인 중에 조선이 그 일국이요, 출품한 물건은 우리 토산품인 수공품 등이었다. 그 가격은 미화로 1,140여원에 불과하였으나 미국으로부터 초청을 받은 동양 제국 중에 많은 인원을 파견한 것은 한국 외에는 오직 일본이 있을 뿐으로 청나라도 많은 인원을 파견하지 않았다. 이때 한국이 시카고 박람회에 많은 인원을 파견하여 참가한 것은 국제적으로 의의 있는 일이다. 출품 대원인 정경원의 보고에 나타난 것을 보면 당시 광경이 지금 어렴풋이 눈앞에 재현되는 듯하다. 1893년 계사 11월 초9

---

4 이완용은 일시 귀국하였다가 박정양이 워싱턴을 떠난 뒤에 다시 부임하였다.

일에 고종이 정경원을 건청궁에서 소견召見하여 문답한 내용은 다음과 같다.5

임금: 미국 물색物色의 장관이 어떻더냐?

정경원: 매우 번성하더이다.

임금: 몇 번이나 대통령을 보았느냐?

정경원: 시카고 박람회에서 보고 4월에 워싱턴에 가서 또 보았습니다.

임금: 미국의 접대가 어떻더냐?

정경원: 매우 관후款厚하더이다.

임금: 미국이 우리나라를 고호顧護함이 매우 도저到하지. 이번에 몇 나라가 참가하였으며 일본과 중국도 왔겠지?

정경원: 참가한 47개국 중에 일본은 많은 인원이 있었고, 중국은 많은 인원이 없었고, 오직 상민이 이 박람회를 볼 뿐이었습니다.

임금: 우리나라도 역시 전시실을 세웠겠지?

정경원: 박물관 총 전시실 사이에 조선식 가옥을 세우고 기와를 구워서 덮었나이다.

임금: 몇 米突(미터)이나 되겠느냐?

정경원: 몇 미터인지 알 수 없으되 우리나라 집간으로 말하자면 7,8간 쯤 되겠더이다.

임금: 우리나라 물품을 보고 어떻다고 하더냐?

정경원: 외국인이 우리 물품을 처음 보는 고로 보는 사람이 모여 들어 관리인이 미처 응접할 수 없사와 종이에 물품명과 용도를 적어서

5 ≪승정원일기≫에 실려 있다. 한편 ≪윤치호일기≫ 권3(국사편찬위원회, 1974년 11월 간행)을 보면, 미국 유학중이었던 윤치호는 1893년 9월 28일 시카고 박람회를 구경하고 감상을 적고 있다.

물품 위에 붙였더이다.

임금: 가장 좋은 물품은 무엇이더냐?

정경원: 포필布疋(무명 피륙), 염석簾席(발), 나전농장螺鈿籠欌(자개 조각을 붙인 큰 궤), 수병繡屛(수놓아 만든 병풍) 등의 관물館物은 각국 사람들이 모두 감상하고 칭찬하여 상패를 준다고 하더니 자세히 알 수 없사오나 상패 만드는 것을 기다려 추후로 미국 공관 알렌에게 부송付送한다 하더이다.

임금: 출품물의 값이 미화로 얼마나 되느냐?

정경원: 1,140여원입니다.

임금: 나머지 물품은 박물원에 기부했느냐?

정경원: 각 박물원과 각 학교에 나누어 주고 감상할 수 없는 것은 박용규에게 맡겨 후편을 기다려 가져다가 정부에 환납하려 하나이다.

임금: 박물원에 기부했다면 좋았을 것을 그랬구나.

이로 보면 상감으로서는 이 박람회를 기회로 삼아 한층 더 한미친선을 철저히 하려고 노력했던 것을 알 수 있다.

5. 교사파면과 봉급독촉

주미 서리공사 시대는 한국에 있는 미국 공사로서는 딘스모어와 허드 Augustine Heard의 기간에 상당하는 바 이 기간은 한국 국제정국의 침체기이니 만치 한미의 교섭도 한층 더 단순하였다. 서울주재 미국 공사의 임무는 한국 거류의 그 나라 선교사와 약간의 상인을 수호함에 있었고 한국에 오는 유람객을 위하여 편리를 꾀함에 불과하였다. 그러나 선교사를 제외하면 상인이라 하여도 몇 명이 안 되었으며, 유람객으로 말하더라도 경로에 어쩌다가 한국에 들르는 것인데 그들의 소원을 따라 공사가 한국외아문에 교섭하여 혹은 상감께 알현하도록 청하기도 하며, 또 혹은 여행증명을 얻어주기도 하였다. 당시 돈은 엽전을 사용할 새 여행자가 휴대하기 불편하므로 외아문으로부터 각기 그 지방관에게 관문關文을 내어 외국인 유람자에게 여행비용과 식량을 내어주게 하였다. 한국에 유람한 인사 중에는 관리, 학자, 군인, 신문기자도 있어서 그들을 통해서 한국의 사정이 차차 알려지게 되었거니와 딘스모어 공사 시대에서 허드 공사 시대에 걸쳐 한미친선에 있어서 불미스러운 사건 하나가 발생하였으니 그것은 일찍 초빙해 온 미국인 육군교사를 한국 정부가 이유 없이 파면시켰기 때문으로 양국 사이에 문제가 된 것이었다.

좀 더 자세히 말하면 갑신정변 이후 청 · 일간에 체결된 톈진조약에 의하여 조선군대의 교련사관은 제3국인 미국인에게 의뢰하게 되어 조선 정부가 미국 공사 딘스모어를 통하여 워싱턴 정부에 교섭해서 1888년에 다이William M. Dye[茶伊], 커민스E. H. Cummins[巨民氏], 리John G. Lee[乙理] 등 3명의 육군교사를 초빙해 왔었는데 박 공사가 워싱턴에 도착하자 그 3명이 조선을 향하여 출발하게 되었다. 그런데 그들이 조선에 온 지 수 년도 되지 못한 1890년에 가서는 정부가 무슨 까닭으로 그러했는지 다이 외에 커민스와 리 2명을 파면하였으므로 미국 공사 딘스모어는 최초 자기가 그들을 초청한 책임이 있을 뿐더러 미국 정부에서 주선한 관계상 아주 중대시하였던 것이다. 그리하여 이때부터 문제된 것이 딘스모어가 체임되고 허드가 부임한 이후에도 오래 두고 끌다가 필경 허드 공사가 미국 정부에 일일이 품달하여 말썽이 커지려고 함에 미쳐서야 정부에서 비로소 바르게 처리 하게 되었으며, 그들에게 여러 개월 동안 지불하지 못한 봉급 3,300여원을 겨우 줘서 돌려보냈다.6 그러나 이때 재정 곤란으로 해서 봉급을 지불하지 못한 것이 이 육군교사 두 명뿐이 아니었으므로 미국 공사는 이들의 밀린 봉급을 한국외아문에 독촉하는 것이 일대 임무였다. 이로 보면 진정한 외교가 양국 사이에 있었다고 인정하기 어려웠다.

당시 한국에서 영국인을 비롯하여 기타 외국인을 많이 초빙하여 오기는 했으나 물질적 대우가 아주 형편없는데다가 또 정신적 이해까지 결여되었으므로 그들 문명인으로 하여금 재능을 다할 수 없게 한 것이 유감이었다. 예를 들면 제중원 의사 미국인 모某 씨는 공로 있는 인물임에 불구하고 그의 거주하는 가옥이 정부의 소유에 관계 된다고 하여 함부로 나가라 하므로 그 의사는 크게 분개해서 공사 허드를 통해서 한국외아문에 항의한 일이 있었거니와 이밖에도 이 비슷한 몰이해로 해서 양자 사이에 생긴 오해가 많이 있었다. 그러나 대체로 보면 외국인 중에 가장 우대를 받은 것은 미국인이었으니 고종은 언제나 미국에 대해서는 동경하시고 미국인에 대해서는 특별히 애정을 표하였으므로 미국 공사가 임금을 뵐 때는 은근한 태도를 취하였고 무슨 중대 사건이 발생할 때는 흔히 자문하기까지 하였다.

---

6 미국 군사교관의 해고로 일어난 문제에 대해서는 졸고 ≪미국 군사교관의 초빙과 연무공원≫을 참조할 것.

XI. 다사한 씰 공사 시대

1. 청일전쟁과 씰 공사

허드 공사 시대가 반도정계의 침체기였음에 반해 허드의 뒤를 이어 부임한 씰J. M. B. Sill 공사 시대는 실로 다사의 시기였으니 동방 국면을 일변케 하던 청일전쟁이 일어나고 또 궁정 참극인 을미정변이 일어나 근세사상 가장 파란이 중첩하던 전환기였다. 이 전후의 비상사변에 대하여 서양 각국 중 우리와 최초에 통상한 우방으로 특히 서로 돕기를 약속하게 된 미국은 어떤 의향을 가졌으며 그 대표자로 서울에 주재한 씰 공사는 과연 어떠한 수단을 취하였던가. 물론 공사는 자국 정부의 지령에 따라 행동하는 것이 원칙이므로 워싱턴 정부의 의향 여하가 곧 씰 공사의 태도를 결정짓게 되는 관건이지만 실제에 있어서 반드시 그런 것도 아니었다. 워싱턴 정부와 씰 공사 사이에는 일치가 되지 못한 적이 흔히 있었으니 그것은 씰 공사가 워싱턴 정부의 지령을 무시하거나 혹은 기다리지 않고 무슨 일을 자의로 처리했기 때문에 그리된 것은 아니며 그렇다고 워싱턴 정부가 전후 정책을 달리하기 때문에 그리된 것도 아니다. 미국의 대한對韓정책은 언제나 불간섭주의요 엄정 중립주의에 철저하였으니 그 이유는 아주 명백하다. 미국측으로 보면 극동 한국은 실제의 이해관계가 적을 뿐 아니라 국제적 위험지대이기 때문이다. 비록 공사 개인적으로는 조선에 대하여 깊은 동정을 가진 것도 없는바 아니나 워싱턴 정부의 방침이 이로해서 일찍 동요가 생기거나 변경이 있는 것은 아니었다. 이런 견지에서 씰 공사 시대의 한미관계를 살필 때 다수의 해석하기 어려운 모순이 저절로 풀릴 것이다. 어쨌든지 씰 공사는 역대 주한 미국 공사 중에 가장 많은 활약을 시도한 인물이었으니 이 점에 있어서는 이전의 포크와 이후의 알렌을 제외하고는 그를 따를 이가 없을 것이다. 지금 씰 공사의 이력을 그의 친구인 벙커Bunker 부인에게 듣건대 공사가 되기 전까지는 미국에서 육영사업에 몸을 바쳤던 모양이며, 그의 사촌 누이 동생은 미국 록퍼드 여자 대학의 총장으로 있어 크게 명성을 드날렸다 하거니와 씰 공사가 1894년(갑오 3월)에 조선에 올 때는 근 60된 노신사이었으며, 그가 서울에 부임하던 전후는 동학란東學으로 인해 국제적 저기압이 반도를 덮었고, 그리하여 필경 청 · 일의 출병을 보게 된 바 청국의 구실은 조선의 청구에 의하여 출병했노라 하며 예의 종속 문제를 또다시 운위함에 대하여 일본의 주장은 거류민과 공사관을 호위하기 위하여 출병했노라고 하였다. 그런데 이때 씰 공사는 일본의 출병한 이유를 시인한 듯하니 1894년 6월 18일 그레샴Walter Q. Gresham 국무장관에게 보낸 편지를 보면 잘 알 수 있다. 그 편지에는

『오토리大鳥 공사의 말에 의하면 일본의 출병은 거류민과 공사관을 호위하기 위함이라 하는 바 현재 일본인으로서 조선에 있는 사람은 서울 1,000명, 인천 4,000명, 부산 및 원산에 10,000명이며, 일본인으로서 조선사변에 희생된 자가 일찍 임오군변에 40명 이상, 갑신정변에 약 60명이 된 것을 생각하면 그 주장이 정당하다.』

고 하였다(延專 교수 이묘묵 박사 논문 ≪조선과 청일전쟁≫ 279頁 참조).

그러나 이 때 한국을 사이에 두고 날로 위기에 임박해지는 청 · 일의 국제관계를 알게 된 워싱턴 정부는 서울주재 씰 공사에게 전보로 훈령하되

『조선과 조선 국민의 안녕에 대한 합중국의 우의적 관계로 보아 평화 상태의 존속을 위하여 모든 가급적 노력을 다하라.』

고 하였다.(李 박사 논문 281頁 참조)

씰 공사는 이 험악화 된 국제적 위기를 극복하기 위하여 6월 25일에 가서는 영국, 러시아, 프랑스 등의 대표자와 제휴하여 청 · 일 양국 사신에게 공동 통첩을 보내어 청 · 일 양방이 동시 철병할 것을 요구하였다. 그런데 이 때 씰 공사

는 워싱턴 정부에 보고하되,

『청국은 공동 철병에 찬성하나 일본은 듣지 아니하니 딴 목적이 있는 듯하며 전쟁을 요구하는 것 같다. 조선의 안전이 위협을 받는다.』[7]

고 하였다. 이것은 청·일 전쟁이 폭발되기 전에 미국 및 씰 공사가 취한 태도의 일단一端이다.

---

7 이에 대해서는 Dong Chon(董天), The United States Attitude towards the Sino-Russo-Japanese Policies in Korea, 1891-1898, *Journal of Social Science and Humanities*, No. 23 The Korea Research Center, 1965년 12월 간행 참조.

2. 방전防戰운동과 한미교섭

고종은 청·일이 개전開戰하면 반도가 그 소용돌이 속에 쓸려들 것을 우려하사 주한 제국諸國 사신에게 평화의 주선을 의뢰하였다. 그리하여 전술한 바와 같이 씰 공사가 열국 사신과 더불어 청·일 대표자에게 공동 권고를 하였으나 일본측은 마침내 한국에서 내정의 개혁을 보지 못하는 한에는 철병하기 어렵다고 재차 거절하였다. 어시호於是乎 고종은 전쟁을 피하지 못할 것을 알고 친히 씰 공사를 불러 보고

"금후 필요한 경우에는 짐이 미국 공사관에 파천할는지 모르니 귀의貴意가 어떠냐?"

하고 하문하자 씰 공사는 아주 흔연히 찬성을 하였다 하거니와 고종은 주한 외국 사신의 공동주선이 실패한 뒤에도 오히려 한 가닥 희망을 방전운동에 붙여 한미조약에 의거하여 미국의 호의적 조정을 청하기로 결정하였다. 고종은 이에 워싱턴에 있는 조선공사 이승수에게 명하여 급히 국무장관 그레샴 Gresham을 방문하고 오늘날 난국을 바로잡으며 일첩一睫에 닥친 전화를 피하기 위하여 열국의 대회의를 개최할 필요가 있는 것을 역설하라고 하였다. 이때 청국의 이홍장도 역시 미국 정부에 대하여 이 난국을 중재해서 호의적 주선을 행사하여 달라고 청탁하였다.

워싱턴에 있는 한국 공사 이승수는 어명을 받은 이래 국무성을 3차례 방문하고 미국 정부의 호의적 주선을 의뢰할 새 국무장관 그레샴과 최후 회견에 있어 이 공사는 요청하기를 한·청·일 3국에 주차한 미국 대표자에게 명하여 한국평화를 위해서 노력케 하며 또한 한국에서부터 급히 일본군대의 철퇴를 요구하라고 하였다. 여기에 대해 국무장관은 이 공사에게 답하기를 미

국은 한국 정부에 동정하며 또 한국 주권이 침해되지 않기를 바라는 바이나, 한국 및 제국에 대하여 어디까지 공평한 태도를 가져야 하겠으므로 미국의 세력은 일본에 향해서 오직 우의적 한도에 있어서만 행할 수 있고 결코 열강과 합치하여 간섭할 수 없다고 하였다. 그레샴 국무장관의 태도는 이처럼 아주 소극적이었으되 이미 한청 양국의 간청이 있었을 뿐더러 평화를 위한다는 미국의 체면상으로도 묵시할 수 없으므로 그를 문방한 주미 일본 공사(建野) 혹은 대리공사(宮岡)에 대하여 그레샴은 한청 양국 정부로부터 의뢰하여 온 전후 사실을 진술한 후 그는 다시 말하되

『한국은 허약과조虛弱寡助 국가로 미국이 불쌍히 여기고 동정하는 바니 귀국이 그에 대하여 친절 공평하게 처신하면 미국은 감사하겠다.』

고 하였다. 그리고 그는 또다시 부언하기를

『일본이 한국 국경에서 전쟁하려는 결심이 보이는 것은 미국의 가장 유감스럽게 여기는 바』

라고 하였다. 이때 일본 공사는 답변하길

『일본 정부는 한국의 독립을 인정하였으니 국토를 넘보는 자가 아니다. 그러나 근래 동란의 원인이 정치의 문란과 관리의 부패에 있으므로 한국 내정의 필요한 개혁을 단행할 때까지는 철병할 수 없다.』

고 하였다. 그레샴 국무장관은 동경주재 미국 공사 에드윈 던 Edwin Dun에게 전훈을 내려 일본 정부에 충고하게 한 바 그 큰 요지는 아래와 같으니

『한국변란이 진정되었음에도 불구하고 청국과 마찬가지로 철병함을 거부하며, 또 조선 내정의 급격한 개혁은 미국 정부의 유감히 여기는 바라』

고 하였다. 동경 정부의 태도가 강경하여 도저히 움직일 수 없는 것을 보게 된 미국 공사는 이 형편을 워싱턴 정부에 전보하였더니 국무장관도 조정이 무효할 것을 알고 아주 단념한 모양이다.(일미교섭50년사급及 李박사 논문 참조)

3. 정동 구락부와 미국인

전쟁을 방지하려던 미국의 노력이 효과를 내지 못하고 필경 청·일은 창과 방패로써 서로 보게 된 바 반도는 예상한 것과 같이 포화의 항巷을 이루었다. 이 전쟁 중에 중대한 문제에 봉착할 때마다 고종은 씰 공사에게 물어보았고 씰 공사도 자기의 의견을 숨김없이 진술하였다. 이를테면 6월 25일 외무대신 무츠무네 미츠陸奧宗光의 비밀 통고에 의하여 서울주재 일본 공사 오토리 게이스케大鳥圭介가 고종을 뵙고 자기의 제출하려던 몇 안건에 대해서 토의할 기관을 설치하라고 청구하였는바 조정에서는 유예미결하고 시일을 끌며 미루므로 오토리가 최후에는 회의기관을 3일 내로 설치할 것을 조선 정부에 강요하였는데 이때 회의기관을 설치함에 있어서도 실로 씰 공사의 조언의 힘이 많았다 한다. 이밖에도 이 비슷한 유형의 조언 사례가 얼마든지 있는 것으로 역대 미국 공사 누군들 그리하지 않았으리오만 씰 공사는 역시 고문격이었다. 당시 사교의 목적으로 조직된 정동 구락부가 생기매, 씰 공사는 그 부원 중의 유력한 한 명이었다. 부원을 크게 나누어 외국인과 조선인으로 볼 때 전자의 저명한 사람은 이미 기술한 미국 공사 씰을 비롯하여 프랑스 영사 플랑시Collin de Plancy와 한국 정부의 고문으로 초빙된 두 미국인 다이와 러젠드르Charles W. Legendre(한국명 이선득李善得)이었으며, 또 두 미국 선교사인 언더우드Horace N. Underwood(원두우元杜尤)와 아펜젤러Henry G. Appenzeller(아편설라阿扁薛羅)이었고 한국측의 현저顯著한 사람은 민영환, 윤치호, 이상재와 미국으로부터 새로 귀국한 서재필과 이완용 등이었다. 그런데 이 정동 구락부가 나중에 가서는 서울 외교계의 중요한 기관이 되어 궁정과 기맥을 통하여 여러 획책을 꾀하였는데 그 중에도 가장 큰 문제는 명성황후의 뜻을 받아 한국을 중립국으로 만들자고 하던 것이다. 정동 구락부에서는 이 중립안에 대하여 수차의 토의를 거듭하였지만 결국 흐지부지되고 말았다. 그러나 그 중지하게 된 내용을 듣건대 러시아 공사 웨베르Karl Waeber[韋貝]의 반대와 이노우에 가오루井上 馨가 3,000명의 병사를 데리고 온다는 풍설로 해서 그리된 것이라 한다. 그는 어찌되었던지 이 구락부에는 미국인이 아니면 미국계의 인물이 가장 다수요, 또 그 핵심적 세력이었던 것은 부인할 수 없는 사실이었다. 당시 반도 안의 열강 세력의 성쇠로 말하면 청일전쟁 후 청의 세력은 아주 소멸되고 요동환부遼東還付 후 일본 세력도 얼마큼 감퇴되매 이 기회를 타서 세 나라 간섭의 여세餘勢를 빌려 가지고 한양 궁정에 세력을 부식扶植한 자는 러시아였다. 러시아 공사 웨베르는 그 부인과 함께 고종과 명성황후에게 가장 신임을 받았는데 러시아 세력의 증가는 그 반대측에 있는 일본 세력의 위협 또는 감퇴를 의미하는 것이며, 이 러·일의 알력에서 을미정변이 돌발하였다. 그런데 을미정변 당시에 러시아인과 마찬가지로 궁정에 깊은 관계를 가진 외국인은 미국인이었다. 물론 미국인의 친밀은 러시아인의 그것과는 성질이 판이하지만 고종과 명성황후 주위에는 항상 미국인 선교사 부부가 떠나지 않았으며, 궁궐의 위병衛兵도 미국인 다이 장군의 휘하에 속하였다. 그러나 폐하의 소원을 수행하려 하되 그의 노력이 방해를 받아 위병은 유명무실하였고 쿠데타를 행하던 때도 그 첫 번째 수단으로 먼저 위병의 수를 감소하고 또 무기를 압수하게 되었다 한다. 미국 공사는 러시아 공사로 더불어 이 정변 전후에 있어 서울주재 열국 사신 중 가장 많은 활약을 하였고 가장 많은 동정을 가졌으며 또 가장 많은 항의를 하였다.

4. 을미정변과 미국인

을미정변이 일본과 러시아의 알력에서 생긴 것은 전술한 바이지만 청일전쟁 중에 오토리 게이스케大鳥圭介의 뒤를 이어 조선에 공사로 왔던 내무대신 이노우에 가오루井上 馨는 마침내 뜻을 얻지 못하고 을미 9월에 육군중장 미우라 고로三浦梧樓와 교체하게 된 바 미우라가 공사로 오자 형세는 급격하게 바뀌어 10월 8일(음력 8월 20일)의 사변이 일어났다. 그 사변의 직접 원인은 일본식의 훈련대를 해산시키려 하므로 훈련대가 입궁하여 난을 일으킨 것이나, 그 중에는 일본군인과 장사壯士가 참가했기 때문에 국제적으로 일대 문제를 일으켰고, 고종의 아관파천에 이르러서는 일본 세력이 아주 실추되고 말았다. 이 사변이 일어나던 바로 전날부터 이상한 풍설이 항간에 유포되어 미국 대리공사 알렌이 러시아 공사 웨베르와 함께 미우라를 방문하고 정세를 탐지하려고 하였으나 조금도 이상한 눈치는 채지 못했다. 그러다가 그 다음 날 새벽에 가서 사변이 돌발한 후에야 비로소 깨닫고 크게 놀라서 미국 대리공사 알렌은 그의 부하를 데리고 대궐에 들어가려 할 때 먼저 러시아 공관에 이르러 대군주의 소명을 마찬가지로 받은 웨베르 공사를 만나 두 외교관은 급히 일본 관사로 달려갔더니 일본 공사 미우라는 방금 입궐 중이므로 그들은 다시 대궐로 향하여 발걸음을 옮겼다.

그들은 궁성 내외에서 30명 이상의 일본인을 만났는데 그 옷은 헝클어지고 장검을 집고 미우라 공사에게 해산을 당해서 나오는 길이었다. 알렌과 웨베르는 대군주가 있는 전각에 가까이 가서 폐현을 청했으나 종내 허락하지 아니하므로 두 시간 동안이나 서서 고통스럽게 기다렸다. 이 동안에 미국과 러시아 양 공사는 궁궐을 수호하고 있던 미국인 다이 장군과 기타 외국인을 만나 정변에 대한 모든 상황을 알아보았다. 그러다가 필경 알현을 하기는 하였지만 그것도 그들이 구실을 만들어 일본 공사가 들어왔으니 그를 좀 보게 해 달라고 하였으므로 미우라가 부득이 먼저 면회를 허락하고 그 다음에 공포에 싸여 있는 대군주에게 알현까지 하게 된 것이다. 그런데 미국과 러시아 양 공사는 미우라를 향하여

『일본인이 이 사변에 참가한 것은 무슨 까닭이냐?』

하고 흥분한 어조로 힐문하매 미우라는 답변하기를

『일본인이 만일 이 사변에 참가했다면 반드시 무슨 처분이 있을 것이나 조사한 후가 아니고는 망언할 수 없다.』

고 하였다. 미국과 러시아 양 공사와 미우라 사이에 한참 동안 서로 논쟁이 있다가 마침내 미우라로부터 이날 오후에 외국 공사회의를 열겠다는 언질을 얻고서야 궁중을 나왔다.

이날(8일) 오후 정각에 약속한대로 일본 공관에서 외교단회의가 열렸다. 이때 러시아 공사 웨베르가 외교단을 대표해서 일본 공사 미우라에게 질문하였고 거기 대하여 미우라는 답변하였다. 그러나 이 무렵 외국인의 여론이 너무나 들떠 있었기 때문에 동경 정부에서는 법관과 헌병을 보내어 미우라 공사 이하 40여 명을 본국으로 소환하여 광도옥廣島獄에 구금하였다. 그 후 관련 혐의자에 대하여 취조를 하였으며 증거 불충분을 이유로 전원 석방하였다. 이 정변 후에 미국 공사는 러시아와 프랑스 사신 등과 연합하여 외부대신 김윤식에게 변란 사실에 대하여 조사하고 판결하지 않는 것을 질문하매 금일 내각이 군인이 간섭하여 어찌할 수 없다고 답변하므로 이때 미국과 러시아 공사는 외부에 대하여 이 내각을 승인할 수 없다고 언명하였다. 그리고 속히 왕후의 소재를 조사하여 세상 사람들의 의혹을 풀게 하라고 요구하였지만, 왕후가 불행히 사변 중에 피살됨을 알게 됨에 미쳐서는 그들이 더욱 더 경악

하였다. 미우라의 뒤를 이어 고무라 주타로小村壽太郎가 공사가 되매 11월 12일에 웨베르는 미국 공사 면전에서 고무라를 공격하여 러·일 양 대표자 사이에 외교상 격렬한 단병전短兵戰이 벌어졌다. 이때 씰 공사는 한국 질서의 회복에 대하여 공동지지할 것을 워싱턴 정부에 전보로 청하였으되 4일이 지나도록 하등의 회신이 없었다.

5. 국무성과 공사관의 간격

더 자세히 말하면 10월 8일 사변 후 열국 공동의 정책을 굳이 주장한 이가 있었는데 씰 공사는 그 중 유력한 한 명이었다. 그는 국무성에 전보하되

『모든 외국의 찬성이 있기만 하면 일본은 임시적 노력으로써 현상 회복을 꾀할 것이며, 러시아 정부로부터는 이미 찬성한다는 답전이 왔었고 기타 외국에서도 장차 답전이 올 것을 기대하고 있으니 찬성하기를 희망하며 전보로 회답해 달라.』

고 청하였다. 씰 공사는 이 전보를 11월 9일부로 국무성에 보냈는바 11월 12일에 이르도록 하등의 소식이 없으므로 씰 공사는 스스로 생각하되 국무성에서 묵시적으로 허가한 것이라 하여 웨베르와 더불어 공동 행동을 취하기로 결정하였다. 그러나 그가 크게 실망한 것은 국무성이 13일 전보로써 한국 정치 사정에 대하여 웨베르와 공동 행동을 취한 것을 책하였다.8

최초 사변이 일어나자 외교단회의를 미국 공사관에서 열고 5개 요건을 토의하게 된 바 그중에는 서울주재 일본병사를 감축할 것과 각국이 병사를 주둔케 할 것, 대원군을 문책할 것, 관계한 대신을 처벌할 것, 왕후를 복위시킬 것 등이 포함되었다. 이것이 비록 흐지부지되고 말았지만, 이로부터 얼마를 지나 10월 8일 사변의 보복으로 11월 28일(음력 10월12일)의 사변이 돌발하게 되었다.9 이 사변은 말할 것도 없이 정동 구락부원이 중심이 되었고 거기는 서양인도 섞여 있었는데, 시위대군병 수백 명을 거느리고 경복궁 북문으로

8 前揭 참조.

9 흔히 이것을 춘생문사건이라 한다. 친일정권에 포위되어 있던 국왕을 궁성의 춘생문을 통해 외국 공사관으로 이어移御시키려던 사건이었다.

침입하여 전일 사변의 책임 내각을 일거에 타도하려다가 궁중의 수위가 견고하여 곧 격퇴되고 말았는바 거괴巨魁 몇 명은 붙잡혀서 극형에 처하였고, 그 나머지는 징역과 유배에 처하였지만 일시는 이 사변이 크게 세상 사람들의 이목을 끌었다.

이 사변에 미국인이 직접 참가는 하지 않았으나 책사들 중에는 미국인의 세력을 이용한 이가 없는바 아니었으며, 미국인으로서도 기골 있는 자는 방관만은 하지 않은 모양이다. 그러나 이는 워싱턴 정부의 원하는 바가 아니었다. 그러므로 씰 공사는 같은 해 12월 20일 국무장관 올니Richard Olney로부터

『귀관은 미국신민 및 그 이익의 보호에 한해서만 행동함이 가하고 결코 그 주재국 내정 상에 간여함이 불가하니 귀관은 특별한 훈령이 있는 이외에는 타국 대표자와 함께 행동하지 말라.』

고 하는 전령을 받았다. 그 후에도 국무장관은 씰 공사에게

『한국의 정치적 사건에 간섭하지 말라고 수차례나 전령하였음에도 불구하고 귀관이 이 훈령에 반하여 계속 간섭적 행동을 하는 것은 워싱턴 정부가 승인할 수 없는 바다. 귀관이 간단히 전보로써 그것을 설명할 것이며 또 귀관은 이 훈령에 대하여 수행 여부를 아울러 회답하라.』

고 질책성 전령을 내렸다. 여기 대하여 씰 공사는 서울에 있어서의 자기가 취한 태도를 변명하는 동시에 국무성의 반성을 촉성促成하려고 이런 글을 보냈으니

『1889년 6월 23일(전술한 「청일전쟁과 씰 공사」 참조)의 국무성 훈령은 분명히 한국 질서를 회복함에 있어서 제諸외교관과의 협동을 찬성했다는 것과 이보다 앞서서 1882년 한미조약에 호의적 주선의 문구가 있다는 것과 이상 모든 조건을 떠나서 다만 ○○的10 이유로만 보더라도 자기 행동이 정당하다.』

라고 반론하였다. 워싱턴 정부의 모순된 전후 훈령에 대하여 씰은 얼마큼 불

평이 있었지만 그렇다고 해서 정부의 뜻을 어길 수도 없었으므로 씰은 이로부터 공동 행동을 버리게 되었다. 그러나 이로써 국무성의 정책과 씰 공사의 행동이 어떠했던 것을 비교 고찰할 수 있다.(「한반도」 기타 사료 참조)

10 인용문의 ○○的의 ○○은 反日이라고 생각된다.

6. 아관파천과 미 · 러파의 책동

청일전쟁 시에 미국 공관에 파천하려던 계획이 있었으나 중지되었다. 그러나 을미정변 후에 마침내 러시아 공관에 파천함을 보게 되니 이에 이르게 된 사실의 전말은 아래와 같다. 10월 8일의 일종의 보복수단으로 미 · 러파에 의하여 연출된 11월 28일 경복궁 침입 사건이 실패에 돌아가매 그 수모자首謀者인 이범진 등은 미국과 러시아 공사관에 피신하였다. 그들은 피신하여 있는 동안에 러시아 공관과 궁정 간에 연락을 취하여 고종의 잠행을 꾀할 새 러시아 공관에는 통역 김홍육을 끼고 궁중에는 내시 강석호를 껴서 항상 밀통의 매개로 삼았다. 그리하여 시기를 엿보고 있더니 정변 이래 인심이 흉흉한데다가 당시 내각이 또 단발短髮을 강제하므로 근기近畿 각지에서 반정부파의 소란이 일어나 그 세력이 창궐하여 서울로 습격해 온다는 풍설이 전해지매 친위대의 대부분은 출정하였다. 이때 러시아 사신 웨베르는 공관 호위를 핑계 삼아 인천에 정박하고 있는 러시아 함대에서 수군 100명을 데려다가 공관을 엄수하게 하고 예정의 계획대로 을미 12월 28일(서력 2월 11일) 새벽에 경복궁에서 여교女轎를 타고 신무문神武門으로 납시는 고종과 태자 두 어른을 맞아다가 러시아 공관의 일실一室에 모시니 이것이 근대사상 말썽이 많던 아관파천이었다. 이 파천이 미 · 러파의 책동에서 생긴 만큼 일본 세력을 배경으로 한 김홍집 내각의 총리 및 각료의 타살과 함께 일거에 분쇄하여 버리고 미 · 러파의 내각을 조직하였다. 그러나 러시아 공관에 파천한 지 1개년 동안에 일국의 정령政令이 모두 러시아 공관에서 나오게 된 바 일본인의 각부 고문과 교련관을 파면하고 러시아인의 고문과 사관을 초빙하여 왔으며 러시아로부터 병기를 구입한다, 러시아어 학교를 설립한다, 서울 원산의 전선電

線을 시베리아와 연결시킨다 하며 러시아국의 재한在韓 세력이 하루아침에 급증하였다. 그런데 이때에 있어서 특색은 이권 운동이 맹렬하여 철도, 광산, 삼림 기타 모든 것이 러시아, 미국, 프랑스, 독일 등 외국인의 수중에 들어가게 된 것이다. 러시아인은 말도 할 것 없거니와 미국인도 이권에는 냉담한 것이 아니어서 같은 해 3월 경인철도 부설권을 미국인 모스가 획득하였고 4월에 운산 금광채굴권을 모스가 또 획득하였고, 서울의 전기 · 수도의 이권을 콜브란이 획득한 것도 또한 이때 일이며, 압록강 삼림의 채벌권도 최초에는 고종이 알렌을 불러서 미국인에게 허락하였던 것이 그 후 러시아인의 손으로 다시 들어가게 되었다. 이로 보면 미국인의 대한對韓관계는 자국 정권의 성쇠에 달려 있다고 하느니 보다 전교傳教와 아울러 이권의 획득에 노력하였다고 할 수 있다. 그러나 한국의 이권이 이들 외국인에게 분할될 뿐이 아니라 특히 러시아의 전횡이 극심하므로 여기 대해서 한국 지사志士의 반대운동이 일어났다. 그의 중견中堅은 한국 민회의 효시인 독립협회로서 이 회의 구성원은 정동 구락부원과 이 밖에 미국류의 교육을 받은 신진 청년들이었는데 그들은 대군주폐하가 러시아 공관에 파천한 것은 국가 체면에 관하므로 하루라도 빨리 환어還御하심을 간청하는 동시에 러시아의 독점적 세력에 대하여 어디까지든지 투쟁을 계속하였다. 그 결과 고종은 1개년 만에 경운궁으로 환어하고 러시아 전횡은 얼마큼 감퇴하는 징조가 보였다. 더구나 이때 일본과 러시아 사이에 3차례 거듭하게 된 협상에 의하여 러시아의 반도半島 경영에는 적이 이완이 생긴 것도 사실이다. 그뿐이 아니라 나는 새를 떨어뜨릴 만하던 웨베르 공사의 그 위세는 어느덧 대군주폐하의 경원敬遠하는바 되어 러시아 세력의 조락凋落하는 하나의 요인을 짓게 된 것도 알아야 하겠다. 그러나 웨베르 공사를 경원하던 그 반면에 씰 공사에게 접근하게 되어 한층 더 친미주의로 기울어지게 되니 이는 일찍이 청국 세력이 격증할 때 친일주의를 취하고, 일본 세력이 격증할 때 친러주의를 취한 것과 같이 러시아 세력이 격증할 때 친미주의를 취하게 된 것이다.

7. 파천의 동기와 일화

고종이 러시아 공관에 파천하게 된 동기와 또 파천한 후의 생활에 대해서는 샤쿠오釋尾東邦 씨의 ≪조선병합사≫11에 개략이 적혀 있는바 그것이 모두 적확한 사실인지 모르나 또한 참고가 되겠으므로 다음과 같이 소개한다.

『고종이 러시아 공사관 내에 파천한 것은 본디 러·미파인 이범진, 이완용, 이윤용, 안경수 등이 러시아 공사 웨베르와 결탁하여 가지고 책동한 데서 나온 것이나 또한 고종의 희망도 있었던 까닭이다. 즉 고종은 민비의 횡사 후 경복궁 중에 거처하는 것이 매우 불안하여 거의 취침하지 못하고 밤을 새우는 상태였는데 군사고문이던 미국인 다이 장군과 미국선교사 모(언더우드) 등이 얼마 동안은 매일 밤 옆방에 차례로 숙직하게끔 되었으니 고종은 자기 신하들도 신임할 수 없게 되었다. 좌우에 근시近侍들이 있었지만, 식사 같은 것까지도 러시아 공사관과 또는 미국 공사관에서 요리하여 굳게 쇠를 잠가 궁중으로 가져오게 되는 형세인즉, 고종은 다만 러시아와 미국 양 공사로 말미암아 겨우 그 불안을 얼마큼 경감하였다. 그러므로 러시아와 미국 공사뿐이 아니라 외국 공사를 유일의 신뢰자로 삼아 때때로 문안하는 외국 사신(일본 공사는 제외)의 손을 붙잡고 울면서 동정을 구하였다. 민비의 시의侍醫이던 미국인 언더우드의 부인은 늘 고종을 위로하였으며, 독일인으로 오랫동안 궁중에 출입하던 손택Sontag[孫澤]여사도 위로하던 사람 중의 하나였다. 러시아 공사 웨베르 부부는 이 기회를 타서 가장 고종께 신임을 받도록 몸과 마음을 다하여 애썼으므로 고종이 깊이 러시아 공사를 신뢰하였다. 민비로 해서 고

11 조선급만주사朝鮮及滿洲社, 서울, 1926년 3월 간행.

종의 신뢰를 받게 된 이범진 등은 고종의 심리상태를 촌탁忖度하고 러시아 공사와 결탁하여 아관파천의 계획을 세웠다. 이로 보면 고종의 아관파천의 일막은 이범진, 이윤용, 이완용 등이 만들어낸 연극이라 하더라도 고종 그 어른도 희망하였던 것은 물론이다. 고종이 경복궁을 탈출할 때는 왕태자와 함께 여자 관복을 입고 가마와 수레로 밤의 어둠을 이용하여 러시아 공사관에 천행遷幸하였다 한다. 러시아 공사관 내에서는 러시아 공사와 동거할 새 고종에게 겨우 몇 개의 방을 드려 거처하게 하니 곧 어소御所 1실, 침소 1실, 엄비嚴妃 거소 1실, 여관女官 거소 1실에 지나지 않았다. 어소에는 왕세자, 즉 순종과 같이 거처했으며 이 방에서 외국 사신과 내각대신을 접견하였는바 대신으로서는 궁내대신 이재순 외에 이범진과 이윤용, 이완용이 때때로 알현할 뿐이었다 하며, 러시아 공사 웨베르 부처는 조석으로 은연히 고종 부자분에 대하여 위안함을 게을리 하지 않았다. 여관은 4~5명이 근처에서 모시며, 엄비는 오랫동안 민비에게 쫓겨 곧 시정市井에 숨어 있다가 아관파천 후 고종께 다시 입시入侍하게 된 것이다. 고종과 왕세자의 식사는 모두 엄비의 지도하에 조리하며, 다른 사람은 일절 관계하지 못했다 한다. 광대한 궁전 내에 거처하던 고종 부자분이 하루아침에 협착한 방실에서 부자유의 생활을 하니 그 얼마나 괴로웠겠는가. 그러나 부자분이 도리어 궁중에 기거할 때보다 안전하게 생각하여 구중에 거처할 때에 비하면 밤에는 일찍 취침하고 아침에는 일찍 기침하였으므로 아관파천의 1개년간은 고종 부자분이 매우 비만하였다 한다.』

8. 독립협회와 민권사상

독립협회는 조선에 있어서 미국류의 민권사상을 수입한 효시라고 볼 수 있다. 갑신개혁당이 폭력에 의하여 정치개혁을 꾀하였음에 반하여 독립협회는 언론에 의하여 정치개혁을 꾀하였으니, 비록 완급의 차이는 있을망정 부패한 정치를 개혁하고 독립의 열매를 거두려는 운동에 있어서는 마찬가지다. 갑신개혁당에 4거두가 있는 것과 같이 독립협회는 3거두가 있었으니 서재필, 윤치호 및 이상재이다. 서 씨는 일찍이 갑신개혁에 실패하자 멀리 미국에 건너가 귀화까지 하여 그 나라 정세와 풍속을 가장 잘 이해하는 신진 인물로서 이때 독립협회를 창립하고 그 기관지로 독립신문을 창간하였으며, 윤 씨는 일찍이 미국에 유학하여 미국 문화의 진수를 깊이 흡수한 당시 최고의 미국통으로 1896년 대사 민영환의 수행원이 되어 러시아 황제 니콜라스 2세의 대관식에 참가하였다가 돌아와 독립협회의 회원이 되매, 부회장 이상재와 더불어 동성상응同聲相應하여 기탄없이 바른말하는 민론의 급선봉이 되니 독립협회로서 크게 목소리를 내게 된 것도 이때부터이다. 서재필과 윤치호 그리고 이상재 이 3거두는 정말 독립협회와 서로 떠나지 못할 관계를 가진 이들로 독립협회를 말할 때 이 거두들이 저절로 떠오른다. 서 씨를 창시자라고 한다면, 윤 씨는 계승자요, 이 씨는 확충자다. 최초에는 관료의 일개 구락부에 지나지 못하던 건양협회가 명실상부한 정치적 결사結社가 된 것은 이 3거두의 힘이 크다. 최후에 가서는 불순한 분자도 섞여 있었으나 한창 왕성한 때에는 회원의 거의 전부가 아소교인이 아니면 학도로서 그들은 말할 것도 없이 미국 선교사의 감화를 받은 그때 사상적으로 제일선에 서 있던 청년들이었다. 그들은 고종의 환궁을 참청參請한다, 외국인에게 이권양여 하는 것을 반대한다, 그뿐만 아니라 한발 더 나가 정부대관을 불러다 놓고 그 면전에서 공격연설을 한다. 그러나 이것도 오히려 부족하여 근본적으로 폐정弊政의 개혁을 꾀할 새 당시 가장 심한 것은 재정 문란과 외교 문란이니 국내 재정이 탁지度支를 경유하지 않고 황실의 사고私庫인 내장원으로 들어가며, 그 용도도 어떻게 소비되는지 도무지 알 수 없었고, 일국의 중대한 외교도 외부를 경유하지 않고 딴 별입시別入侍가 있어서 외국 공사와 상감 사이를 오가며 협잡질을 하니, 이를테면 외국인에게 광산 하나를 허가할 때에도 상감이 사사로 계자인啓字印을 찍어서 허락하므로 정부대신은 알지도 못하고 있은즉 도저히 정치가 이렇게 문란해서는 될 수가 없다 하여 광무 2년(1898년) 가을에 이르러는 종로에 만민공동회를 열고 이에 중요한 6개조를 결의하였다. 1. 외국과 이권계약을 함부로 하지 말 것. 2. 나라의 재정을 정리할 것. 3. 중대 범죄는 공판에 붙일 것. 4. 언론 자유를 존중할 것 등이었는바 독립협회 활동이 민심에는 크게 자극을 주는 동시에 조정에는 크게 위협을 느끼게 하였다. 그리하여 상감은 어느 별입시의 말을 듣고 궁정호위로 상해에서 구주인의 순사를 모집해 왔었던 일도 있었는데,[12] 독립협회의 반대를 만나 그들을 도로 퇴거시키고 말았다.[13]

그러나 조정과 협회의 대치는 갈수록 첨예화되어 조정은 협회를 압박하고 협회는 조정을 공격하여 서로 물러서지 않았다. 그러다가 필경 조정에서 불러들인 보부상의 폭력단에게 해산의 비운을 보게 된 것은 유감이다. 모처럼 싹트던 미국류의 민권사상도 그만 꺾어지고 말았다. 그러나 그 풍조의 영향만은 뒤에 길이 남아서 민주주의를 길러주었다.

---

12 법부고문이었던 미국인 그레이트하우스가 30명의 외인 불량배를 상해에서 불러왔었다.

13 독립협회의 규탄으로 불과 10일 만에 그들을 전부 퇴거시켰다.

XII. 알렌 공사에서 모간 공사로

1. 알렌 공사의 인물

알렌(안련安連)이라면 내외인 간에 널리 알려져 있다. 이 점으로는 아마 역대 미국 공사 중에서 제1인이 될 것이다. 1884년 그가 한국에 발을 들여놓을 때부터 1905년 미국에 돌아갈 때까지 전후 20여 년 동안에 최초는 의사로서 많은 공적을 남겼고, 다음 정계에 발을 들여 박정양 공사를 따라 워싱턴에 가서는 여명기 외교계에 많은 공헌이 있었고, 그 후 다시 한국에 와서 서울 주재 미국 공관의 서기관, 대리공사로 있다가 정유년(1897년)에 씰 공사가 물러난 뒤에는 정식공사로 승임되어 을사조약의 성립에 의하여 철환撤還할 때까지 계속하여 9년간 공사 노릇을 하였으니 이는 주한 미국 공사로서 가장 오래되었을 뿐만 아니라 한국에 왔던 각국 외교관 중에도 유례가 드문 일이다. 그러면 이 전후 기간에 있어서 한국으로부터 보낸 주미 공사는 대리까지 합치면 6,7명이 경질되었는바 정식공사만 꼽더라도 청일전쟁 당시의 주미 한국 공사이던 이승수의 뒤에 서광범, 이범진 및 조민희가 있었다. 그러나 전권공사는 조민희를 최종으로 그 다음에는 서기관 신태무가, 다음에는 김윤정이 대리공사로 있다가 구한국 외교권이 철폐될 때 주미 일본 대리공사 히오키 마쓰이日置益에게로 전부 인도되고 말았다. 어쨌든지 이 알렌 공사 시대는 씰 공사 시대와 같이 한국에 있어서 가장 많은 일이 있었던 시기였다. 반도를 중심으로 한 일본과 러시아 간의 대치 국면이 바야흐로 극동 풍운을 빚어내려는 위기이니만큼 한성외교계는 자못 긴장하고 험악하여져 궁중으로부터 외국 공사관 사이에 많은 책사가 오락가락하며 별별 권모술수를 다 부릴새, 당시 주한 각국 외교관 중에 가장 세력이 있고 대표적 인물은 화피영골和皮英骨로 이해타산에 명민하고 극히 냉정하던 일본 공사 하야시 곤스케林權

助이었으며, 그 다음에는 러시아 공사이겠으나 실제로 웨베르 공사가 한 번 간 뒤로 그만한 계승자가 없었으므로 궁중 신임의 두터운 점에 있어서 일본 공사 하야시 곤스케의 적수가 될 만한 이는 오직 수골장신瘦骨長身인 미국 공사 알렌이 있을 뿐이다. 이 두 공사에 대한 평가는 당시 궁내부 고문관이요 미국 공사관의 서기관으로 있던 미국인 샌즈William F. Sands(한국명 산도山島)의 근간인 회상록(*Undiplomatic Memories*, Whittlesey House, New York, 1930)에 적혀 있는바 이것을 보면 그들의 인물과 기타 정세가 오늘날 우리 눈앞에 어렴풋이 재현함을 느낀다. 그 글을 뽑아보면 다음과 같다.

『일본 공사는 마치 옛날 봉건시대의 제후 모양으로 성벽을 견고히 하고 높이 처신하였고, 그의 발아래는 일본인 거리가 있으며 그의 휘하에는 군대, 경관, 헌병, 영사, 재판소, 학교, 신문 등이 있었다. 그리고 한국불교를 연구하기 위한다는 이유로 일본인 승려까지 데려다 두었다. 한마디로 말하면 일본인의 거류지는 도시 안에 있는 한 별종의 도시였으며, 그 공사는 그 안에서 거의 절대의 권력을 행사하였다. (중략) 그런데 일본 공사의 적수로 지목될 만한 이가 한 사람이 있었으니 그는 즉 주한 미국 공사 겸 총영사로 있던 호레이스 N. 알렌Horace N. Allen이었는데 (중략) 그는 신장이 보통 이상이요, 수척하고 대담한 것이 링컨의 후신인 것 같았으며 응준鷹準(매부리코), 조안棗顔(대춧빛 얼굴), 호발虎髮(호랑이 머리털)과 같은 그 풍채가 한 번 보면 외교관 같지 아니하였으나 그의 이면에 포장된 강하고 굳센 성격과 인후한 도량은 누구나 곧 보아 알 수가 있었다. 각국 공사 중 한국 황제 및 국민의 신용을 그처럼 받은 이는 하나도 없었다. (중략) 그는 무언무위無言無爲 중 한국 황제로 하여금 유사시 반드시 그의 충고와 위안을 힘입게 하였다. 云云』[1]

1 *Undiplomatic Memories*, pp.46-48참조.

2. 미국인 고문顧問

알렌이 대리공사로 또는 정식공사로 서울에서 활약하는 동안은 한반도에 미국문화가 가장 많이 유입되던 시대이다. 사회상에 있어서는 선교사의 노력에 의하여 기독교가 날로 발전하여가며 기독교가 발전함에 따라 그에 부속한 학교와 병원이 족출簇出하게 되었고, 정치상에 있어서는 전술한 바이거니와 미국인이 한국의 광산·철도를 비롯하여 기타 모든 방면의 이권획득에 맹렬히 운동을 한 것도 이때 일이며, 특히 한국 정부에서는 미국인 고문을 많이 초빙하여 각부에 배치한 것도 이때 일이다. 그러나 한국에서 미국인 고문의 유래를 소고溯考하여 보면 상당히 오랜 역사를 가지고 있으니, 1885년 이홍장의 추천으로 한국에 오게 된 데니W. N. Denny가 조선에 있어서 미국인 고문의 최초이다. 데니는 한자로 덕니德尼라고 쓰며 그 인물에 대해서는 훼예毁譽 양론이 있는데, 비판하는 자는 어리석고 성격이 음흉하며 험상궂다 하며, 칭찬하는 자는 성실한 군자라고 하니 어느 말이 옳은지는 모르나 둘 다 정론正論은 아니다. 데니가 당시 대군주폐하의 고문관 겸 외아문 총무국장으로 있어 주로 정치문제에 당착하여 청의 간섭을 물리치고 한국의 자주를 천명하려고 저술한 「청한론淸韓論」은 비록 하나의 소책자이나마 거듭 수백 번 모두 한국이 청국의 속방이 아닌 것과 자강自强의 실實을 거擧할 것을 역설하였다. 그러나 그는 이로해서 이홍장의 노여움을 사서 해고되고 말았다. 데니의 뒤를 이어 고문이 된 이는 미국인 러젠드르Charles Legendre이니 한자로 이선득李善得이라 쓴다. 그는 원래 프랑스 태생으로 미국에 귀화하여 남북전쟁에 출정해서 공을 세웠고, 그 후 일본 정부에 고빙되어 대만 토벌에 간여한 일이 있었는바 그런고로 그가 한국 정부에 초빙될 때 일본에서 흔쾌히 동의하였으며 또 프랑스 정부에서는 그가 프랑스 태생이므로 찬성하였고, 미국 정부에서는 그의 전공을 생각하여 곧 승낙하였다. 그 다음 고문은 미국인 그레이트하우스Clarence R. Greathouse이다. 그는 한자로 흔히 구례具禮로 통용하는바 외부 고문이 된 적이 있었고 법부 고문이 된 적도 있었지만, 그는 전자보다 후자에 대해 공헌이 많았으니 한국의 법규 제정과 관습법의 법리 설정과 그 적용에 지대한 공로가 있었다. 군부 고문 다이 장군은 전에도 기술한 바와 같이 남북전쟁의 유공자요, 이집트 정부에 고빙되었던 이력을 가진 이로 경복궁 수호장이 되었고 무관학교장이 되어 자못 양호한 성적을 내었다.

그런데 1899년에 궁내부 고문으로 있던 러젠드르가 사망한 후 얼마 안 되어 법부 고문 그레이트하우스도 장서長逝하자, 군부 고문 다이 장군도 사직하고 미국으로 돌아가매 조선에서 이해관계를 가진 동서 열강은 제각기 경쟁적으로 고문을 추천하였으나 상감은 그 전 주한 미국 공사로 와 있던 딘스모어에게 조선 정부의 고문으로 와 달라고 부탁하였다. 그러나 그때 딘스모어는 미국 국회의원으로 있어 조선에 오기를 꺼려했다. 그러므로 이때 주일 미국 공사관 서기관으로 있던 청년외교관 샌즈William Franklin Sands를 궁내부 고문으로 초빙하여 오게 되었는데 미국인으로서의 궁중 고문은 이것이 최후이다. 그는 미국 연령으로 25세라는 혈기왕성한 인물이니만큼 처음에는 일대 자신을 가지고 한국에 와서 무엇을 해보려고 애를 썼다. 샌즈는 알렌 공사와도 의기상투하고 한국에 동정이 없는바 아니나 역시 이전과 같이 국무성의 절대 반대로 해서 또 움츠러지고 말았다.[2]

2 前揭, pp.48-50과 pp.116-129 참조.

3. 샌즈의 책동

샌즈가 처음에 한국으로부터 궁중 고문이 되어 달라는 교섭을 받기는 1899년이며 그리하여 한국에 초빙되어 온 것은 1900년 1월이다. 그런데 그는 봉급 관계로 고문이라 아니하고 궁내부 찬의관이라 칭하였으며, 당시 한국 황실은 미국인 고문관을 통해서 미국 정부에 종종의 희구와 탄원을 하였던 것이다. 샌즈는 고문에 취임한 후 먼저 행정혁신과 교육보급을 꾀하였으나 안으로는 지존의 신임이 얕았고, 밖으로는 열국 사신의 방해로 해서 부질없이 고심 노력만 하였을 뿐이다. 비록 실효를 거두지 못하였을망정 개혁의 정곡을 얻었다 하겠다. 샌즈의 말에 의하면

『일본과 러시아 간에 조만간 충돌이 일어나는 경우에는 한국으로 하여금 중립국이 되게 하자는 것인데 한국이 영세 중립과 절대 독립을 함에는 열강의 동의를 얻어야 하겠는데 먼저 내정 개혁이 급무라』

고 주장하였다. 상술한 행정혁신과 보급은 실로 이런 견지에서 나온 것이다. 그러나 내정개혁의 계획이 수포로 돌아감을 보게 된 그는 잘 되지 않을 줄 알면서도 영세중립문제를 제출하여 조선으로 하여금 구주의 스위스와 벨기에와 같이 만들려고 노력하였다. 중립국 안이 지금 처음으로 생긴 것이 아니라, 일찍 청일전쟁 때 정동구락부에서도 토의하던 바이었지만, 이때 와서는 이 중립국 안이 이전의 그것보다 얼마큼 더 진검미眞劍味를 띠게 되어 외교상 하나의 문제를 이루었던 것이다. 당시 주일 한국 공사 조병식에 의하여 이 중립국 안이 제출되어 동경 정부를 놀라게 한 일도 있었거니와 궁내부 찬의관贊議官 샌즈는 최후에 이 중립국 안을 실현해 볼 생각으로 조선과 관계 열국 사이에 조약을 체결하려고 꾀하였다. 그러나 관계 열국이 서로 눈치만 보

고 있어 냉담하기 짝이 없었고 특히 일본과 러시아 양 공사에 이르러는 자국의 정책과 저촉된다 하여 찬성하지 않았다. 그런데 샌즈는 이 중립국 안에 대하여 워싱턴 정부의 의향을 물었더니 국무장관 헤이John Hay는 회답하여 가로되

『미리 분명히 말하여 둘 것은 귀하 개인으로 인하여 여하한 분규가 일어나든 미국 정부에서는 결코 거기에 간섭하지 않겠다. 귀하는 여하한 의미에서든지 미국을 대표한 이는 아니다. 분명히 말하면 정부로서는 귀하를 다만 하나의 모험자로 간주할 뿐이다……』

라고 절대적으로 샌즈의 행동에 반대하였다. 모처럼 획책하던 중립국 안도 여지없이 분쇄되고 말았으므로 샌즈는 면목이 없게 되었다. 그도 일이 이에 이를 줄은 예상하지 못한바 아니나, 국무장관이 이렇게도 반대하는 데는 어찌할 수가 없었다. 자기가 본디 미국 정부를 대표한 공사는 아닐지라도 주한 미국 공사관의 서기관이요, 한국 황실의 고문이거늘 헤이 국무장관은 지금 샌즈를 미국 정부와는 아주 관계없는 한 명의 개인으로 간주하노라고 절연장을 보냈으니 그러므로 샌즈는 이렇게 말하였다.

『한국측에서 이 서신의 내용을 알았으면 낙망하였으리라. 한국정부의 요구는 미국 개인의 고문관이 아니요, 미국 정부의 원조였었다.』

고 하였다. 그러나 당시 그 내용을 알지 못한 것은 한국 정부뿐만 아니라, 서울주재 각국 외교관도 추측하기를 헤이의 서신은 공식에 불과하고 그 실은 헤이와 샌즈 사이에는 필시 무슨 묵계가 있으리라고 하더니 얼마 뒤에 가서 그 진상을 알게 됨에 이르러서는 도리어 의외임에 놀랐다 하거니와 어쨌든지 샌즈의 명안名案이 아주 실패에 끝나매 정부측에서도 낙담하게 되었다.[3]

---

3 前揭, pp. 116-124 참조.

4. 미국인 선교사

한미교섭을 논할 때 정치적으로보다도 종교적으로 한층 더 깊은 관계를 짓게 되었는바 기독교의 선교에 대해서는 따로 한 부분을 할애해서 서술하는 것이 옳으나, 여기서는 지면 관계도 있고 또 문제 하나를 가지고 100회 이상을 계속하는 것이 너무나 지루할 듯도 싶어 한미교섭의 중심 골자인 종교·문화편은 부득이 생략하게 되었다. 그러나 근대사상 대사실大事實이니만큼 전연 언급하지 않을 수는 없으므로 잠깐 선교사의 중요 인물 및 그 전교傳敎 상태에 대하여 몇 마디 말하려 한다.

한국에 있어 신교新敎의 전래는 문화사의 일전기一轉機를 지었다. 한국에도 진작부터 기독구교基督舊敎는 유입되었으나 문화상에 있어 큰 영향을 끼치지 못했다. 그러다가 근세에 와서 쇄국의 문호가 열리며 미국으로부터 신교가 수입되자 비로소 문화상 큰 변동이 생기게 되었다. 그들 미국인 선교사들이 일면으로는 구습속과 구문화를 타파하고, 일면으로는 신교육과 신사상을 전파하여 여명기 문화사에서 불멸의 금자탑을 쌓아 놓았다. 장로파의 언더우드H. G. Underwood와 감리파의 아펜젤러H. G. Appenzeller 및 같은 파의 홀A. B. Hall 부인 같은 이는 선교사보다도 교육가로, 자선가로 더욱 더 큰 공적을 남겨 그 이름을 널리 아동에서 병사에 이르기까지 다 기억하게 된 것이 아닌가. 오늘날 연희전문과 사학私學의 원조인 배재와 한국 최초의 맹아원이 그들의 손에서 창건된 것이며, 기타 의료계에 있어서 알렌(후에 공사)과 에비슨O. R. Avison[魚丕信] 같은 이도 근대식 병원의 창시 및 공로자였다. 선교사이자 교사요, 의사요, 또 자선가로서 문화사업 및 기타 여러 분야에서 실로 공헌이 막대하였다. 그러므로 미국 선교사와 근대 신문화는 서로 떼지 못할 밀접한 관계를 가졌는바, 선교사 가는 곳에는 반드시 교회가 생겼고 또 그 부속의 학교와 병원이 있었다. 그리하여 신교육과 신사상이 거기서 생겨났다. 미국 선교회 학교의 출신으로 한국인 남녀 명사가 많으며 또 정부 혁신 운동에 참가하여 활동한 이도 많이 있었으니, 이 점에서 미국인 선교사는 불은不隱사상의 양조원釀造元과 같이 지목 받던 때도 있었다. 이는 독립협회 이래 배재학당 출신이 언제나 사회상, 정치상 모든 활동에 빠진 적이 없었음을 보아도 알 것이다. 그리고 당시 한국 정부의 까다로운 여모정령如毛政令에 대해서는 미국인 선교사더러 일일이 감내하고 복종하라 함은 거의 무리한 주문이므로 한국 관헌과 선교사 사이에 충돌이 생기기도 하였다. 그럴 때는 선교사 되는 외국인은 반半외교관의 지위를 가져 그들에게 고용살이를 하는 한인의 서기, 전도자 및 하인들도 그들의 그늘 아래서 오히려 호가호위하는 일도 있었다. 그리하여 그의 주택은 마치 한 공사관이나 되는 것처럼 죄인이라도 거기 피신하면 관헌의 손이 미치지 못한다. 이 범위가 점점 확대되어 교도 전반을 포함하게 된다. 어떤 교도가 탐관의 악독한 독수에서 구해달라고 선교사에게 호소한다. 탐지하여 본즉 과연 그 호소가 사실이다. 그러나 때로는 실제 범죄한 악독한 이들도 구조를 청하는 예가 없는바 아니므로 곤란한 경우도 있었다. 당시 한인이 종교를 믿는 이면에는 선교사의 위세를 빌리려는 동기에서 나온 것도 있고 그 중에 적이 식자라야 정치관계나 서양학술로 해서 입교하게 되고 진정한 신앙으로 귀의하는 이는 이른바 봉모인각鳳毛麟角과 같이 희귀하기 짝이 없었다. 그러나 알렌 공사 시대에 있어 반도 시국의 급전함을 따라 기독교도 격증함을 보게 되었다. 어쨌든지 미국인 선교사들은 여명기의 조선인을 지도 및 계발하여 준 은인이었다.

5. 이권운동利權運動

알렌 공사는 당시 한국에 있던 미국인을 위한 그 공로가 자못 많았다. 철도를 비롯하여 금광, 전등, 전화, 수도 등의 시설이 전부 미국인의 손에 의하여 된 것은 역시 알렌 공사 주선의 힘이 있었던 것을 알아야 하겠다. 한미 사이에는 언제나 호의를 가지고 지냈으므로 한국 궁정이 자진해서 모든 이권을 특별히 미국인에게 주게 된 예도 있었으나 명민한 알렌 공사가 이 기회를 타서 한국 궁정에 잘 교섭하여 미국인의 이권을 꾀한 것도 사실이다.4 그러나 한국측에서 미국인에게 이권을 주는 그 이면에는 단순히 호의로만 한 것이 아니라, 거기는 조건부가 있었다. 노골적으로 말하면 한국측에서 미국인에게 경제상 이권을 주는 대신 미국의 정치상 원조를 얻으려고 희망했던 것이다. 그러나 워싱턴 정부의 정책은 한국 궁정의 희망과는 정반대로 언제나 불간섭주의였다. 한국 궁정에서는 이 내막을 알지 못하고 최후까지 미국을 신뢰하고 의지하려고 한 것은 오늘날에 와서 보면 웃음거리를 면하기 어려울 것이다. 그러므로 본국 정부의 후원이 없는 알렌 공사나 샌즈 고문의 호의와 동정은 요컨대 한 개인의 호의와 동정에 지나지 못한 것이니 거기 무슨 효과를 기대할 수 있었으랴. 그러나 당시 궁정을 둘러싼 열강의 이권 획득 경쟁이 얼마나 맹렬하였는지 그것을 일상 목도한 미국인 궁정 고문이던 샌즈의 수기 일절에 의하여 기타를 넉넉히 미루어 살펴볼 수 있을 것이다.

『엽권가獵權家, 실업가에서 영사, 공사에 이르기까지 제각기 한인 통역생을 하나씩 두고 그들로 궁중에 출입하게 하였는데 그 실은 통역생이라 함보다

---

4 알렌의 활동에 대해서는 앞의 책, ≪개화기의 한미관계≫를 참조할 것.

중개인이라 칭함이 적당할 것이다. 다시 말하면 통역생이란 위인들은 각기 궁중에 연락망이 있어 환관시위宦官侍衛 등으로 더불어 내외 상응하여 이권 획득, 기밀탐지 등 각종 운동을 마음대로 하였던 것이다. 云云』[5]

이는 서울에 재류하던 외국인들이 통역생을 수족으로 이용해서 궁정의 기밀을 정찰하며 이권운동을 하였던 것이다. 그러나 신성하여할 궁정도 협잡배의 소굴처럼 되어 외국인들과 기맥을 통하여 이권운동을 방조한 모양이니 지금 샌즈의 수기 일절을 보면 이러하다.

『궁중이란 유식배遊食輩와 엽관배獵官輩의 소굴과 유사하였으매, 그런 무리들은 탐욕이 가득한 눈으로 외국 공사관의 기세만 관망하고 있다가 그 중에 하나가 득세만 하면 곧 그리로 포복진배怖匐進拜하는 무리들이다.……황제의 신변에서 가장 친근한 이는 한두 명의 내시였다.……그들의 환심을 사려는 엽권자들이 회뢰賄賂, 증품贈品, 금전 등 여러 갈래의 길을 통하여 운동을 하였다.』[6]

외국인과 궁정 협잡배의 상호결탁에 의하여 행하게 되는 종종의 이권획득 운동은 주권의 미약한 틈을 타서 한층 더 맹렬한 기세로 진전하게 되었다. 지금 그 일례를 들건대 아래와 같다.

『구미 관례에 생소한 한국이라 공사에게나 허여許與할 특권을 제가끔 주제넘게 취하여 일국의 황제가 마치 이웃집의 한 늙은이나 되는 것처럼 일이 있든 없든 간에 각자 임의로 면회할 것을 일개 권리로 주장하였다. 물론 이러한 폐단이 주권자의 절대권과 대신 등의 무능력에 기인한 바이지만 여하간 폐단은 폐단이다. 영사나 외교관이면 긴급한 일도 없는데 알현을 강요하여 일국 제왕의 귀중한 시간을 부질없이 허비하였고, 누가 1차 알현이 있은 뒤

---

5 前揭, *Undiplomatic Memories*, p.54.

6 前揭, pp.54~55.

에는 각국 외교관이 무슨 교섭이 있었는지 그것을 탐지하기에 애를 썼으며 그러다가 이권획득이 사실이면 하등의 관계도 없는 통상조약의 조목을 인용해서 동종의 권익을 강요하였다. 과도기 외교의 실증實證을 보려면 한국이 가장 적절한 그것이다. 云云』[7]

7 前揭, p.55.

6. 러일전쟁과 미국 태도

반도를 중심으로 한 열강의 이권 경쟁은 일전一轉하여 러·일이 대치하고 다시 만주문제로 인해 필경 러일전쟁이 일어났다. 러일전쟁이 일어나기 얼마 전에 주한 미국 공사 알렌이 휴가차 귀국하게 된바 대통령 로우즈벨트 Theodore Roosevelt를 알현하고 한국 정세를 보고하는 중에 멀지 않아서 러일전쟁이 폭발할 터인데 한국이 위기에 처하였다고 말하자, 로우즈벨트는 이 말을 듣고서 아래와 같이 자기 의견을 표시하였다.

『한국은 아주 미약한 나라이라 미국이 함부로 간여하다가는 전 책임을 지게 될 것이므로 냉정한 태도를 가지고 절대 중립을 엄수하여야 하겠다.』

라고 그는 이때까지 종래 미국이 가지고 오던 대한정책의 불간섭주의 그것을 새삼스럽게 고조高調하였던 것이다.8 알렌 공사가 다시 한국에 부임한 뒤에 이르러 그의 예언이 적중하여 러일 양 강국이 마침내 창과 방패를 들고 서로 보게 되었다. 이 전쟁 중에 있어 로우즈벨트 대통령의 태도는 일찍 알렌 공사에게 언명한 바와 같이 표면으로는 중립이었다. 그러나 안으로는 은연히 일본에 향하여 호의를 가졌으므로 워싱턴 정부에서는 자주 알렌 공사에게 주의를 시키는 동시에 주한 미국인 선교사에게도 만일을 염려하여 아래와 같은 경고를 보냈으니, 즉 『여러분은 선교에만 노력하는 것이 옳고 조금이라도 정치상에 간섭하는 언동을 해서는 안 된다.』는 것이었다.

최초 일본이 러시아에 대하여 개전할 때 문호개방주의를 역지力持할 것을

8 로우즈벨트 대통령과 알렌 공사와의 회담 분위기와 그 내용에 대해서는 前揭, ≪개화기의 한미관계≫를 참조할 것. 로우즈벨트의 정책에 대해서는 이보형, ≪시어도어 로우즈벨트의 대한정책≫, 동국사학 6집(1960년 12월 간행) 참조.

성명하였으므로 미국인의 동정이 흡연翕然히 일본측으로 쏠리게 되었고, 그 후 전국戰局의 향배가 결정적으로 일본에게 돌아가게 되매 이것을 본 로우즈벨트는 스스로 생각하되, 혹시 지금 이후 일본이 새로 전승의 세를 타서 일위대수一葦帶水(아주 가까운 거리)인 필리핀을 공격하지 아니할까, 또 혹은 장래 일본이 러시아와 제휴하여 만주와 중국에서 미국에 대항하지 아니할까하는 일종의 의구심이 생기게 되었다. 그 결과 로우즈벨트는 한층 더 친일정책을 취하는 동시에 필리핀의 통치에 관하여 로우즈벨트와 동경 정부 사이에 극비리에 양해가 성립되었으니 따라서 어떠한 교환 조건이 있었음을 알아야 하겠다. 로우즈벨트가 한국에 대해서 어떻게 관찰하였는지는 1905년 1월 말에 당시 미국 국무장관으로 있던 헤이John Hay에게 보낸 편지에

『한국인은 자가방위를 위하여 일거一擧의 타하打下도 하지 못하니 우리는 한국인을 위하여 일본에 간섭할 수가 없다.』

고 분명히 말한 데 의하여 그것을 넉넉히 짐작할 수 있거니와(백낙준 씨 저술 「로우즈벨트의 조선정책」)9 로우즈벨트는 일거의 타하도 하지 못할 만큼 자위력이 결여된 한국은 진작부터 안중에 두지 않았던 모양이다. 그는 자기의 마음속에 품은 정책을 수행하려는 하나의 수단으로 먼저 한국에 오랫동안 있으면서 왕의 신임이 깊고 한국인의 친구이던 알렌 공사를 소환할 새 그도 모르게 로우즈벨트는 1905년 3월에 모건Edwin Morgan을 주한 공사로 임명하여 그해 6월 10일 모건이 서울에 도착해서 사실을 선포한 뒤에야 알렌이 비로소 체임된 줄을 알았다 한다. 이때 불쾌하게 생각한 것은 체임된 알렌 공사 본인뿐만 아니라, 서울주재 미국인 전체가 알렌같이 20여 년 동안 공로가 많고 원숙한 외교관을 무단히 소환한다 하여 미국인 시민대회를 열고 소환반대안

9 백낙준 박사의 논문은 동광 3권 8호(1931년 8월 간행)에 실려 있다.

을 결의하여 워싱턴 정부로 송치하기로 하였다.

알렌 공사가 비록 서울주재 미국인들의 호의를 감사히 여기는 뜻으로 그 결의안을 접수하게 하였으나 그것을 로우즈벨트에게 송치하더라도 하등의 반향이 없겠으므로 그대로 우물쭈물하고 말았다. 그 결의안 전문은 알렌이 남겨 놓은 공문첩에 보관되어 있다 한다.(이상은 백낙준 저 「알렌 씨 추억」에 의거 함)10

10 백낙준 박사의 논문은 삼천리 5권 1호(1833년 1월 간행)에 실려 있다.

7. 러일강화露日講和와 로우즈벨트

미국이 극동에 대망을 둔 것이 결코 일조일석의 일이 아니지만 로우즈벨트 대통령 시대에 이르러는 이 정신이 한층 더 발휘되었으니 러일강화의 주선도 그 하나이다. 로우즈벨트의 정견은 극동의 세력균형을 고집하던 관계상 러일 어느 한 편이 전승하는 것을 원치 않았다. 그의 말에 의하면,

『러시아의 승리는 문명의 타격이나, 러시아 세력의 복멸覆滅도 또한 불행이다. 미국을 위하여 계산할 진대 러시아로 하여금 일본과 동아에서 대치하게 하여 서로 견제하고 서로 완화케 함 만 같지 못하다.』

라고 하였다. 로우즈벨트의 정견이 이미 이러하므로 일본의 간곡한 부탁을 곧 승낙하고 1905년 초봄부터 강화를 주선할 새 이때 화약의 조건으로서의 일본의 요구를 접하게 된 로우즈벨트는 지방출장중임에도 불구하고 즉시 육군장관인 태프트William Howard Taft에게 타전하여 가로되,

『일본인의 평화조약 내에 한국통치권을 포함한 것은 나는 성심으로 동의한다.』

고 하였다.(백낙준 저 「로우즈벨트의 조선정책」)

로우즈벨트는 강화담판을 개시하기 전부터 한국에 대한 의향이 이미 결정적이었고 또 전술한 바와 같이 미·일 사이에 일종의 교환적 비밀 양해까지 성립되었음을 보면 한국문제는 영·일 동맹과 러·일 화약和約을 기다리지 않고 미·일 양해에 의하여 벌써 결말을 짓게 된 것이다. 대세가 이와 같이 불리하게 된 이상 당시 한국외무대신 박제순이 영일동맹에 대하여 항의를 제출한 것이 무슨 소용이 있겠는가. 또 포츠머스 담판 시에 하와이에 머물러 있던 한인韓人 윤병구 등이 미국 대통령에게 탄원한 그 운동이 무슨 효력이

있었겠는가? 부질없이 타인의 웃음거리를 지었을 뿐이다. 그러나 여기 주의할 바는 어느 의미로는 1882년에 제물포에서 체결된 한미조약이 이때에 이르러 사실상 소멸되고 만 셈이다. 후일 헐버트Homer B. Hulbert가 밀사로서 워싱턴에 나타날 때 대통령이나 국무장관이 접견하지 않은 이유도 알 것이 아닌가. 미·일 사이에 비밀 양해가 성립된 이후에 있어서는 로우즈벨트의 모든 행동이 그 밀약을 실천함에 있는 것은 물론이거니와 한국문제에 대한 로우즈벨트의 견해는 러일전쟁의 직접 원인이 한국에 있다 함이다. 당시에 있어 일본은 만주보다는 한국을 중시하고 러시아는 한국보다도 만주를 중시한 것이 사실이지만 전쟁이 일어난 직접 원인으로 말하면 만주문제에 있었다. 그러나 로우즈벨트는 한국이 러일전쟁의 직접 원인이라 인정하였다. 이것은 해석하기 따라 다르겠으나 청일전쟁의 직접 원인이 한국이라 함은 가능하나 러일전쟁의 직접 원인이 한국이라 함은 옳은지 모르겠다. 어쨌든지 로우즈벨트의 견해가 이러한데다가 필리핀 보장의 필요로 해서 한미조약을 돌아보지 않는 것이다. 일본이 후에 병합의 전제로서 한국의 보호권을 확립한 것은 말할 것도 없이 일영동맹과 일러 전승의 결과지만 간접적으로 한국 운명을 결정짓는 데 관계를 가진 이는 로우즈벨트였다.

8. 보호조약과 밀사사건

포츠머스 강화 이후 시세는 급전직하急轉直下하여 일본과 한국 사이에 신협약이 체결되어 말썽 많은 외교권을 동경 정부에서 거두었다. 외교권이 일본에 넘어감으로부터 서울에 주재하던 각국 공사들은 차례로 철거되고 외국에 주재하던 한국 공사들도 모조리 소환하게 되었거니와 이때에 한국 궁정에서는 미국인 某氏를 워싱턴에 보내어 1882년에 체결된 한미조약에 의하여 미국의 종중주선從中周旋을 요청하였으나 로우즈벨트 대통령은 그 밀사를 한 번도 인견引見하지 않았다. 또 이때 한국 궁정에서는 서울에 있는 열국 공사에게 탄원하였으나 영국과 러시아 양국은 이미 일본의 보호권을 맹약 또는 화약에 의하여 승인하였고, 미국은 그 대통령이 또 찬성자이었으므로 영국과 러시아 그리고 미국 3국의 공사는 한국 정부의 탄원을 듣지 않았고, 기타 각국 공사들도 국제관계가 이렇게 된 이상 어찌 할 수 없다고 완곡히 거절하였다 한다. 이때 미국 공사는 알렌의 뒤를 계승한 모건이었고 미국인 밀사는 말할 것도 없이 저 유명한 헐버트Homer B. Hulbert이었다. 그는 길모어Gilmore와 벙커Bunker와 마찬가지로 3명이 1886년 7월 한국 정부의 초빙을 받아 서울에 와서 교육에 종사한 이래 이때에 이르기까지 한국에 관한 저술도 여러 종이 있으니 ≪한국사(History of Korea)≫를 비롯하여 ≪한국의 몰락(The Passing of Korea)≫과 한자로 된 ≪大東紀年≫이며 기타 영문 잡지인 ≪한국월보(Korea Review)≫를 주간하였는데 그의 언론과 행동은 시국에 대해서 자못 격월激越한 바 있었으므로 그때 궁내부 고문이었던 미국인 샌즈와 함께 일본 당국으로부터 주목받은 인물이었다. 헐버트는 한자로 흘법訖法이라고 사용하며 그가 최초 교사로 한국에 왔었으나 교육자보다 정치상 운동자로 한층 더 이름을 드날렸다. 그는 당시 한국 정부와 비밀리에 연락을 취하여 무슨 대사건이 발생할 때는 반드시 암중비약暗中飛躍을 시도하였다. 그의 존재는 때로 혜성과 같이 번쩍였다. 러일의 풍운이 바야흐로 급할 새 헐버트는 슬그머니 한국 조정의 밀사를 띠고 미국에 건너가서 배일排日선전에 노력하였고, 이때 한일 보호조약이 성립되려 할 새 헐버트는 또다시 한국 황제의 밀사로써 미국에 건너가 워싱턴 정부에 유세하려다가 유세는커녕 면회도 하지 못하고 만 것은 전술한 바와 같거니와, 그 후 헐버트는 또다시 헤이그 밀사사건에 깊은 관계를 가졌음은 세상 사람들이 다 아는 바이다.[11] 그가 미국에 돌아간 후 세계대전 중인 1916년 5월 5일 뉴욕타임즈 신문지상에 기왕 자기가 밀사로서 도미渡美 운동하던 그 실제 담화를 게재하였는바 그중에는 다음과 같은 문구가 있다.

『나는 한국 정부에 이와 같이 진언한 일까지 있었다.「만일 한국이 자진하여 미국과 기타 제국의 공동 보호 하에 있기를 청하면 일의 형세를 한층 더 유리하게 전환시킬 수 있다.」고, 그리하여 한국 황제의 밀서에 이 의미의 문구로 삽입함이 있었다. 云云』

이것을 보면 그 밀서 내용이 다만 한미조약에 의하여 종중 주선을 희구하였을 뿐 아니라 한걸음 더 나가 보호를 청하였던 것이니, 이는 모두 헐버트의 헌책獻策에서 나온 것임을 알 것이다. 그러나 헐버트가 워싱턴에 도착하는 즉시로 어떤 미국 정부의 요인要人을 경유하여 한국 황제의 중대 밀명을 띠고 온 것을 대통령에게 서면으로 알렸더니 대통령의 회답이 일이 외교에 관한 이상 친히 면회할 수 없으니 밀서를 국무성에 제출하라고 하였다. 이

11 이승만도 동행하였다. 이 때 이들이 제출한 "Petition from the Korean of Hawaii to President Roosevelt"는 맥켄지F. A. McKenzie의 *The Tragedy of Korea*(연세대학교출판부 1969년 영인) pp. 311~312에 소수되어 있다.

회답을 보고 헐버트는 곧 국무성을 방문하였더니 오늘은 매우 바쁘니 내일 다시 오라 하므로, 다음날에 그는 다시 국무성에 출두하여 장관에게 면회를 청하였더니, 오늘은 각국 공대사公大使 등이 내방하는 날이므로 면회 불능이라고 또 거절을 당하였다. 그러다가 제3일에 가서야 비로소 국무장관과 겨우 면회라고 하였으나 이때는 벌써 한국보호조약이 발표된 후요, 또 위임장을 소지하지 않은 것이 문제가 되었다. 국무장관은 헐버트에게 불쾌한 어조로 『미일 사이에 충돌을 일으키려 하느냐?』고 질책하였다고 한다.

9. 유미留美학생과 노동자

러일전쟁과 한일조약의 전후에 있어서 한미 사이에 정치적 관계를 떠나서 문화상 또는 사회상 주목할 현상이 하나 발생하니, 그는 미국에 도항渡航하는 한인의 격증이다. 이때까지 재한국인在韓國人으로 말하면 정부에서 파견한 공사관원 외에는 일확천금을 꿈꾸던 인삼상인들 및 형설螢雪의 근고勤苦를 쌓은 학생들뿐이었다. 그러나 그 역시 보잘것없는 소수에 지나지 못하던 것이 1902년경에 이르러 미국인 데쉬러David W. Deshler가 하와이에 이민할 목적으로 개발회사를 창립함에 이르러서는 노동자의 다량 수출로 말미암아 재한국인의 대격증을 보게 되었다. 개발회사 이민의 거의 전부가 노동자이었으나 그 중에는 학문을 목적하던 청년도 섞여 있었으므로 그들이 미국령 하와이로부터 다시 미국 본토에 건너가게 된 관계상 미국 내에도 한인 학생과 노동자가 격증하게 되었다.

들은 바에 의하면 데쉬러가 당시 한국 정부의 양해를 얻어 개발회사를 창립하자 한국 정부에서는 그 회사의 편의를 꾀하기 위하여 수민원綏民院이란 관아를 두어 민영환을 총재로, 서병규를 총무국장으로 삼았는데, 1902~5년까지 하와이에 이민한 총수가 4,600여명에 달하였다 하며, 이와 거의 동시에 멕시코에 이민할 목적으로 일본인 某에 의하여 창립된 대륙식민회사가 있어서 멕시코에 이민한 것이 3,000명에 달하였으나, 멕시코의 이민은 하와이의 이민에 비하여 그 성적이 아주 초라하였다 한다. 자본국의 노동시장에 향하여 대량의 노동자를 수출한 것은 노동사상 자못 주목할 사건이거니와 하와이가 만주 및 노령露領 다음가는 한국인의 이민지로서의 토대를 쌓은 것도 또한 이때부터이다. 당시 (1933년?) 하와이에 있던 한국인의 약 6~7천명과 미국 본토인 샌프란시스코와 로스앤젤레스에 있던 약 6~7백 명의 한국인을 합하면 한국 체류 미국인 720여명에 비하여 10배나 많았다. 이역異域에 모인 그들이 친목 하는 뜻으로 단체를 조직하고 또 서로 소식을 주고받기하기 위하여 신문을 발행하였는데 러일 개전이 되던 1904년 샌프란시스코에서 공립협회라는 것이 생겨났고, 그 기관지로서 주간지인 공립신보가 순 국문으로 발행된 것을 비롯하여 그 후 대동보국회大同保國會에서 발행하던 대동보大同報가 있었으며, 하와이 한인 사이에도 친목회 같은 것이 있고 또 신문을 발행하였다. 이들 기관의 맹주는 이승만과 안창호이었으니 그들은 모두 독립협회의 동지로서 구한국 시대에 뜻을 얻지 못하고 미주로 건너가 불평당不平黨의 수령이 되었던 것이다. 보호조약에 체결되자 이 두 사람은 전후하여 한국에 돌아와 혹은 비밀결사를 조직하고 혹은 교육에 종사하였으나 뜻을 이루지 못하고 또 다시 미주로 건너가더니 세계대전이 종막을 닫고 파리 강화회의에서 미국 대통령 윌슨이 민족자결주의를 제창하매 그들은 내외에 있는 한국인의 불평당과 손잡고 상해에 임시정부를 세웠던 것은 누구나 다 아는 사실이거니와 미국에 한인 유학생이 있은 지도 1883년 민 대사의 위탁으로 미국 국무성에서 돌보아 주던 구당 유길준을 시조로 잡는다면 벌써 반세기가 넘었고, 1884년 갑신개혁당의 한 명으로 일루一縷의 명을 주어 가지고 미국으로 건너 간 서재필을 원조로 친다 하더라도 역시 반세기가 되었다. 그러면 이 길고 긴 세월에 미국에 거류한 학생으로 말미암아 한국에 끼쳐준 신문화의 성적이 어떠한가. 그것은 같은 기간에 있어 미국인 선교사로 말미암아 한국에 가져온 신문화의 성적 그것에 비하면 본시부터 문제가 되지 않는다.

L. 결론

한미의 국교가 개시되기는 1882년 슈펠트 조약이다. 그러나 이 조약도 한국 정부가 자진해서 체결한 것이 아니요, 청국 정치가 이홍장의 권유로써 된 것이다. 지금 그의 동기로 말하면 당시 반도에 퍼지려고 하는 일본 세력을 견제할 필요에 의하여 그리 한 것이다. 다시 말하면 한일수호조규로 해서 일본에게 일주一籌를 양여하게 된 청국은 이것을 만회할 책략으로 한미조약의 체결을 꾀한 것이다. 그러므로 이홍장이 슈펠트를 주선하여 한미조약을 체결하자 다시 슈펠트를 이용하여 한국이 청국의 속방임을 그 조약 제1관에 삽입코자 한 것을 보면 이홍장의 본의가 어디 있었던가를 알 것이다. 그러다가 슈펠트의 반대로 무산이 되자 다시 한국 임금께 청하여 임금의 신한宸翰을 미국 대통령에게 보내어 한국이 청국의 속방임을 자인하도록 만들었다.

그러나 미국 대통령은 상원의 반대를 외탄畏憚하여 그 신한을 감히 발표하지 못하고 말았다. 청국은 그 후 한국이 미국에 공사를 파견할 때도 시시콜콜 별별 무리한 주문을 다하여 필경 한국 임금으로 하여금 청국 임금의 동의를 얻게 하고 오히려 이것도 부족해서 이른바 영약삼단을 제출하여 한국 공사가 워싱턴 정부에 국서를 봉정할 때 청국 공사의 손을 거쳐서 하기로 하였다. 그러나 한국 공사가 단독으로 국서를 봉정하였더니 이것이 문제가 되어 청국의 항의로 해서 공사의 소환을 보게 된 바 이로부터 4,5년 동안은 다시 공사를 두지 않고 서기관으로 임시서리를 하게 하였다. 이러하는 동안에 주한 미국 공사도 제1대 푸트 이래 여러 사람이 교체되었는데 한국의 사정을 알고 본즉 국력이 빈약하기 짝이 없고, 또 거기다가 국제적 위험지대라 함부로 간여하다가는 하등의 이득도 없이 미끄러지기 쉬우므로 갑신정변 이후로는 미국의 대한정책이 일변하여 절대불간섭주의를 가지게 되었다.

재한 미국인의 태도는 어쨌든지 적어도 워싱턴 정부의 정책만은 그러하였다고 볼 수밖에 없다. 혹은 그때 집정자의 당시黨是나 개성을 따라 다소 가

감이 있었는지는 모르나 정책과 정견에 이르러는 별로 큰 변동이 없었다. 그러나 미국이 청일전쟁 때까지도 오히려 한국에 대해서 어느 정도의 호의적 알선을 아끼지 않았으나 러일전쟁 때에 이르러서는 이와 거의 반대로 움직여 나감과 같은 것은 무슨 까닭인가? 로우즈벨트의 극동정책이 처음부터 미국이 전통적으로 유지해온 엄정중립이란 원칙을 깨뜨린 것이다. 그러므로 미국의 대한정책의 변천 경로를 살펴보면, 1884년 갑신정변을 일전기一轉機로 하여 이로부터 이후는 엄정중립 절대불간섭주의를 확립하였고, 러일전쟁을 재전기再轉機로 하여 엄정중립 절대불간섭주의를 파기하였으니 여기서 또한 시세의 변천을 볼 것이다.

한국에서는 시세의 변천과 미국정책이 어떠한 것을 알지 못하고 한갓 그들에게 의뢰하려고만 하여 미국인을 궁내부 고문으로 초빙하여 온다, 또는 미국인에게 이권을 많이 양여한다, 그리하여 아무쪼록 미국인의 환심을 잃지 않으려고 노력한 것은 다른 까닭이 아니라 미국 정부의 원조를 크게 기대하였음이다. 그러나 로우즈벨트가 알렌에게 말한 바와 같이 미국 정부는 미약한 한국을 위하여 전 책임을 질 리가 없다. 한 번 다시 돌이켜 생각하면 누구를 원망하고 누구의 잘못을 탓할 것도 없다.

C. 여론(餘論)

한미 사이에 정치상 연결聯結은 완전히 실패로 끝났으나 오직 문화상 연결은 선교사들의 진력에 의하여 일대 성공을 보게 되었다. 슈펠트 조약 이래 최근까지 50년간을 둘로 나눈다면 정치 교섭은 전반기를 일단락으로 하여 아주 절연絶緣되고 말았지만 문화 교섭은 정치적으로 아주 절연된 후반기에 있어서도 의연히 지속 및 발전을 이루어 왔었다. 그러므로 한미 사이에 정치적 교섭보다도 한층 더 중대한 의의를 가진 문화 교섭에 대하여 상술함이 없고서는 한미관계를 전체로서 파악하지 못할 것이다. 그러나 지금까지 적어 온 것은 주로 전반기의 정치 교섭뿐이고 후반기의 문화 교섭에 이르러서는 아직 논급論及하지 않은 즉 시간으로 보나 사실史實로 보나 반편半偏이고 골자 없는 기록과 같이 되고 말았다.

그러므로 ≪한미관계50년사≫라고 하였으나 실상 따져보면 국교가 개시되던 1882년 한미조약으로부터 1905년 공사의 철환撤還에 이르기까지 22년 동안에 지나지 못한다. 그러나 이 동안에 양방이 서로 사신을 파견했지만 진정한 의미에서 오늘날 보는 것과 같은 외교가 당시 한미 사이에 있었는가 물으면 없었다고 하는 것이 진실한 고백인 줄로 믿는다. 이는 일일이 예를 들 것도 없이 한국인의 실력보다도 국제 지식이 아주 유치하였던 때문이다. 그러나 1893년 미국 시카고 만국대박람회에 한국 정부에서 출품한 것과 1897년에 한국이 미국의 권도勸導로 워싱턴 만국연합우편에 가입함과 같은 것은 이것이 다만 문화사상으로 크게 주목할 사건일 뿐만 아니라 전자보다도 후자에 있어서는 특히 국제적 일원으로서의 한국이 진정한 자격을 획득한 것이라 하겠다.

더구나 동양에 있어서는 청국에 비하여 3년이나 앞서서 가입하였음에랴. 여기 대해서는 마땅히 특서特書하는 것이 옳다고 하겠거늘 그만 만국우편에 가입한 일대사실을 탈루하고 말았음은 한미관계를 적음에 있어서 적지 않은 실수였음을 자백하지 않을 수 없다.

그러나 실수한 것으로 말하면 이 밖에도 얼마든지 있으니 중요한 사실을 탈루한 것뿐이 아니다. 우선 전체로 보아서 체재體裁가 어울리지 못한 것도 아니고, 양두구육羊頭狗肉도 푼수가 있지 제목은 史라고 걸어놓고 내용에 있어서는 함부로 널부러 놓았으며 특히 영문 번역에 이르러는 필자의 어학력이 부족하므로 오역된 점도 적지 아니하거니와 우인友人의 호의로 잘 번역해 준 것도 기휘忌諱에 촉觸할 것을 두려워하여 일부러 깎아버린 대도 없는 것이 아닌즉 원저자와 번역해 준 이에 대하여 미안하고 부끄러움을 금하지 못하는 바, 이묘묵 박사의 영문 저서를 잘못 인용하여 박사의 본의에 위반되었음과 같은 것은 가장 현저한 실례로서 박사에게 사과하기를 마지않는 바다. 그러나 잘못된 것은 영문 번역뿐이 아니라 알기 쉬운 한문에 있어서도 너무 급히 써서 잘못한 데가 있다. 이를테면 제7회 양요洋擾의 여문餘聞에 인용하게 된 「彌利堅 只有部落而已 中間有華盛頓云者 開拓城池建得基址……」라고 한 中間有華盛頓云者를 도시로 인정한 것과 같은 것은 스스로 생각해도 포복절도할 일이다. 그리고 사료史料에 대해서도 좀 더 수집 선택하여야 할 것을 그만 급작스럽게 쓰게 된 관계상 엉터리가 많다. 그러므로 이 100회에까지 이른 소논문이 학술적으로는 가치가 없는 것을 단언하여 둔다.

한미오십년사

초판발행 ‖ 1975년 11월 5일
개정초판 1쇄발행 ‖ 2016년 3월 10일

지은이 ‖ 문일평
교주자 ‖ 이광린
펴낸이 ‖ 홍정수
펴낸곳 ‖ 탐구당
등록 ‖ 1950. 11. 1 서울 제03-00993호
주소 ‖ 서울특별시 용산구 한강대로62 나길 6
대표전화 ‖ 02-3785-2211
팩시밀리 ‖ 02-3785-2272
홈페이지 ‖ www.tamgudang.co.kr
전자우편 ‖ tamgudang@paran.com

값 15,000 원

ISBN 978-89-6499-028-5
978-89-6499-018-6 (세트)

이 도서의 국립중앙도서관 출판시도서목록(CIP)은
서지정보유통지원시스템 홈페이지(http://seoji.nl.go.kr)와
국가자료공동목록시스템(http://www.nl.go.kr/kolisnet)에서 이용하실 수 있습니다.
(CIP제어번호: CIP2016001845)

※ 이 책 내용의 전부 또는 일부를 재사용하려면 반드시 저작권자와 탐구당 양측의 동의를 받아야 합니다.